PHYSIOTHERAPEUTIN
-SIMONE EBNER-

RÜCK FINDUNGS FIBEL

DER WEG ZU MIR ZURÜCK

IMPRESSUM

**HERAUSGEBERIN,
EIGENTÜMERIN,
VERLEGERIN**
Simone Ebner
Straßwalchen, Salzburg, Austria
www.gemeinsam-fit.at

**GRAFISCHE
GESTALTUNG**
Andrea Jindra,
Bürmoos, Salzburg, Austria
dieandrea.com

FOTO
Simone Ebner
Istockphoto.de
Sebastian Mayrhofer, mphoto.at

VIDEO
Simone Ebner
Jörg Machek

Das auf diesem Buch enthaltene Programm ist urheberrechtlich geschützt. Es dient ausschließlich zur Nutzung für nicht gewerbliche Zwecke im privaten Bereich. Jede darüber hinausgehende Nutzung z.B. öffentliche Vorführung und unerlaubte Vervielfältigung ist untersagt. Zuwiderhandlungen werden zivil- und/oder strafrechtlich verfolgt. © Simone Ebner

INHALT

DIE AUTORIN	**SEITE 5**
EINFÜHRUNG	**SEITE 7-14**
PHASE 1 – DEN KÖRPER VERSTEHEN	**SEITE 15-34**
DIE WICHTIGSTEN UMSTELLUNGEN	**SEITE 18-21**
Hormonelle Umstellungen	18
Rückbildung der Organe	19
Rückbildung der Scheide	19
Körpergewicht	20
PROBLEME UND BESCHWERDEN	**SEITE 22-33**
Dammnaht, Dammschnitt und Dammriss	22
Kaiserschnittgeburt/Kaiserschnittnarbe	23
Beckenbodenschwäche	25
PHASE 2 – DAS BAUCHKAPSELSYSTEM	**SEITE 35-90**
Bauchkapsel	37
Zwerchfell	39
Bauchmuskulatur	42
Rektusdiastase	46
Rückenmuskulatur	64
Beckenboden	69
PHASE 3 – DEN KÖRPER RICHTIG EINSTELLEN	**SEITE 91-116**
Verhalten im Alltag	94
Fakten/Tipps für den Alltag	106
Sport nach der Geburt	110
Geschlechtsverkehr nach der Geburt	114
PHASE 4 – ÜBUNGSPROGRAMM	**SEITE 117-211**
Woche Eins	121
Woche Zwei	147
Woche Drei	165
Woche Vier	189
ABSCHLUSSWORTE	**SEITE 213**

DIE AUTORIN

Mein Name ist Simone Ebner. Ich bin seit 2006 Physiotherapeutin. Durch die Geburt meiner Kinder und die resultierenden Veränderungen an meinem Körper bin ich in das wunderbare Teilgebiet der Physiotherapie: „Die vielseitige Gynäkologie" gerutscht und wurde im positivsten Sinne infiziert. Schnell entstand mein liebevoll durchdachtes Betreuungskonzept: **„Gemeinsam durch dick und dünn"**– ein Konzept, das Frauen in allen Stadien des Mutterseins begleitet: über Kurse in Salzburg und Umgebung, aber auch via Socialmedia Plattformen wie Facebook, Instagram, YouTube und einer themengerecht interessanten Blog-Seite. Ich lade Dich hiermit herzlich ein, meine Seiten zu besuchen. Du wirst es sicher nicht bereuen. Ich hoffe, dass Dir mein Rückfindungsprogramm hilft, wieder Deine Körpermitte zu finden, sodass Du wieder sicher und gestärkt durch den Alltag schreiten kannst.

einführung

DIESES PROGRAMM IST MIR EINE
HERZENSANGELEGENHEIT. ES HAT MICH
UNZÄHLIGE STUNDEN GEKOSTET,
IN DENEN VIELE GEDANKEN, GEBALLTES
WISSEN UND MEIN HERZBLUT LIEGEN.

Machen wir uns nichts vor: Wenn das Baby auf der Welt ist, fällt es den meisten von uns in den ersten Wochen wirklich schwer, in die Gänge zu kommen. Alles ist neu, alles ist komisch. Die Welt geht langsamer, die Nächte werden kürzer, die Tage länger, die Augenringe dicker, die Nerven schwächer, der Körper gehört einem nicht mehr, die Wäsche stapelt sich und der restliche Haushalt erledigt sich irgendwie auch nicht von alleine. Das Letzte, woran wir jetzt denken, ist an unseren Beckenboden. Nicht wahr?

„Der wird schon wieder!" reden wir uns ein. *„Und wenn nicht, egal. Ich bin Mama!"* flüstert uns das Teufelchen hinterm Ohr zu. Doch: Wird er wirklich von alleine wieder? Ist es uns tatsächlich egal, wenn wir eine Schwäche entwickeln? Wenn wir davon ausgehen, dass **25% aller Frauen zwischen 25 und 40 Jahren** nach einer Geburt irgendeine Form einer Beckenbodenschwäche haben, ist das eine alarmierend hohe Zahl. Das sind in einer Gruppe von zehn Frauen zwei bis drei Betroffene und wenn wir die Dunkelziffer mit einrechnen, vermutlich sogar noch mehr! Erschreckend, aber es ist eine Tatsache.

Ich möchte mit diesem Programm dazu beitragen, dass diese bedenklich hohe Zahl reduziert wird. Ich möchte erreichen, dass Du nach der Geburt (dabei ist nicht entscheidend, wie lange die Geburt her ist) wieder ein gutes Körpergefühl entwickelst und sicher, ohne Schmerzen, ohne Unwohlsein und ohne jegliche Schwäche durch Deinen Alltag schreiten kannst. Du wirst mit dieser Rückfindung Areale Deines Körper kennen lernen, die für Dich davor vermutlich eher ein weißer Fleck auf der Landkarte waren. Ich möchte, dass Du geschult bist und weißt, was Deinem Körper schadet und was Du machen kannst, ohne ihn unbewusst zu schwächen.

Das hier ist ein Ratgeber mit vielen Videosequenzen, die Dir helfen sollen, Deinen Beckenboden wieder besser wahrzunehmen, ebenso wie Deinen restlichen Körperkern zu stabilisieren. Das Programm ist in unterschiedliche Phasen eingeteilt, die jeweils aufeinander aufbauen. Arbeite Dich gewissenhaft von Phase zu Phase, damit Du nichts verpasst. Am Ende findest Du ein vierwöchiges Programm, das Dir hilft Deinen Körper zurückzubilden. Mit Phase eins bis drei kannst Du **frühestens ab vier Wochen nach der Geburt** beginnen. Mit Phase vier starte frühestens acht Wochen nach der Geburt! Auch wenn Deine Kinder schon in der Schule sind, studieren oder selbst bereits Kinder haben: Scheue Dich nicht, mit dem Programm zu starten.

Beachte aber, dass dieser Ratgeber nie die Qualität einer fundierten Rückbildungsgymnastik erreichen kann. Gerade in Zeiten großer Veränderungen ist es ratsam, Kontakt zu Gleichgesinnten zu haben. Außerdem hat man dort die Möglichkeit, in Kursen Fragen an das Fachpersonal zu stellen und falsch durchgeführte Übungen können korrigiert werden. Mein Programm ist kein Ersatz zu den geleiteten Kursen, aber es wird Dich führen und unterstützen.

POSITIVE ÄNDERUNGEN IM ÜBERBLICK

Wenn Du das Buch durchgelesen hast und das Programm regelmäßig und konsequent durchführst, **wirst Du schnell positive Veränderungen an Dir bemerken.**

EINS Die erste Änderung wird ein besseres Körpergefühl sein und daraus resultiert schnell eine viel selbstbewusstere Ausstrahlung.

ZWEI Du wirst Deinen Beckenboden besser wahrnehmen und belasten können und das gibt Dir Sicherheit im Alltag.

DREI Die überdehnte und geschwächte Hülle wird wieder gestrafft und geformt und das gibt Dir vermehrt Selbstbewusstsein.

VIER Mit dem Programm werden akute (leichte) Schwächen gelindert, oder sogar beseitigt, was das Lebensgefühl um ein Vielfaches aufwertet.

FÜNF Wir erarbeiten weniger belastende Bewegungsmuster im Alltag, was Deinen Körper prophylaktisch stärkt.

Bereite Dir eine Matte, ein Reiskornkissen (zur Not geht auch ein Kirschkernkissen) und einen Igelball (Tennisball o ä.), ein Handtuch und einen
Hocker vor. Anhand der Barcodes
(und der Links) hast Du die Möglichkeit
alle Übungen zu streamen. Installiere
Dir also idealerweise einen Barcode-
scanner auf Deinem Handy, sodass
Du auch unterwegs die Übungen
durchführen kannst.

ZUGANGSDATEN
www.gemeinsam-fit.at/rueck-
findungsprogramm
Passwort: rueckfindungsfibel

Anmerkung: Das Verbreiten der Videos, sowie der Zugangsdaten ist strengstens untersagt. Die Benutzung ist ausschließlich für private Zwecke vorhergesehen!

DEN KÖRPER
NACH DER
SCHWANGERSCHAFT
VERSTEHEN

eins

phase eins

DIE UMSTELLUNG:
DU BIST JETZT FRÜHESTENS
VIER WOCHEN NACH DER GEBURT?
ARBEITE DICH IN DEN NÄCHSTEN DREI BIS
VIER WOCHEN DURCH DIE ERSTEN DREI
PHASEN, FÜHRE JEDE ÜBUNG GEWISSEN-
HAFT DURCH UND VERSUCHE DEINEN
KÖRPER SCHRITT FÜR SCHRITT ZU
VERSTEHEN. ERST WENN DU „DIE BASICS"
VERSTANDEN HAST, KANNST DU ACHT BIS
NEUN WOCHEN NACH DER GEBURT DIE
VIERTE PHASE BEGINNEN.

Um zu realisieren, was für eine Höchstleistung Dein Körper nach der Schwangerschaft leisten muss, um wieder so zu werden wie vor der Schwangerschaft, lies Dir die Veränderungen genau durch. Vielleicht verstehst Du dann auch, warum das primäre Ziel nach der Geburt nicht sein sollte, den Körper mit überforderndem Sport zu belasten, sondern eher den Fokus klar auf das Stabilisieren des Körperkerns zu legen. Hinterher, wenn alles wieder im Lot und eingestellt ist, darf geschwitzt werden, was das Zeug hält. Das Wochenbett (Früh und Spätwochenbett) beginnt mit der Geburt der Plazenta (der Nachgeburt) und endet in etwa mit dem Einsetzen der Menstruation.

Es dauert aber Monate, bis der Körper den Normalzustand wieder erreicht hat. Wobei man nicht außer Acht lassen darf, dass jede Schwangerschaft „Spuren" am Körper hinterlässt, die sich unterschiedlich ausprägen.

Du kannst also davon ausgehen, dass erst etwa **sechs bis sieben Monate nach der Geburt** alle Rückbildungsprozesse abschlossen sind. Bei manchen Frauen kann diese Regenerationsphase sogar bis zu zwei Jahre andauern: abhängig von der Stilldauer, den Genen und der eigenen Lebensweise.

> JEGLICHER ÜBERFORDERNDER SPORT, DER ZU FRÜH NACH DER GEBURT BEGONNEN WIRD, KANN DEN WEICHEN KÖRPERKERN NOCH MEHR SCHWÄCHEN.
> – SPORT NACH DER GEBURT
> SEITE 110

DIE WICHTIGSTEN UMSTELLUNGEN UND ANPASSUNGEN

HORMONELLE UMSTELLUNGEN

Sobald die Plazenta geboren ist, kommt es bei der jungen Mutter zum schnellen Absinken des Hormonspiegels, der von der Plazenta produzierten Hormone (u.a. Östrogene, Progesteron, HCG). Dieser Hormonabfall ist der Auslöser für die Rückbildungsvorgänge. Ab jetzt werden andere Hormone gebildet, wie z.B. das Prolaktin (Stillhormon), das bei 80 Prozent aller Mütter die Eisprungfunktion hemmt. **Achtung: Dies stellt trotzdem keinen vollen Verhütungsschutz dar!** Stillt eine Mama aber gar nicht, kann bereits acht Wochen nach der Geburt, die Menstruation wieder einsetzen.

Auch das Hormon Oxytocin wird nun vermehrt gebildet. Es steigert die Kontraktionskraft an der Gebärmuttermuskulatur und ist somit verantwortlich für die Rückbildung der Gebärmutter. Der Saugreiz des Babys an der Brustwarze regt die Oxytocinausschüttung an.

Mit dem ersten Anlegen des Babys wird also die Ablösung der Plazenta unterstützt, dies geschieht durch das automatisch ausgeschüttete Oxytocin. Demnach hilft das Stillen also bei der Rückbildung der Gebärmutter!

> BEDENKE, DASS DIE UMSTELLUNG DER HORMONE EINE STARKE BELASTUNG FÜR DIE MUTTER DARSTELLT. DEPRESSIVE VERSTIMMUNGEN SIND NICHT SELTEN! AUCH DAS EVENTUELLE AUSBLEIBEN VON MUTTERGEFÜHLEN IST IM WOCHENBETT VÖLLIG NORMAL.

RÜCKBILDUNG DER ORGANE

Eine nichtschwangerere Gebärmutter ist 7–9cm lang und ca 60g schwer. Am Ende der Schwangerschaft ist die Gebärmutter etwa 30cm lang und ein Kilo schwer. Bereits am Ende der ersten Woche nach der Schwangerschaft wiegt sie nur noch 500g und sechs Wochen nach der Geburt ein bisschen weniger als 100g. Verantwortlich dafür ist das bereits erwähnte Hormon Oxyotcin, das nach der Geburt weiterhin Kontraktionen auslöst und so die überdehnten Längsfasern im Gebärmuttermuskel wieder verkürzt, vergleichbar mit einem Gummiband. Die etwa handgroße Wunde der Plazenta kann sich so perfekt verschließen.

> WARUM ALSO BEREITS JETZT MIT DEM TRAINIEREN ANFANGEN, WENN IN DEN MEISTEN FÄLLEN NOCH NICHT EINMAL DIE GEBÄRMUTTER DIE URSPRÜNGLICHE GRÖSSE ERREICHT HAT?
>
> *info*

RÜCKBILDUNG DER SCHEIDE

Nach der Geburt ist die Scheide überdehnt, geschwollen und hat kleine Einrisse. Es kann sein, dass sie die ersten Tage sehr empfindlich und gerötet ist. Dies lässt sich durch den Östrogenmangel nach der Geburt erklären. Meist ist die Scheide aber nach etwa vier Wochen vollkommen regeneriert. Die Vagina hat dann wieder einen guten Tonus und die Querfältelung bekommt wieder ihre normale Form.

ACHTUNG: Es ist aber nicht selten, dass noch Jahre nach der Geburt die sogenannten „Flatus vaginalis" entstehen, d.h. Luft, die ungewollt aus der Scheide entweicht, was tatsächlich durch die Überdehnung der oberen Scheidenmuskulatur entsteht. Wenn der Beckenboden unten zusätzlich geschwächt ist, entweicht diese Luft ungewollt aus der Scheide. Gezieltes Beckenbodentraining hilft hierbei!

KÖRPERGEWICHT

In den ersten Tagen nach der Geburt verliert man rasch ca. acht bis zwölf Kilogramm: bedingt durch das Kind, die Gebärmutterreduktion, aber auch durch Blutverlust sowie das Verschwinden von Fruchtwasser und Wassereinlagerungen. Außerdem schwitzen frische Mamas durch die plötzliche Hormonumstellung häufig vermehrt. Dann stagniert aber oft die Gewichtsreduktion und der Frust der Mami wird groß, gerade weil uns mediale Vorbilder ein utopisches Bild vorgeben. Ignoriere aber nicht den Fakt, dass der Körper für die Stillzeit Fettreserven von ca. vier bis sechs Kilogramm angelegt hat, da Stillen unglaublich viel Energie und Kraft kostet. Nicht selten nehmen Frauen deshalb während der gesamten Stillzeit häufig sogar ab, da der Körper durch das Stillen etwa **600 Kilokalorien** mehr verbraucht und die Frau diesen Mehrverbrauch durch die Ernährung oft nicht zu sich nimmt.

MEIN RAT: Fange im Wochenbett nie eine Diät an! Diäten zwingen den Körper, Fettreserven abzubauen, da die Zuckerdepots für die Energiegewinnung ausgehen. Dabei gelangen frei werdenden Gifte (Ketone) direkt in die Muttermilch, die unter Umständen nicht gesund für das Baby sein können. Mehr Sinn macht es, die Ernährung gesund und ausgewogen zu gestalten. Fette sind dabei übrigens erlaubt: die „guten Fette", die Du zB in Nüssen und Thunfisch findest. Gemüse und Obst sowie Ballaststoffe aus Getreide sollten ebenfalls auf dem Ernährungsplan stehen. Du solltest für eine gut funktionierende Verdauung zudem etwa zwei Liter am Tag trinken.

Lass Deinem Körper die notwendige Regenerationszeit. Dabei ist es nicht förderlich, sich Personen im öffentlichen Leben als Vorbild zu nehmen.

JEDE FRAU REAGIERT ANDERS AUF DIE UMSTELLUNG NACH DER SCHWANGERSCHAFT. NACH DER GEBURT MUSS DER KÖRPER RADIKALE VERÄNDERUNGEN VORNEHMEN UND LEIDER IST ES AUCH MANCHMAL SO, DASS DURCH DIE SCHWANGERSCHAFT DER STOFFWECHSEL TRÄGE GEWORDEN IST UND DIES AUCH EINE ZEITLANG BLEIBT. DAS HEISST, WAS VORHER SCHNELLER VERWERTET WURDE, BLEIBT NUN EHER AN UNLIEBSAMEN STELLEN KLEBEN. VIELLEICHT MOTIVIERT DICH ABER DER FAKT, DASS NICHT WENIGE MAMAS NACH DER GEBURT IHRER KINDER VIEL ZUFRIEDENER SIND MIT SICH UND IHRER FIGUR SIND, ALS VOR DER SCHWANGERSCHAFT.

info

PROBLEME UND BESCHWERDEN IN DER RÜCKBILDUNG UND DANACH

Wenn Du bereits ein bestehendes Problem hast, solltest Du im Vorfeld des Programms eine Fachkraft (Gynäkologe, Physiotherapeut, Hebamme) konsultieren und Dich mit ihr beratschlagen. Mein Programm ist so aufgebaut, dass man es trotz sämtlicher Beschwerden durchführen und gegebenenfalls diese damit auch kurieren kann. Es macht aber dennoch Sinn, sich eine fachliche Vertrauensperson zu suchen, die mit Rat und Tat zur Seite stehen kann. Du kannst mich zwar bei Fragen gerne jederzeit kontaktieren, das ersetzt eine persönliche Betreuung aber nicht.

DAMMNAHT, DAMMSCHNITT UND DAMMRISS

Der Damm ist ein mehrschichtiges Muskelgewebe zwischen Scheide und After (siehe Beckenboden). Manche Babys haben Probleme, auf die Welt zu kommen, weil die Scheide im Moment der Geburt zu eng für ihren Kopf ist. Wenn das der Fall ist, dann kann das medizinische Fachpersonal während der Austreibungsphase entscheiden, einen Dammschnitt durchzuführen, um die Geburt damit zu erleichtern. Der Damm wird dann eingeschnitten, damit die Öffnung größer wird und das Baby leichter den Weg auf die Welt findet. Bei einem Dammriss reißt dieses Gewebe ein, um einen ähnlichen Effekt zu bekommen. Meist reißt hier aber nur die dünnste Stelle ein, deshalb ist oft viel weniger Muskelgewebe betroffen als bei einem Schnitt. Solltest Du eine Dammnaht haben, darfst Du ohne Probleme die Übungen aus diesem Buch durchführen, vorausgesetzt die Narbe ist verheilt.

Solltest Du bestehende Schmerzen mit der Narbe haben, gebe ich Dir folgende Tipps: **Massiere das Narbengewebe** täglich sanft mit Olivenöl oder einer parfümfreien Narbensalbe; von innen nach außen. Dadurch machst Du das Narbengewebe weicher. **Wahrnehmungsübungen, Durchblutungsfördernde- und Entspannungsübungen** helfen Dir die Region bewusst wahrzunehmen, zu entspannen und schneller zu heilen (siehe Phase vier.)

KAISERSCHNITTGEBURT/ KAISERSCHNITTNARBE

Du hast Dein Baby mit einem Kaiserschnitt entbunden? Damit bist Du nicht alleine, **über 28% aller Geburten in Mitteleuropa sind heutzutage Kaiserschnittgeburten** (Tendenz steigend) und das, obwohl die WHO (Weltgesundheitsorganisation) eine Sectiorate von 10–15% empfiehlt. Die Ursachen sind hierbei vielfältig und würden den Rahmen dieses Buches sprengen. Die Kaiserschnittrate bei älteren Frauen ist höher als bei jüngeren Frauen. So haben vier von zehn der weiblichen 40 bis 44 Jährigen eine Kaiserschnittgeburt, während nur zwei von zehn der 20 Jährigen ihr Kind mittels OP zur Welt bringen. Für Dich ist wichtig zu wissen, dass sich Dein Bauch normalerweise langsamer zurück bildet als bei Müttern mit einer spontanen Geburt. Häufig bildet sich durch die Narbe auch zusätzlich eine „Bauchrolle", die viele Frauen sehr stört und die deswegen hoch motiviert sind, sofort mit einem intensiven Bauchmuskeltraining zu starten. Du darfst aber nicht vergessen, dass auch bei einer Kaiserschnittgeburt die lange Belastung der Schwangerschaft auf Deinen Beckenboden gewirkt hat und der Beckenboden hormonell aufgelockert wurde. Deine Bauchkapsel wurde durch die Schwangerschaft strapaziert und kann daher mit überforderndem Bauchtraining nicht adäquat Schritt halten. Die Beckenorgane werden nach unten und nach vorne gedrückt, was eine Schwächung der Bauchdecke (Rektusdiastase) und eine Negativwirkung auf den Beckenboden bedeutet. Das heißt also für Dich, dass Du ebenso wie Mütter, die spontan entbunden haben, Deinen Beckenboden und die übrige Bauchkapsel stabilisieren solltest, bevor Du mit dem Sport beginnst.

Es kann auch sein, dass Du eine Zeitlang Gefühlsstörungen im Bereich der Kaiserschnittnarbe hast. Wie lange eine Kaiserschnittnarbe letztlich Missempfindungen verursacht ist aber von Frau zu Frau verschieden. Während manche Mütter schon kurz nach dem Eingriff nahezu beschwerdefrei sind, haben andere Frauen länger Probleme. Viele Frauen sind auch druckempfindlich oder berichten, dass die Kaiserschnittnarbe brennt und/ oder juckt. Das sind alles ganz normale Begleiterscheinungen der Wundheilung. In den meisten Fällen lassen diese Empfindungsstörungen im Laufe des ersten Jahres nach und die Haut wird wieder so sensibel wie vorher. Manchmal dauert es aber auch länger und auch das ist ok. Eine regelmäßige Massage der Narbe kann Haut und Nerven helfen, wieder zusammenzufinden.

Pflegen kannst Du Deine Narbe ab etwa zehn bis vierzehn Tage nach dem Kaiserschnitt – dann, wenn die Nähte (oder Klammern) entfernt wurden. Es kann gut sein, dass Dir Dein Arzt eine pflegende und beruhigende Creme verschreibt, die Du bedenkenlos während der Stillzeit verwenden kannst. Das Cremen und Massieren der Kaiserschnittnarbe fördert die Wundheilung und die Regeneration von Haut und Nerven in dem Bereich. Außerdem wirkt es sich positiv auf die Hautstruktur aus und kann mithelfen, die Narbe möglichst fein zu halten, also Verwulstungen vorzubeugen.

BEACHTE: Ein vorangegangener Kaiserschnitt birgt immer auch ein gewisses **Risiko für folgende Schwangerschaften**. Dazu gehören in der Frühschwangerschaft Einnistungsstörungen und ein erhöhtes Blutungsrisiko bei der Geburt. In seltenen Fällen kann die Kaiserschnittnarbe reißen. Die Wahrscheinlichkeit, nach einem Kaiserschnitt wieder per Kaiserschnitt zu entbinden, ist nur leicht erhöht. Dennoch kann man hierzu einen deutlichen Trend beobachten.

> SECHS BIS NEUN WOCHEN NACH DEM KAISERSCHNITT KANNST DU VORSICHTIG FESTERE BERÜHRUNGSREIZE UM DIE NARBE HERUM SETZEN, ZUM BEISPIEL MIT EINEM MASSAGEROLLER, IGELBALL ODER PEELINGHANDSCHUH. DIE NERVENHEILUNG KANN SO WEITER VORAN GETRIEBEN WERDEN.

BECKENBODENSCHWÄCHE

Es gibt verschiedene Arten, wie sich eine Beckenbodenschwäche zeigen kann: **Inkontinenz, Senkung, Schmerzen.**

INKONTINENZ
Es gibt vier Hauptformen der Inkontinenz. Frauen, die geboren haben, sind insbesondere von Belastungs- und Dranginkonsistenz betroffen (I. und II).

I. Belastungsinkontinenz
Die bekannteste und häufigste Inkontinenz ist das unfreiwillige Verlieren von Urin bei einer plötzlichen Druckerhöhung (Niesen, Husten). Man spricht von einer *Belastungsinkontinenz* (auch Stressinkontinenz genannt) resultierend aus einer insuffizienten Muskulatur, die nicht mehr den natürliche Verschlussmechanismus des Blasenausgangs gewährleistet (siehe Abb.).

Belastungs- oder Stressinkontinenz

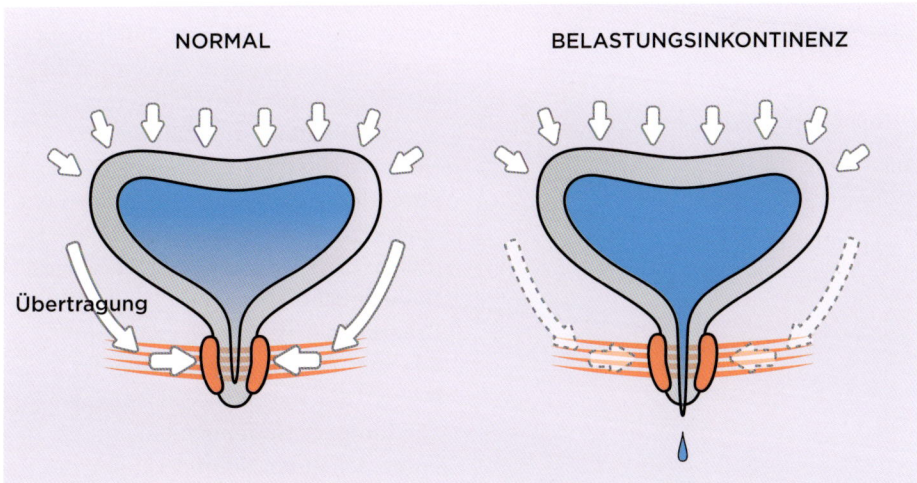

Erhöht sich der Druck im Bauchraum, sinkt die Blase durch das Nachgeben der Beckenbodenmuskulatur minimal nach unten und dadurch kann der automatische Verschlussmechanismus nicht einsetzen. Der Inhalt tröpfelt nun unkontrolliert aus der Blase.

Die Stressinkontinenz wird in drei Grade eingeteilt:

GRAD 1 Urinverlust bei starken Belastungen wie Niesen, Husten, Springen etc.

GRAD 2 Urinverlust bei moderaten Belastungen wie Gehen, Treppensteigen etc.

GRAD 3 Urinverlust bei geringen Belastungen wie Sitzen und Liegen

Die Prävalenz einer Inkontinenz bei Frauen, die nicht geboren haben, liegt bei 10% (Übergewicht, intensiver Sport, usw.), bei Frauen mit Kaiserschnittgeburten bei 16% und bei vaginalen Geburten sind deutlich mehr Frauen betroffen, bis zu 35%. Die Dunkelziffer ist hier unbekannt. Dabei ist das Alter übrigens nicht ausschlaggebend! Auch sehr junge Mamas sind betroffen ebenso wie ältere Mamas.

THERAPIE: siehe „**Schnellkraft-Muskelübungen**" (Fast-Twitch Fasern)

II. Dranginkontinenz

Die Dranginkontinenz ist durch plötzlich auftretenden, sehr starken, nicht beherrschbaren Harndrang mit anschließendem unwillkürlichen Harnabgang charakterisiert. Diese Form der Inkontinenz resultiert aus einer Überaktivität oder aus einer zu großen Empfindlichkeit der Harnblase. Die möglichen Ursachen für eine Dranginkontinenz sind vielfältig, wie zum Beispiel Krankheiten im Bereich der Harnblase (Blasenentzündung), Östrogenmangel mit entsprechenden Veränderungen der

Harnröhrenschleimhaut. Bei jüngeren Personen können auch psychische Faktoren zu einer „Reizblase" führen. Manche Frauen müssen als Folge von häufigen Blasenentzündung im dreißig Minutentakt eine Toilette aufsuchen. Das lässt sich so erklären, dass sich die Blase immer wieder zusammen zieht und so einen Harndrang stimuliert.

gut zu wissen

Eine gesunde **Frauenblase fasst +/- 500ml Harn.** Den ersten Füllungsreiz spürt man bei ca 250ml. Hier solltest Du Dich aber noch nicht entleeren, da Du Dir sonst auf Dauer ein geringes Blasenvolumen antrainierst und eine Reizblase entwickeln kannst. Beachte hierbei, dass auch vor der langen Autofahrt in den Urlaub Deine Blase nicht prophylaktisch entleert werden soll, sondern wirklich erst, wenn der Reiz komplett da ist. Einzig vor dem **Schlafengehen** sollte Deine Blase leer sein, damit der Schlaf nicht gestört wird. Ein Toilettengang in der Nacht sollte vermieden werden.

Dokumentiere über einen Zeitraum von drei bis fünf Tagen Dein Trinkverhalten sowie Dein Ausscheidungsverhalten. Wieviel trinkst Du am Tag? Wieviel (Milliliter) und wie oft scheidest Du am Tag aus? Wann scheidest Du aus? Dies zeigt Dir an, wie groß Dein Blasenvolumen ist. Zudem lernst Du Deinen Körper besser kennen. Bis zu sieben Toilettengänge am Tag sind durchaus normal. Hast Du bereits Tendenzen von einer Reizblase oder eine Dranginkontinz? Dann helfen Dir „Aufschubmechanismen", Verhaltens- und Blasentraining.

III. Überlaufinkontinenz

Bei der Überlaufinkontinenz liegt eine Harnentleerungsstörung vor, die im Wesentlichen auf zwei Ursachen beruht:

Überlaufinkontinenz aufgrund einer Obstruktion

Bei der obstruktiven Überlaufinkontinenz wird der Blasenausgang durch ein Hindernis verengt oder versperrt. Der Blasenmuskel kann die Behinderung des Blasenabflusses trotz einer Erhöhung des Druckes nicht überwinden und es kommt zur schleichenden Überdehnung des Blasenmuskels.

Überlaufinkontinenz aufgrund eines schwachen Blasenmuskels

Ursache dieser Form der Überlaufinkontinenz ist eine Unteraktivität der Blasenmuskulatur. D. h. der Blasenmuskel besitzt nicht ausreichend Kraft, um in der Entleerungsphase die Blase restharnfrei zu entleeren. Aufgrund neurologischer Erkrankungen oder der Einnahme bestimmter Medikamente ist der Blasenmuskel in seiner Funktion eingeschränkt. Dadurch füllt sich die Blase bis sie überläuft.

IV. Reflexinkontinenz

Die Reflexinkontinenz ist die vierte Form einer Inkontinenz, die durch Erkrankungen oder Verletzungen des Gehirns oder des Rückenmarks entstehen kann. Dabei sind die Nervenbahnen unterbrochen, die das für die Blasenentleerung verantwortliche Steuerungszentrum im Gehirn mit Harnblase und Schließmuskel verbinden. Der Beckenboden kann nun nicht aktiviert werden und Urin bzw. Stuhl wird unkontrolliert ausgeschieden.

V. Nachtröpfeln

Häufig entsteht auch ein sogenanntes Nachtröpfeln bei Frauen mit verminderter Entspannungsfähigkeit der äußeren Schließmuskeln. Das ist unangenehm und verunsichert immens.

> Hilf Deiner Blase nach dem Wasserlassen, sich komplett zu entleeren. Wippe einige Male vor und zurück, damit sie sich komplett entleeren kann und ziehe danach gedanklich Deinen „Zippverschluss" zu.

Eine Pilotstudie ergab, dass vollstillende Mütter gegenüber den nicht-stillenden Mütter ein rund doppelt so hohes Risiko hatten, eine Harninkontinenz zu entwickeln. Bei Müttern, die nur teilweise stillten, war das Inkontinenzrisiko um das 1,67-fache erhöht. Frauen, die ihre Kinder mehr als sieben Mal am Tag an die Brust legten, hatten gegenüber den nicht-stillenden Müttern sogar ein dreifach erhöhtes Inkontinenzrisiko. Erklärung hierfür ist, dass der Östrogenspiegel während der Stillphase generell gering ist, was zu einer fehlenden Spannung im Beckenboden führt.

info

SENKUNG

Eine weitere Schwäche ist das Absinken der Organe als Resultat einer schwachen, überdehnten Beckenbodenmuskulatur. Etwa 50% aller Frauen, die geboren haben, weisen irgendeine Form der Senkung auf, wobei jedoch nur 10% bis maximal 20% der Frauen auch eine Beschwerde beschreiben. Jede dritte Frau ab 50 hat eine mehr oder weniger stark ausgeprägte **Beckenbodensenkung**. Auch junge Mütter sind nicht selten betroffen, häufig aufgrund einer zu frühen überfordernden Belastung unmittelbar nach der Schwangerschaft. Eine Beckenbodensenkung kann mit einer Inkontinenz einhergehen, muss aber nicht. Hierbei kommt es stark darauf an, welche Beckenorgane absinken (Blase, Gebärmutter, Rektum, Beckenboden). Das Senkungsgefühl verstärkt sich gegen Abend. Je nach Grad der Senkung muss unter Umständen operiert werden.

THERAPIE: siehe „Haltemuskel Kräftigung" im Knieunterarmstütz (Slow-Twitch Fasern)

> Drücke beim Toilettengang nicht extra mit. Sobald das Signal gesendet wird, dass der Schliessmuskel sich öffnen soll, reicht das als Reiz. Zusätzliches Pressen kann gerade nach der Geburt eine Senkung und Hämorrhoidenbildung begünstigen.

SCHMERZEN

Schmerzen im unteren Rücken- und/oder Schambereich sind ebenso Zeichen einer Beckenbodenschwäche und werden oft fälschlicher Weise als normale Rückenschmerzen abgetan und auch falsch behandelt. Viele Damen in der Menopause berichten ebenso von „tiefen Kreuzschmerzen", die einfach nicht weg gehen. Die Beschwerden treten oft als krampfartiger, stechender, tiefliegender und ausstrahlender Schmerz aus. Die Betroffenen haben meist schon einen längeren Leidensweg hinter sich, da man die Ursache nicht findet. Ausgelöst werden diese Schmerzen durch schwere Geburten, Operationen, Steißbeinfrakturen oder Missbrauch in der Vergangenheit. Häufig kann man diese Schmerzen alleine mit einer Beckenbodenentspannung oder Beckenbodenkräftigung kurieren.

Hämorrhoiden

Hämorrhoiden (aus dem griech.: haimorrhoideis phlebes – blutfließende Adern) sind kleine Blutgefäße in der Umgebung vom Rektum und After, die aus verschiedenen Gründen (z.B. starkes Pressen beim Stuhlgang) vergrößern bzw. anschwellen können, sodass sie als tastbare, knotenartige Veränderungen wahrnehmbar sind. In der Schwangerschaft wird das Auftreten von Hämorrhoiden durch die schwangerschaftsbedingte Weitstellung der Gefäße, den zunehmenden Druck durch die Gebärmutter und das Kind sowie durch häufig resultierende Verstopfungen begünstigt. Während der Austreibungsphase der Geburt können Hämorrhoiden entstehen oder sich verschlimmern, da der venöse Rückfluss behindert wird. Während der Presswehen ist es meistens deutlich schmerzlindernd, die Hämorroiden mit leichtem Gegendruck zu kühlen. Zur Geburt ist für eine Frau mit Hämorrhoiden der Vierfüßlerstand empfehlenswert, auch sollte die Frau nur wenig mitdrücken. (Vasalva Pressdruck) Innere Hämorrhoiden bilden sich im Wochenbett meist deutlich zurück, sobald der Veneninnendruck abnimmt und die Blutgefäße wieder enger gestellt sind. Äußere Hämorrhoiden sind als bläulich verfärbte Knoten am Afterrand sichtbar. Sie sind druckempfindlich und oft verbunden mit Schmerzen beim Sitzen oder beim Stuhlgang. Die Rückbildung von äußeren Hämorrhoiden kann mehrere Wochen dauern.

HÄMORRHOIDEN – WAS KANN MAN TUN?

- **KÜHLUNG** gilt als Erstmaßnahme bei Hämorrhoiden. Sie lindert die Schmerzen und bewirkt eine Engerstellung der Gefäße. Man kann zum Beispiel einen mit kaltem Wasser gefüllten kleinen Gefrierbeutel auflegen, oder einen mit Eiswasser gefüllten Latexhandschuh in die Analfalte legen.

- Ein tägliches **SITZBAD** mit einem gerbstoffhaltigen, zusammenziehenden Zusatz wirkt entzündungshemmend und juckreizstillend. Ins Badewasser kann entweder Tannolact Pulver (synthetischer Gerbstoff) oder eine Abkochung aus Eichenrindenstückchen (natürlicher Gerbstoff) gegeben werden. Dafür werden 2 Esslöffel Eichenrinde aus der Apotheke in 1 Liter Wasser 10 min aufgekocht und danach durch ein Sieb ins Badewasser gegeben.

- **EINENGENDE KLEIDUNG** und einengende Positionen (langes Sitzen, Autofahren usw.) vermeiden.

- Häufige **HOCHLAGERUNG VON BEINEN** und Becken (Keilkissen oder Aktenordner unterm Po).

- **KNIE-UNTERARM- POSITION** (Die Knie sind aufgestellt, die Unterschenkel und Unterarme liegen auf).

- Regelmäßiger, **WEICHER STUHLGANG** ist besonders wichtig, da eine Verstopfung Hämorrhoiden verursacht bzw. verstärkt. Also viel Trinken und auf ballaststoffreiche Nahrung achten.

DAS BAUCHKAPSELSYSTEM ERARBEITEN, WAHRNEHMEN UND IN DEN ALLTAG INTEGRIEREN

zwei

phase zwei

UM DEN KÖRPER ZURÜCK ZU BILDEN,
IST ES ESSENTIELL, IHN ZU VERSTEHEN.
WIR LERNEN IN DIESER PHASE DIE
BAUCHKAPSEL UND IHRE EINZELNEN
SYSTEME KENNEN. LIES DIR DIE ANATOMIE
(ALSO DEN ZUGEGEBEN TROCKENEN
PART IN MEINER FIBEL) TROTZDEM
GEWISSENHAFT DURCH UND AKTIVIERE
DIE VIDEOS, UM DIE ÜBUNGEN UND
HILFESTELLUNGEN ZU VERSTEHEN.

BAUCHKAPSELSYSTEM ERARBEITEN

Die Bauchkapsel ist ein clever ausgeklügeltes Konstrukt aus mehreren Systemen, das alle Bauchorgane einhüllt und diese auch an ihrem Ort hält. Sie besteht aus einer vorderen Wand, „der Bauchmuskulatur", einer oberen Wand, „dem Zwerchfell", einer Rückwand, „der Rückenmuskulatur" und einem Boden, „dem Beckenboden" Jedes dieser Teilsysteme muss richtig eingestellt sein, damit der Körper auch funktioniert. Ist ein System geschwächt, wirkt sich das auf die anderen Systeme aus. Nicht optimale Strategien für Haltung, Bewegung und/oder Atmung schaffen eine fehlgeschlagene Lastübertragung, die irgendwann zu Schmerzen, Inkontinenz und/oder Atemstörungen führen kann.

Bauchkapsel mit aufgerichteter Wirbelsäule

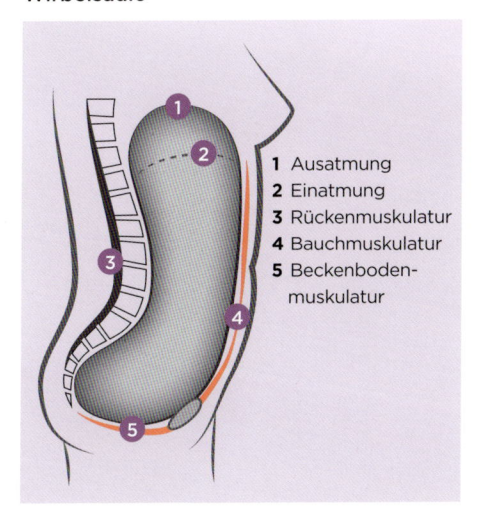

1 Ausatmung
2 Einatmung
3 Rückenmuskulatur
4 Bauchmuskulatur
5 Beckenbodenmuskulatur

Aktive Bauchkapsel vs inaktive Bauchkapsel während Druckerhöhung

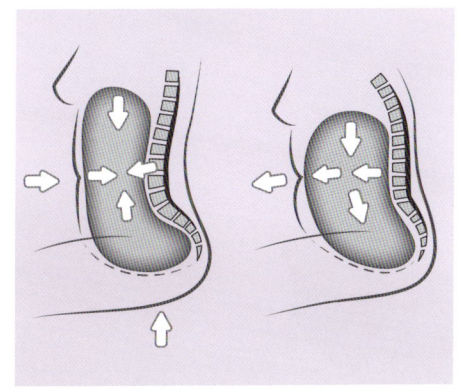

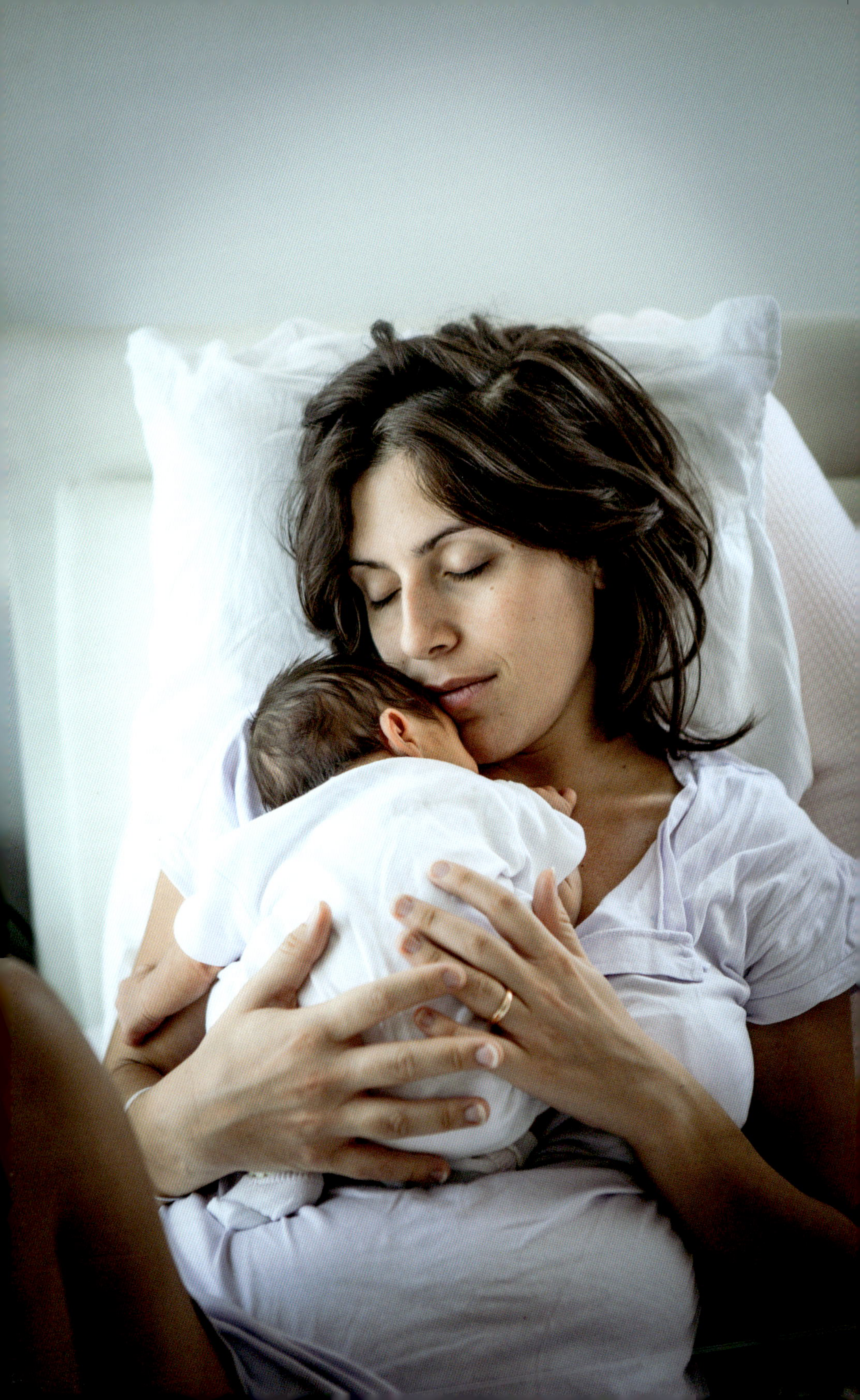

WAS GEHÖRT ZUR BAUCHKAPSEL? LASS SIE UNS SPÜREN UND KENNENLERNEN!

ZWERCHFELL – ATMUNG ERARBEITEN

Das Zwerchfell, das in der Anatomie auch Diaphragma (griech.: Zwischenwand) genannt wird, ist ein flacher, scheibenförmiger Muskel, der den Oberkörper in den Brust- und den Bauchraum teilt. Es trennt die linke Lungenhälfte von Magen und Milz und die rechte Hälfte der Lunge von der Leber ab. Befestigt ist das Zwerchfell kuppelförmig an Brustbein, Rippenbögen und Lendenwirbel. Es spielt eine wichtige Rolle beim Atmen. Es ist der Haupt-Einatemmuskel und das unermüdlich 24 Stunden lang. Beim Einatmen ziehen sich die Muskelfasern des Zwerchfells zusammen, die Kuppeln flachen sich ab und der Brustraum wird vergrößert. Während der Ausatmung entspannen sich die Muskelfasern und das Zwerchfell nimmt wieder seine Ausgangsform an. In der Schwangerschaft wird durch das größer werdende Kind das Zwerchfell nach oben verdrängt. Die tiefe Bauchatmung geht dadurch verloren.

Es ist wichtig die Bauchatmung wieder zu erarbeiten, da das Zwerchfell den Beckenboden reflektorisch mit aktiviert und bei jedem Atemzug minimal bewegt wird. **Hierzu eine Übung auf der nächsten Seite!** ▶

Die tiefe Bauchatmung/ Zwerchfelatmung ist essentiell für das Beckenbodentraining. Halte Deine Rippen und Deinen Brustkorb stets mobil. Drehungen des Oberkörpers von links nach rechts und wieder zurück unterstützen Dich dabei.

---

gut zu wissen

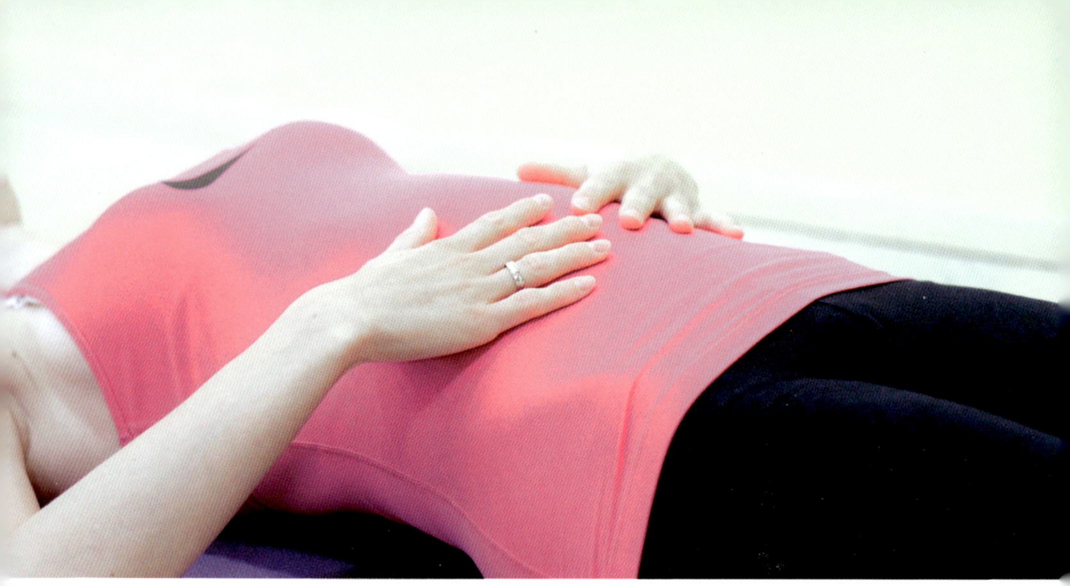

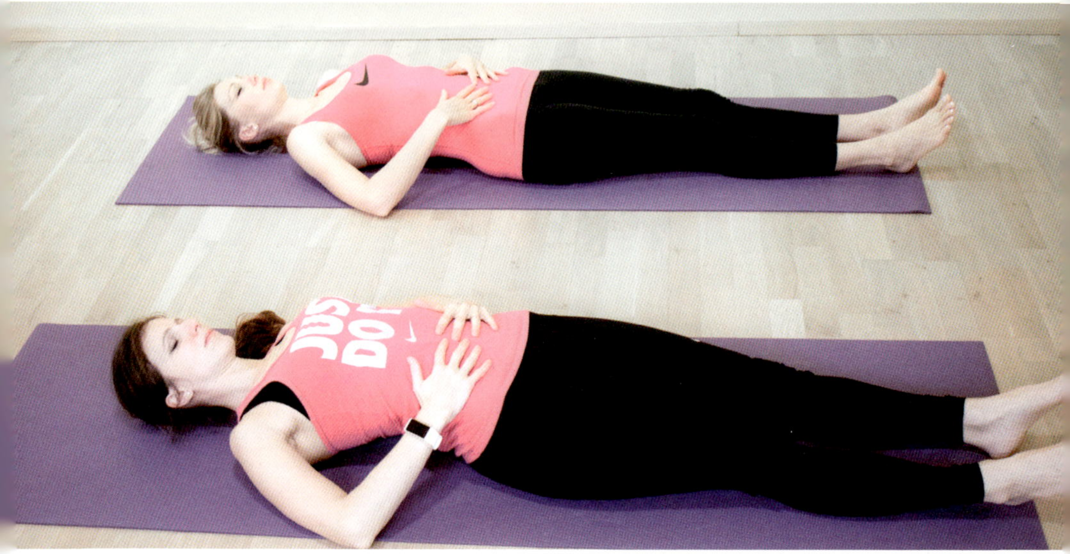

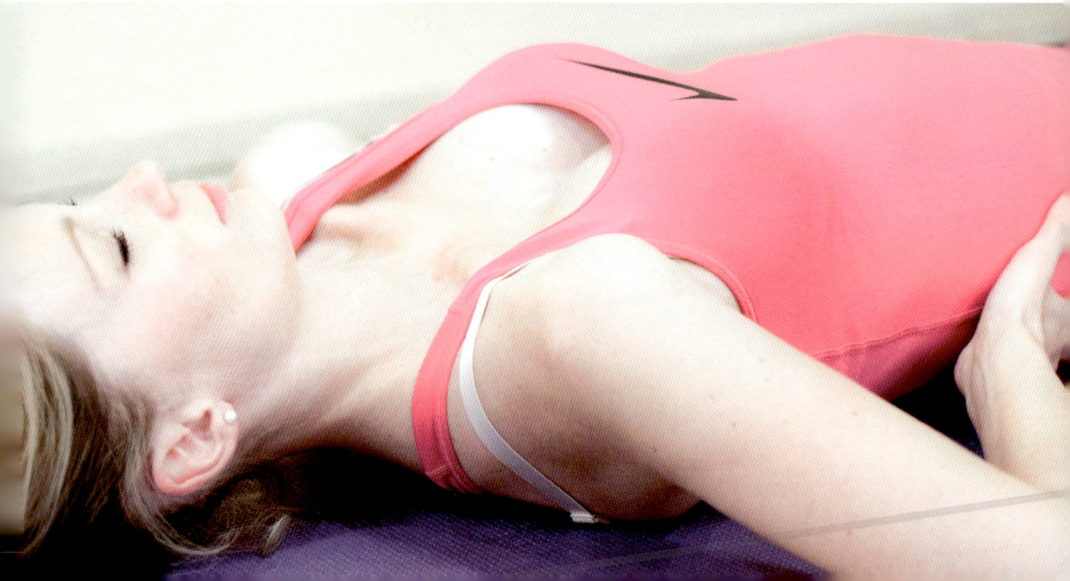

Übung
– WARME HAND –

AUSGANGSSTELLUNG
Lege Dich auf den Rücken, die Hände liegen auf dem Bauch neben dem Bauchnabel, dabei zeigen die Finger zueinander, die Augen sind geschlossen.

DURCHFÜHRUNG
Lenke die Aufmerksamkeit auf die Kontaktpunkte zwischen Deinen Händen und Deiner Bauchdecke. Spüre woher die Atmung kommt, wohin die Atmung geht. Das führe nun vier Atemzüge lang durch.

SPÜRE
Wie liegen Deine Hände auf? Flächig/punktuell? Sind sie kalt/warm? Schwer/leicht? Ist der Kontakt angenehm, oder unangenehm?

NACHSPÜREN
Hat sich etwas an der Atmung geändert? Wohin geht die Atmung jetzt? Wohin bewegt sich der Bauch?

KONTROLLE
Haben sich Deine Hände nach oben und nach unten gesenkt? Oder hast Du keine Bewegung wahrgenommen? Lege nun Deine Hände an Deine Taille und atme tief in die Hände seitlich hinein. Führe das fünf Mal durch. Zuletzt lege Deine Hände links und rechts neben die Wirbelsäule an Deine hintere Flanke und atme wieder fünf Mal tief ein und aus.

ZIEL
Ziel ist es, dass sich Dein Bauch bei jedem Einatmen nach vorne, zur Seite und nach hinten bewegt. Kannst Du das bestätigen, dann aktivierst Du Dein Zwerchfell. Übe dies einige Male und lege Deinen Fokus unbedingt auch aufs Ausatmen. Deine Rippen sollten sich bei der Ausatmung zueinander bewegen.

Hier gehts zum Video!

BAUCHMUSKULATUR/ REKTUSDIASTASE/ M.TRANSVERSUS AKTIVIERUNG ERARBEITEN

Die Bauchmuskulatur wird in die oberflächliche und tiefe Bauchmuskulatur unterteilt. Die oberflächliche Bauchmuskulatur liegt vorne bzw. seitlich der Rumpfwand an. Die tiefe Bauchmuskulatur ist vor der Wirbelsäule lokalisiert (auf diese gehe ich nicht näher ein)

M. TRANSVERSUS ABDOMINIS

Der **Musculus transversus abdominis** („querverlaufender Bauchmuskel") ist ein Skelettmuskel, der zur seitlichen Bauchmuskulatur gehört. Er entspringt an der Innenflächen des siebten bis zehnten Rippenknorpels und der elften bis zwölften Rippe und zieht quer verlaufend zum Ansatz an der Linea alba (senkrechte Bindegewebsnaht in der Mitte des Bauches). Seine flächige Aponeurose (Sehnenplatte) ist an der Bildung der Rektusscheide beteiligt. Seine Funktion ist es, die Taille zu verschmälern und den Bauch abzuflachen. Er hilft bei der Bauchpresse und stabilisiert den unteren Rücken und das Becken **VOR** der Bewegung. Das passiert normalerweise reflektorisch.

Beachte: Aus diversen Gründen (Übergewicht, Schwangerschaft, falsche Haltung, etc.) kann es zu einer Verzögerung, oder gar Ausbleiben dieser Funktion kommen.

gut zu wissen

Der M. transversus ist in der Rückfindung ein wichtiger Muskel, da er die überdehnte Bauchsilhouette wie ein Korsett wieder zusammenführt.

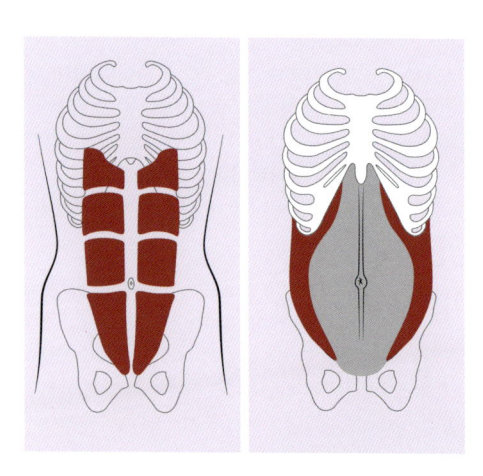

M. rectus abdominis

M. transversus

M. OBLIQUUS INTERNUS/EXTERNUS

Der **Musculus obliquus internus abdominis** („innerer schräger Bauchmuskel") ist einer der seitlichen Bauchmuskeln. Seine Fasern ziehen von unten-außen (Beckenkamm und Leiste) nach oben-innen (Knorpel der neunten bis zwölften Rippe). Sie kreuzen sich mit dem *Musculus obliquus externus abdominis* in einem Winkel von 90°. Seine breite Sehnenplatte (Aponeurose) bildet zusammen mit denen des *Musculus obliquus externus abdominis* und des *Musculus transversus abdominis* die *Linea alba*.

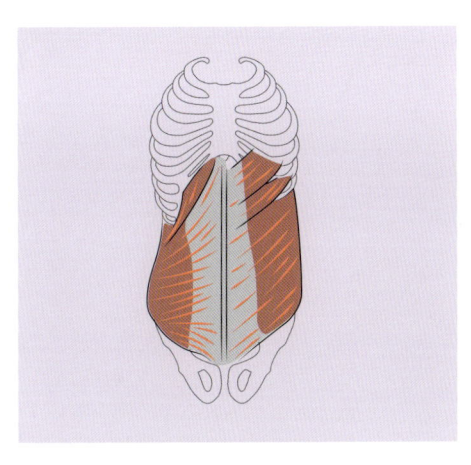

Der **Musculus obliquus internus abdominis** beugt den Rumpf, er hilft ebenso bei der Bauchpresse und ist beteiligt an der Ausatmung. Der **Musculus obliquus externus abdominis** („äußerer schräger Bauchmuskel") entspringt abwechselnd mit den Zacken des *Musculus serratus anterior* und des *Musculus latissimus dorsi* von der fünften bis zwölften Rippe. Er zieht mit seiner Bauchsehne (*Crus mediale*) zur Linea alba und mit seiner Beckensehne (*Crus laterale*) zum Darmbein. Er neigt einseitig den Rumpf zur selben Seite und dreht ihn zur Gegenseite. Arbeiten die Muskeln beider Seiten zusammen, so sind sie verantwortlich für die Beugung des Rumpfes und die Hebung des Beckens, weiterhin hilft er bei der Ausatmung und der Bauchpresse.

M. obliquus internus/externus

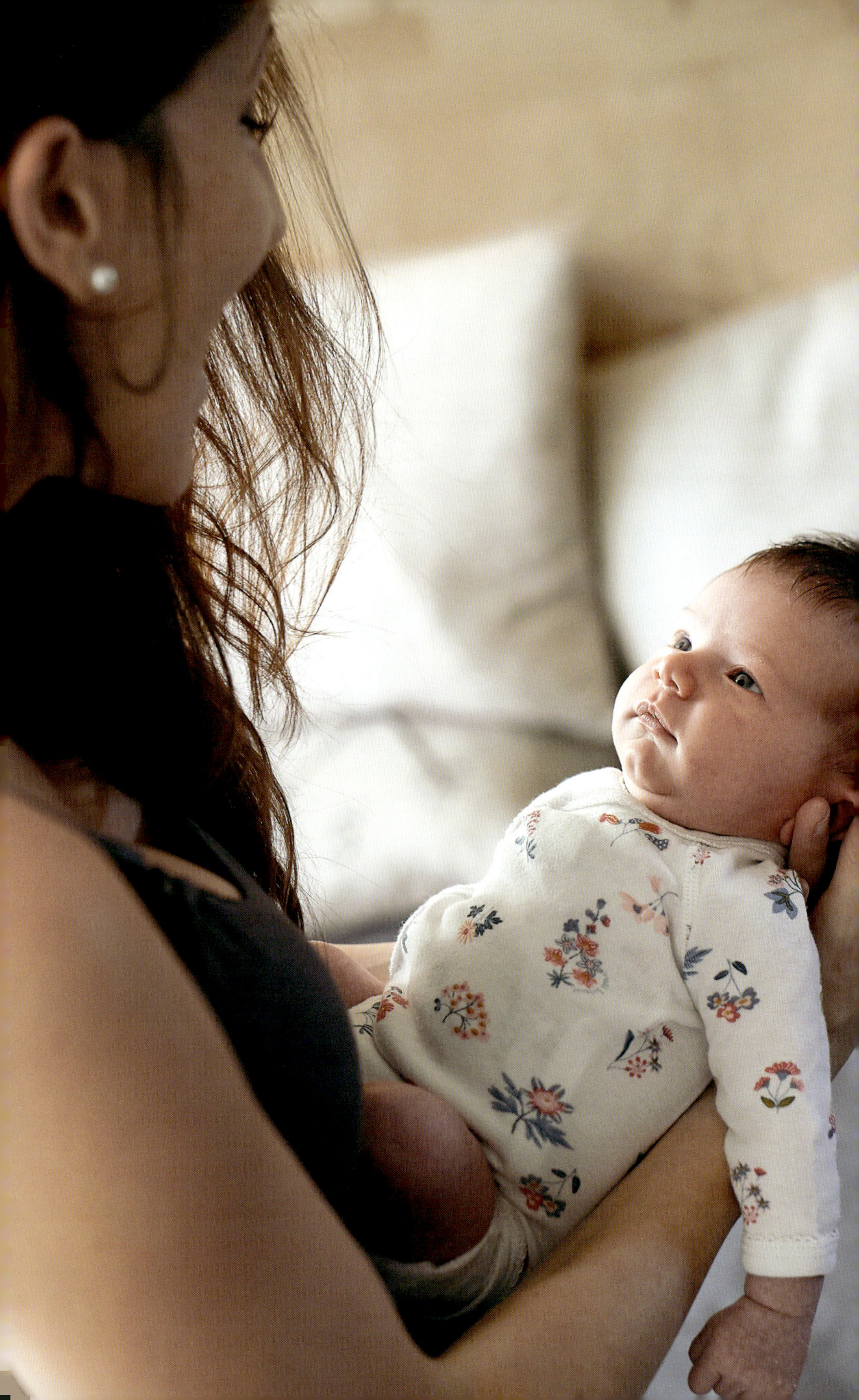

M. RECTUS ABDOMINIS

Der **Musculus rectus abdominis** („gerader Bauchmuskel") ist ein langer, vertikal verlaufender, paariger Skelettmuskel, der zur vorderen bzw. mittleren Bauchmuskulatur gehört. Er entspringt in drei Partien an den Vorderflächen der Knorpel der fünften, sechsten und siebten Rippe und zieht vertikal verlaufend nach unten zum Schambein und den Bändern der Beckensymphyse. Die rechte und linke Seite des Muskels stoßen in der Linea alba aufeinander. Der *Musculus rectus abdominis* hat mehrere Funktionen. Er erhöht die Spannung der Bauchwand und steigert damit, in Zusammenarbeit mit der Kehlkopfmuskulatur und der Beckenbodenmuskulatur, den Druck im Abdomen (so genannte Bauchpresse). Darüber hinaus bewirkt er ein Vorwärtsbeugen des Rumpfes bzw. eine Aufrichtung des Beckens nach oben.

gut zu wissen

Die schrägen Bauchmuskeln sind in der Rückfindung kein wichtiges Thema, es sei denn einer der beiden Muskelstränge ist zu stark und schränkt dadurch die Atmung ein (häufig der M. obliquus internus). Manch Muskelungleichgewicht in der Bauchdecke (siehe z.B. Rektusdiastase) wird durch einen zu starken M. Obliquus verstärkt. Das Trainieren der schrägen Bauchmuskeln ist deswegen ein absolutes „No-Go". Leider wird dies noch häufig falsch gelehrt und an die unwissenden Mamas weitergegeben, die damit ihren weichen Körper noch mehr schwächen.

WICHTIGER EXKURS – REKTUSDIASTASE

WAS IST DIE REKTUSDIASTASE?

Die Schwangerschaft ist für die Bauchdecke mit ihren bindegewebsartigen Faszien und Muskeln eine wahre Meisterleistung. Die Strukturen des Bauches werden sehr stark gedehnt, auf die Seite geschoben und sogar verlängert, um dem wachsenden Kind und der Gebärmutter Platz zu machen. Die beiden Rektusbäuche werden dabei auseinander geschoben. **100% aller Frauen ab dem dritten Trimester** weisen einen solchen Spalt auf, die sogenannte „Rektusdiastase". Normalerweise bildet sich diese Dehnung der Bauchwand nach etwa acht Wochen wieder automatisch zurück. Doch bei vielen Frauen bleibt der Spalt bestehen. Um es in Zahlen zu nennen: Nach zwei Schwangerschaften weisen zwei von drei Mamas eine solche Problematik vor.

Rektusdiastase

Normal | Rektusdiastase unterhalb dem Nabel | Rektusdiastase überhalb dem Nabel | komplett offene Rektusdiastase

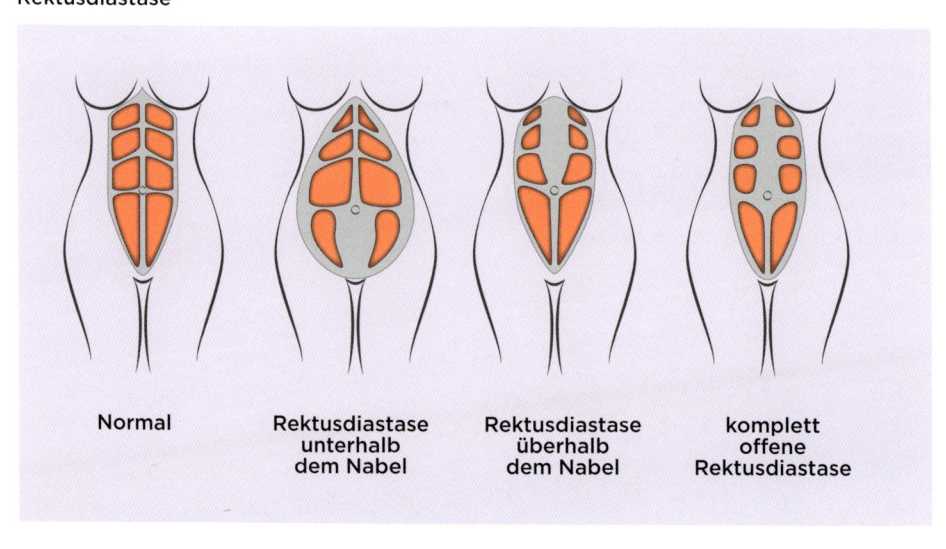

WAS VERURSACHT EINE REKTUSDIASTASE?

Exzessive Druckerhöhungen im Bauchraum drücken den Bauch heraus und die Beckenorgane nach unten und gelten als Hauptursache für eine Rektusdiastase. Die beiden geraden Bauchmuskelbäuche werden durch das größer werdende Kind im Bauch auseinander geschoben und das verbindende Bindegewebe (Linea alba) gleichzeitig überdehnt, ausgedünnt und geschwächt. Neben einer Schwangerschaft (physiologisch) sind Übergewicht, schlechte Haltung, Heben von Gewichten, falsches Rumpftraining oder starkes Pressen (Blähungen, Verstopfungen) die häufigsten Auslöser einer RD. Ebenso ist schwaches Bindegewebe ein prädisponierender Faktor, insbesondere in Kombination mit den genannten Auslösern.

MERKE: Wenn nach acht Wochen immer noch eine RD besteht, bleibt dieser Zustand mindestens ein Jahr so, sofern nichts dagegen unternommen wird. Ist der Spalt nach 12 Monaten immer noch da, obwohl Du nicht mehr stillst und auch aktiv dagegen gearbeitet hast, solltest Du eine(n) Physiotherapeut(in) Beckenbodentherapeut(in) aufsuchen.

WARUM MUSS EINE REKTUSDIASTASE BEHANDELT WERDEN?

Es ist nicht nur der ästhetische Aspekt, der eine Heilung der RD dringlich veranlasst („Ich sehe noch aus, als wäre ich im fünften Monat schwanger!"), sondern der Fakt, dass dieses muskuläre Ungleichgewicht viele Symptome auslösen kann. Die Organe sind durch den weiten Spalt nicht mehr geschützt, sie können beim „Rauswölben" eingeklemmt werden. Außerdem weisen 66% aller Frauen, die eine Rektusdiastase haben irgendeine Form der Beckenbodendysfunktionen auf. Dazu gehören Schmerzen im unteren Rückenbereich und im Beckenboden, Senkungen der Beckenorgane oder Inkontinenz.

SELBSTTEST MIT VIDEOANLEITUNG

Achtung: Die angeführten Tests sind keine Übung und schon gar nicht als Training anzusehen!! ▶

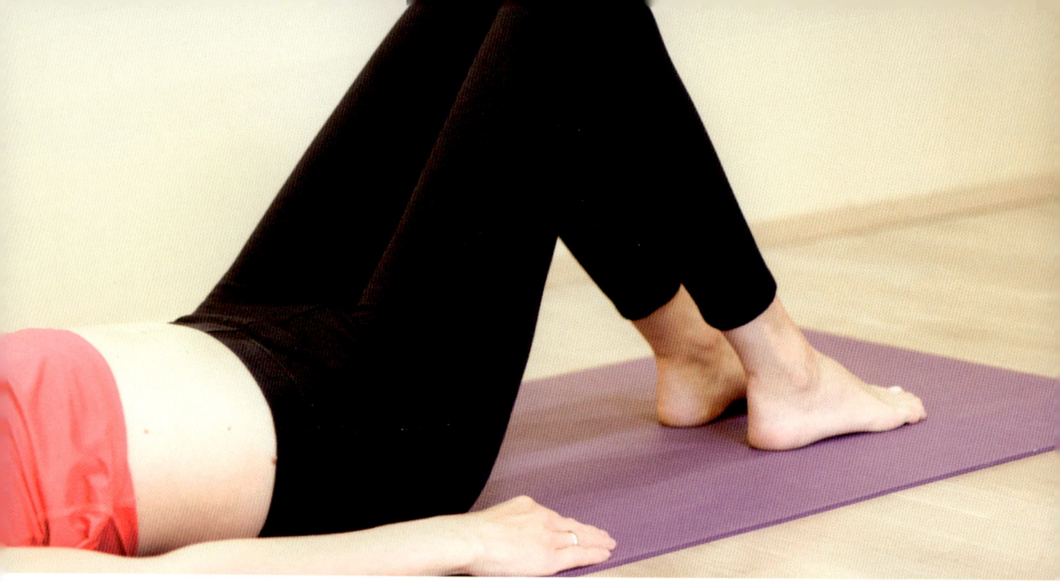

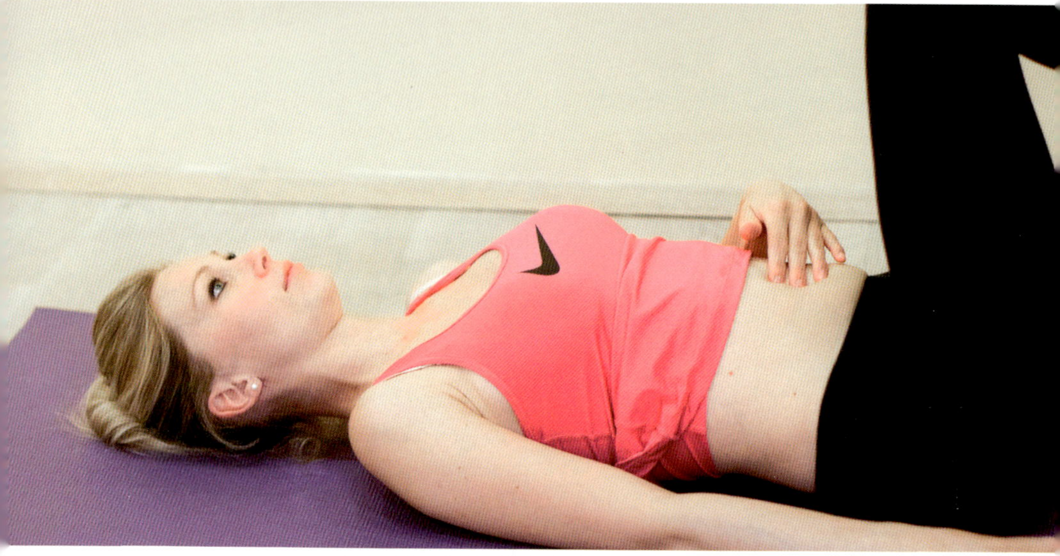

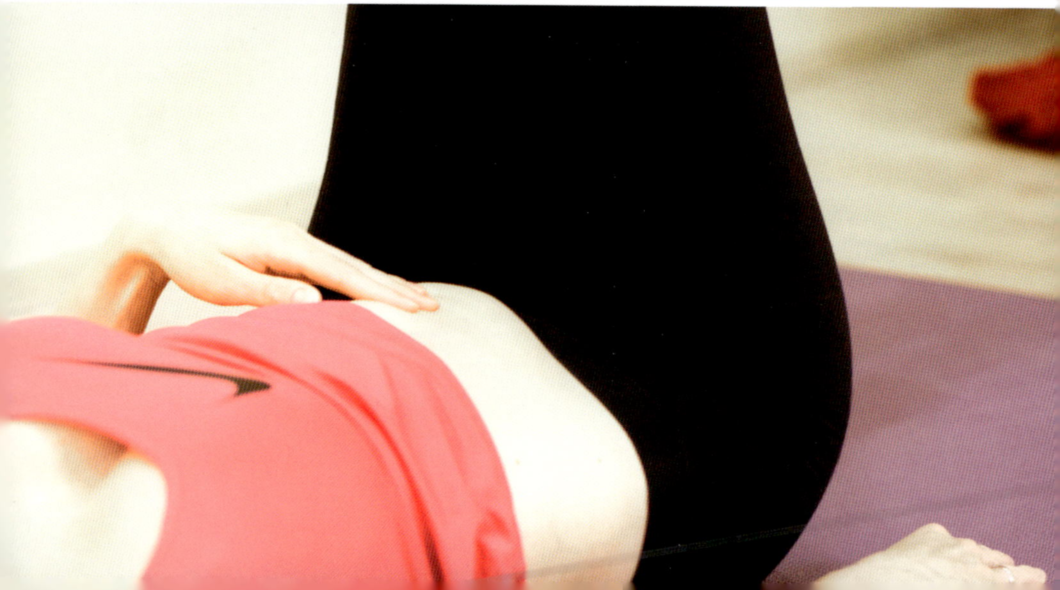

Selbsttest
– REKTUSDIASTASEN 1 –

TEST 1 – ASLR
(GESTRECKTES BEIN HEBEN)

AUSGANGSSTELLUNG
Rückenlage, der Kopf liegt ab, die Beine sind aufgestellt (oder liegen auf), Deine Finger liegen locker über Deinem Bauchnabel.

DURCHFÜHRUNG
Hebe beide Beine gleichzeitig vom Boden ab und beobachte Deine Bauchdecke. Was spürst Du? Was siehst Du? Erfühle den Bereich ca. drei Zentimeter über Deinem Bauchnabel, ertaste den Bereich ca. drei Zentimeter unter Deinem Bauchnabel. Bekomme ein Gefühl für den Bereich unter Deinem Rippenbogen. Lege dann wieder Deine Beine auf den Boden.

PRÜFE
- ob Du Schmerzen im Rücken/Kreuz oder Schambein hast?
- den Rand der beiden geraden Bauchmuskel. Ob sie auseinanderweichen und wenn ja, wie? Wie fühlt sich das Gewebe zwischen den beiden Muskeln an? Gibt es dort eine weiche Lücke?
- ob Du eine Wölbung (oder Einkerbung) des Bauches siehst?
- Spüre den Beckenboden beim Scheidenausgang. Merkst Du eine Senkung?
- Beobachte auch Deinen Bauchnabel, „ploppt" er nach draußen? Wenn ja, hast Du womöglich einen Nabelbruch.

Hier gehts zum Video!

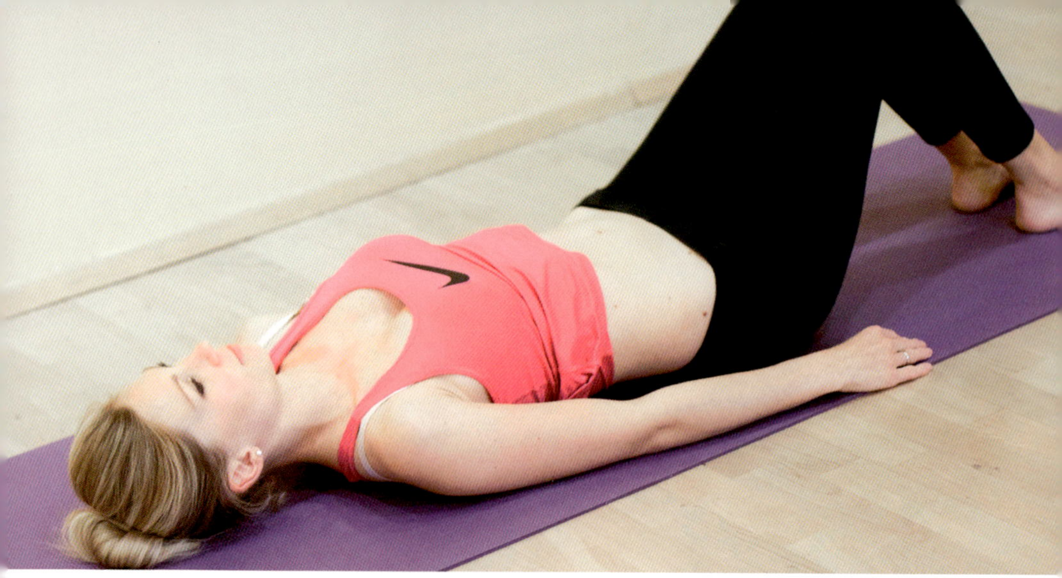

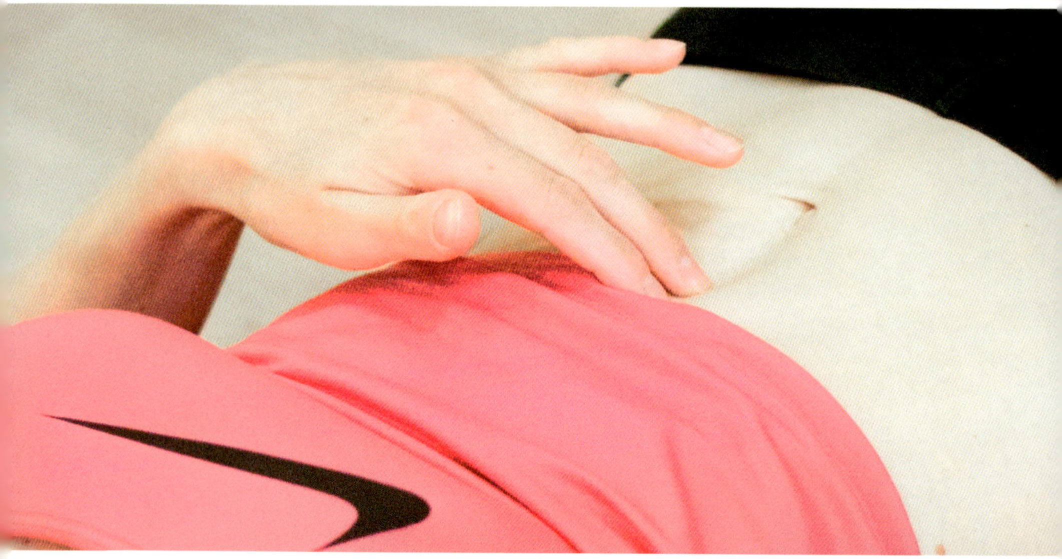

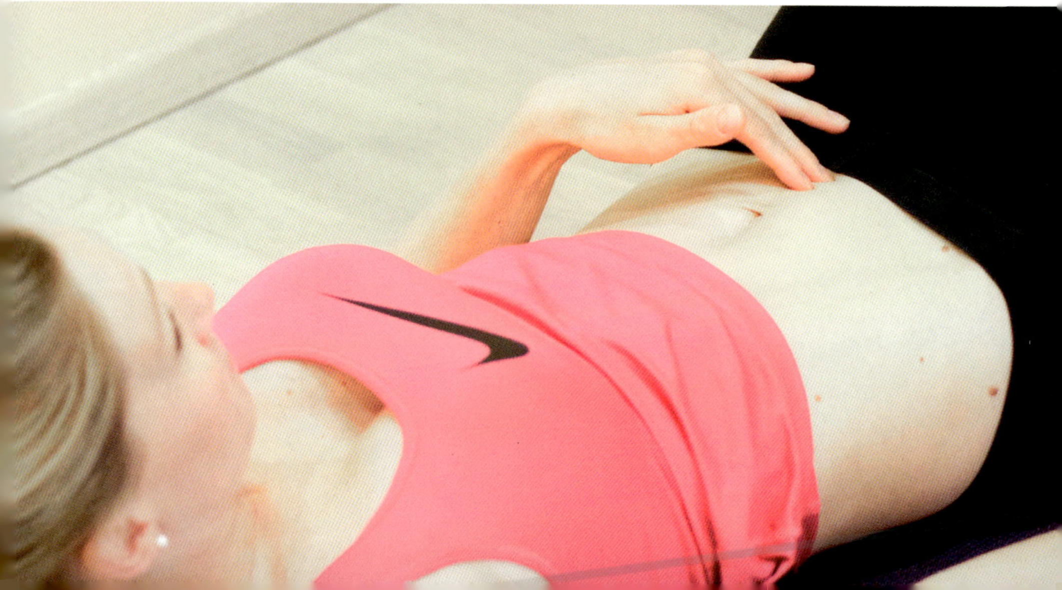

selbsttest
– REKTUSDIASTASEN 2 –

TEST 2 – CURL UP TEST

AUSGANGSSTELLUNG
Rückenlage, die Beine aufgestellt.

DURCHFÜHRUNG
Den Kopf und die Schultern leicht vom Boden anheben. Dabei mit dem Zeige- und Mittelfinger zunächst über den Bauchnabel tasten, dann auch knapp unter dem Rippenbogen und unterhalb des Bauchnabels.

PRÜFE
- ob Du Schmerzen im Rücken/Kreuz oder Schambein hast?
- den Rand der beiden geraden Bauchmuskel. Ob sie auseinanderweichen und wenn ja, wie? Wie fühlt sich das Gewebe zwischen den beiden Muskeln an? Gibt es dort eine weiche Lücke?
- ob Du eine Wölbung (oder Einkerbung) des Bauches siehst?
- Spüre den Beckenboden beim Scheidenausgang. Merkst Du eine Senkung?
- Beobachte auch Deinen Bauchnabel, „ploppt" er nach draußen? Wenn ja, hast Du womöglich einen Nabelbruch.

Hier gehts zum Video!

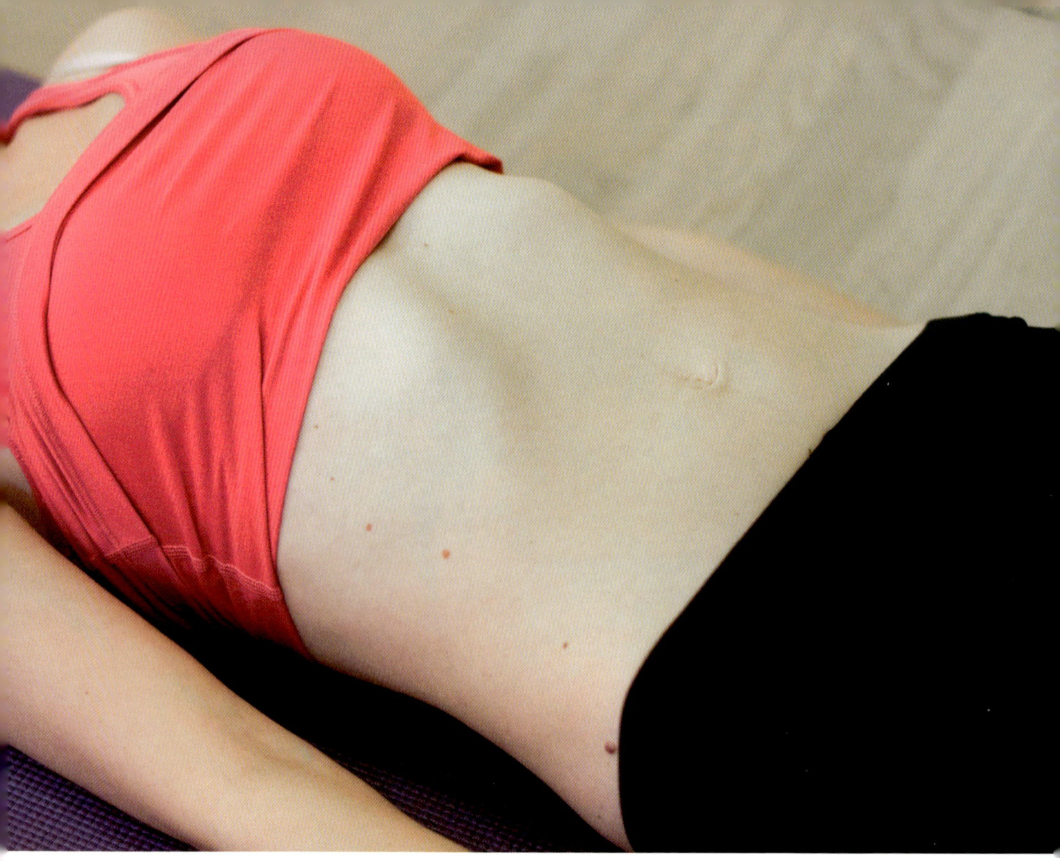

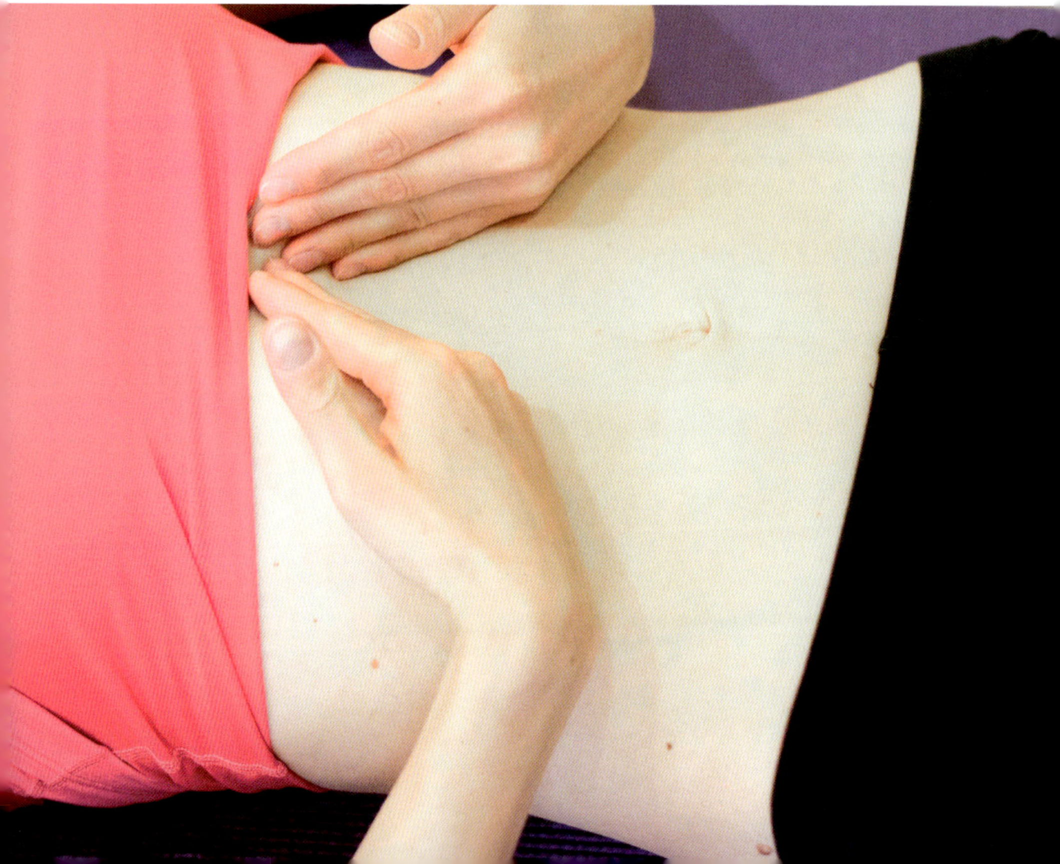

selbsttest
– RIPPENWINKEL –

AUSGANGSSTELLUNG
Rückenlage

DURCHFÜHRUNG
Ein normaler Rippen-Winkel hat etwa 90°. Während und häufig nach der Schwangerschaft ist dies nicht mehr so und der Winkel des Rippenbogens weitet sich. Ertaste hierzu Deinen beiden unteren Rippenkanten und lege jeweils die Kleinenfingerseite entlang den Rippen.

PRÜFE
Wie stehen die Rippen zueinander? Stehen sie 90° zueinander? Oder ist der Winkel weiter? Ein weiter Winkel bedeutet, dass die beiden Rektusbäuche des M. rectus abdominis auseinander gedrückt werden, durch die zu starken inneren, schrägen Bauchmuskeln und zu schwachen äußeren, schrägen Bauchmuskeln.

Hier gehts zum Video!

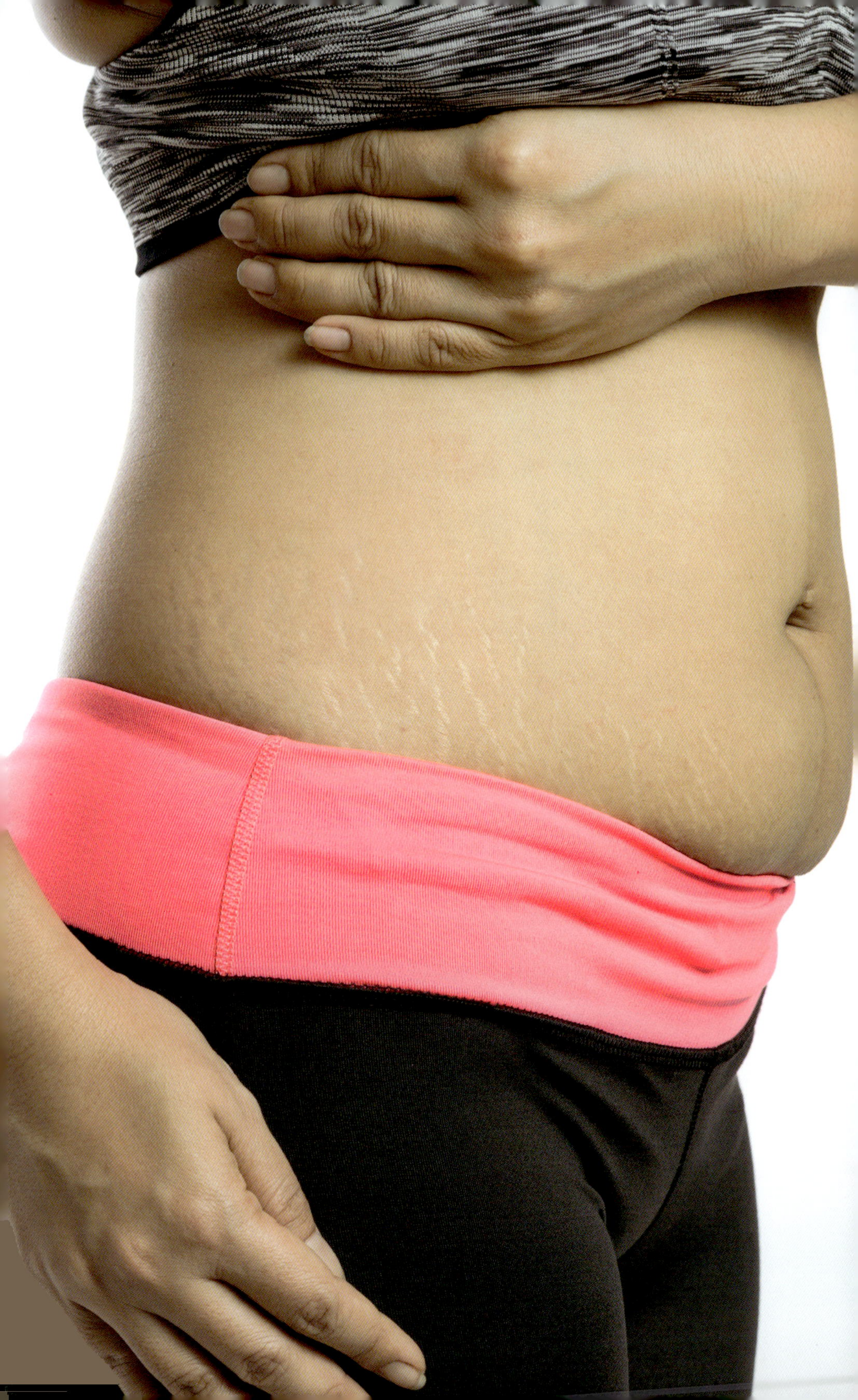

videoinfo
– BAUCHDECKE –

HIER SIEHST DU EINE FUNKTIONIERENDE BAUCHDECKE BEI BAUCHINNENDRUCK-ERHÖHUNG UND EINE BAUCHDECKE MIT EINER REKTUSDIASTASE

VIDEO EINER FUNKTIONIERENDEN BAUCHDECKE WÄHREND DEM CRUNCH
- der Spalt ist nicht über 2 Finger breit
- die Mittellinie hat Spannung

Hier gehts zum Video!

VIDEO EINER ÜBERDEHNTEN BAUCHDECKE WÄHREND DES CRUNCHES
- der Spalt ist über zwei Finger breit
- die Mittellinie ist deutlich geschwächt

Hier gehts zum Video!

WIE BEHANDELST DU EINE RD UND WIE ERARBEITEST DU DIR WIEDER EINE FUNKTIONELLE SPANNUNG AN DER BAUCHWAND?

Aufgabe eines intakten Körperkerns ist es, den Körper im richtigen Moment zu stabilisieren. Während der Schwangerschaft wurde der Bauch (als Teil des Körperkerns) durch die zwangsläufige Überdehnung in Mitleidenschaft gezogen; das natürliche und notwendige Zusammenspiel verliert sich dadurch. Wenn also ein intraabdomineller Druck im Bauchraum entsteht (Niesen, Sport etc.), ist das der Grund, warum der Bauch nach außen drückt, warum man eine Rektus Diastase entwickelt, einen Nabelbruch oder eine Senkung bekommt.

Der Fokus der Behandlung sollte deswegen darin liegen, die natürliche und spontane Verbindung zwischen dem Gehirn und der Körperkernmuskualtur wieder herzustellen, sodass sie bei plötzlicher Druckerhöhung aktiv ist.

Dabei ist es wichtig zu verstehen, dass nicht unbedingt der Spalt das einzige Problem darstellt, sondern ebenso und vor allem die verloren gegangene Funktion, sowie die instabile Mitte. Diese sollte wieder zurück erarbeitet werden.

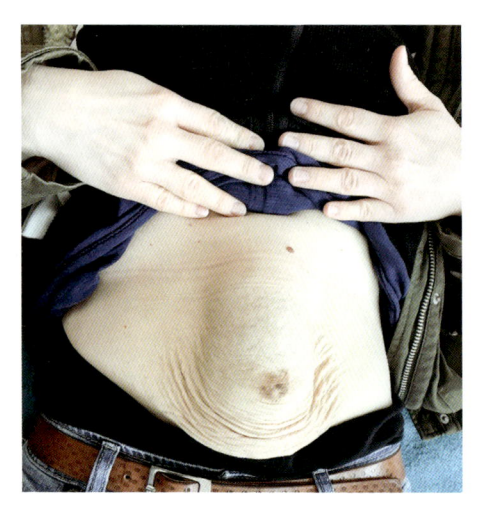

Rektusdiastase

WAS SOLLTEST DU BEI EINER BESTEHENDE RD VERMEIDEN?

Die Prophylaxe beginnt während der Schwangerschaft, in der man bereits falsche Alltagsbewegungen vermeiden sollte. Atme schon hier bewusst tief in den Bauch und reduziere durch die Aktivierung vom M. transversus abdominis die Dehnung der Bauchdecke. Bei großen Bäuchen und einer starken Dehnung, kann ein Gurt durchaus Entlastung bringen. Nach der Schwangerschaft vermeide jegliche Art von Stress auf die Bauchwand, wie Situps/Crunches, Pilates und selbst eine Plank-Position ist bei einer Rektusdiastase eher kontraproduktiv. Auch schräge Bauchmuskeln sollten nicht gekräftigt werden, da durch den diagonalen Faserverlauf eine bestehende Rektusdiastase sogar verschlechtert werden kann.

WAS MUSST DU DANN MACHEN, DAMIT DAS „MITEINANDER" WIEDER FUNKTIONIERT?

Wichtig ist es, die verloren gegangene Synergie wieder zu erarbeiten. Das gesamte Bauchkapsel-System muss wieder lernen zusammen zu arbeiten und dadurch erhält man wieder eine feste Mitte. In der folgenden Übung kombinieren wir die ersten zwei Systeme, das Zwerchfell mit der Bauchmuskelschicht. Wenn Du die Übung im Sitz oder Stand durchführst, ist auch das dritte System, die Rückenwand involviert **(siehe Mm. multifidii Seite 64)**.

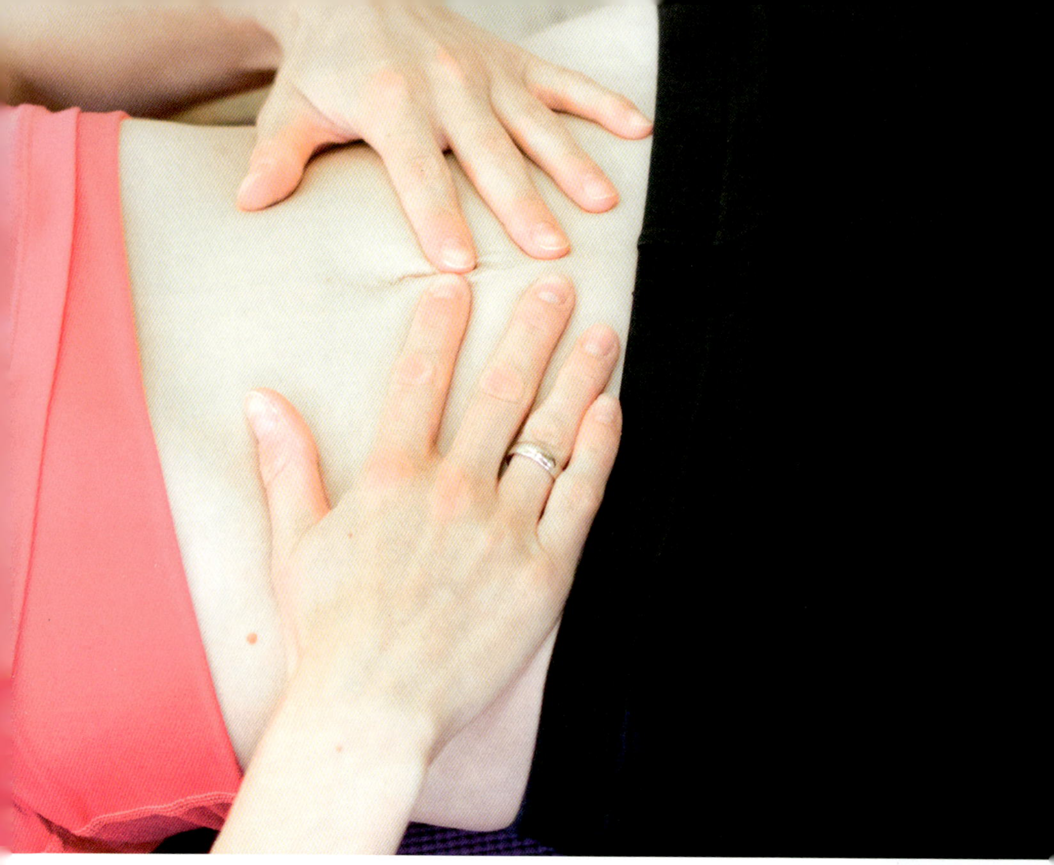
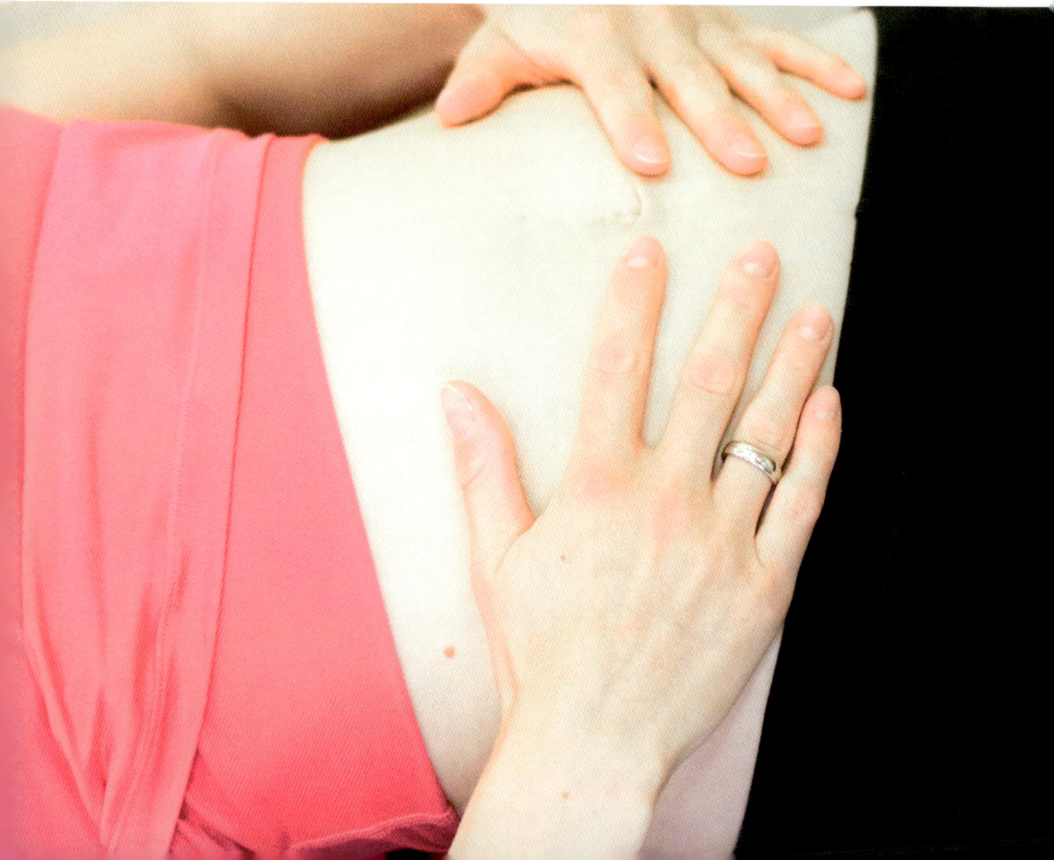

übung
– TIEFE BAUCHMUSKELSCHICHT –

AKTIVIERUNG DER TIEFEN BAUCHMUSKELSCHICHT IN KOMBINATION MIT ZWERCHFELLATMUNG

AUSGANGSSTELLUNG
Rückenlage, die Hände liegen auf dem Bauch. Stelle Dir vor, dass der Bauchnabel den Abfluss der Badewanne darstellt.

DURCHFÜHRUNG
Bei der nächsten Ausatmung saugt der Abfluss (in dem Fall also jetzt Dein Bauchnabel) das letzte Wasser in sich auf. Dabei wird der Bauch minimal kurz und schmal, die Rippen bewegen sich zueinander und verkleinern den Winkel. Fünf Mal wiederholen und Schritt für Schritt ein Gefühl einer Zusammenarbeit von Zwerchfell und Bauchmuskulatur bekommen.

ACHTUNG
Nicht die Rippen einziehen. Das hätte einen Effekt, den wir nicht unbedingt erlangen wollen: den Zahnpasta-Tuben-Effekt. Wenn Du den Bauch zwanghaft einziehst, wird der Inhalt nach oben und nach unten gedrückt und bei einem minimalen Defekt eventuell sogar rausgepresst.

Hier gehts zum Video!

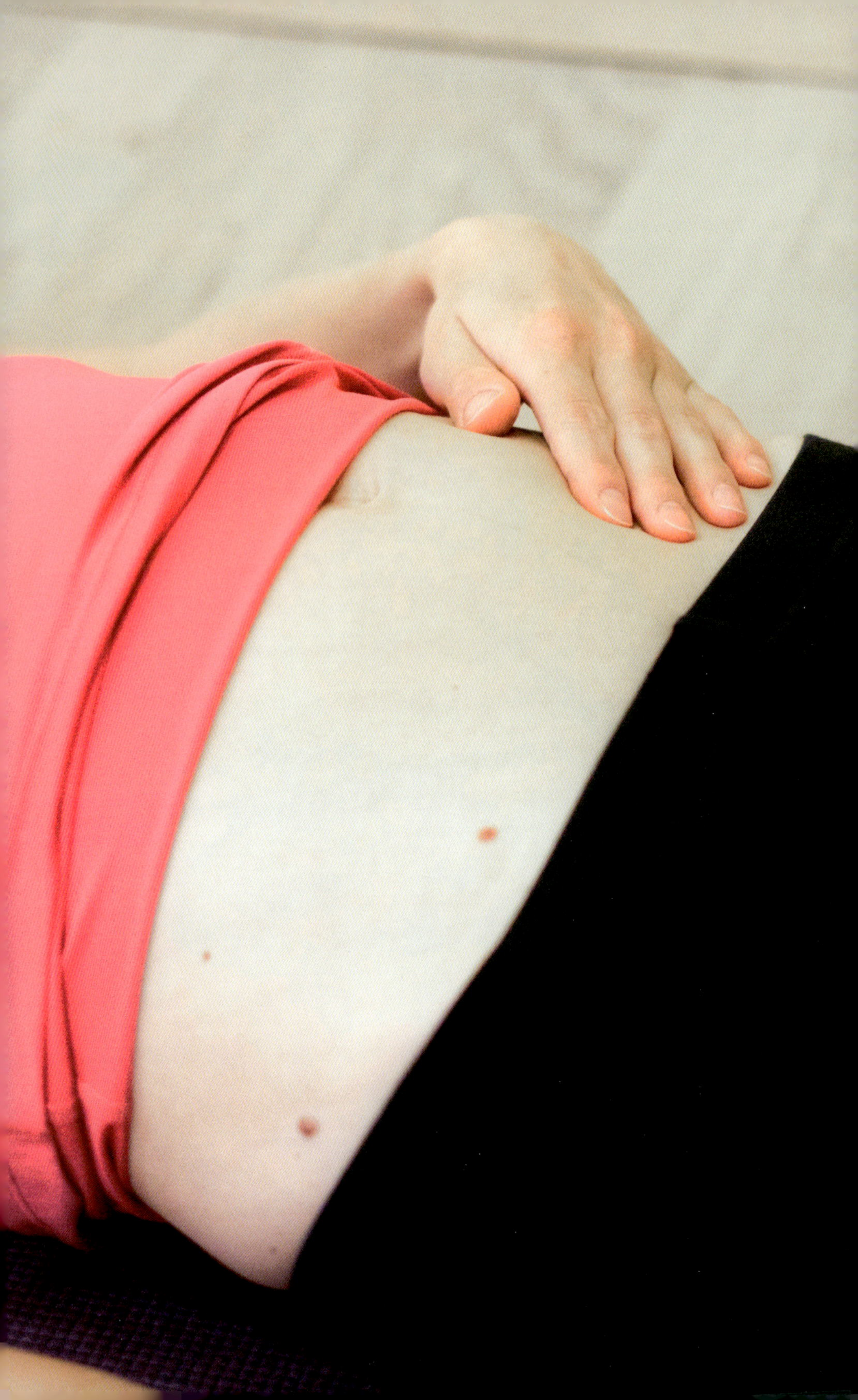

Selbsttest
– TIEFE BAUCHMUSKELSCHICHT –

DU BIST DIR NICHT SICHER, OB DU DIE ÜBUNG AUCH WIRKLICH RICHTIG AUSFÜHRST?

AUSGANGSSTELLUNG
Rückenlage

DURCHFÜHRUNG
Lege Dich auf Deinen Rücken und platziere Deine Hände auf Deine Beckenspitzen. Führe Deine Finger dann einige Zentimeter Richtung Bauchnabel und drücke sie ein bisschen in die Tiefe. Führe dann die obige Übung durch. Du solltest beim Aktivieren eine leichte Spannung unter Deinen Fingerkuppen spüren, die Deine Finger sanft herausdrückt. Wenn Dein Bauch massiv hinausgedrückt wird und Du Deine Luft anhältst, verwendest Du eher die schrägen Bauchmuskeln und der tiefe M. transversus macht wenig bis gar nichts und noch schlimmer, vermutlich drückst Du Deinen Beckenboden gleichzeitig nach unten.

Hier gehts zum Video!

MUSS ICH DIE ÜBUNG NUN DAUERND DURCHFÜHREN?

Anfangs macht es Sinn, den M. transversus abdominis häufiger im Alltag zu aktivieren, um ein Gefühl für ihn zu entwickeln und um die Zusammenarbeit wieder herzustellen. Doch sobald die Funktion und Aktivierung verinnerlicht ist, aktivere ihn nur noch bei Bedarf (also bei Druckerhöhungen). Spannst Du ihn nämlich andauernd an, kann es genau zum Gegenteil führen. Muskeln mit zu viel Spannung hat man genauso wenig unter Kontrolle wie Muskeln mit zu wenig Spannung. Aktiviere ihn also vor allem bei Bedarf. Deswegen sollte man übrigens auch den Beckenboden nicht ständig gespannt halten (wie bei Liebeskugeln, Gewichten z.B.).

AB WANN MUSS ICH OPERIERT WERDEN?

Häufig wird viel zu schnell zu einer Operation geraten. Nur 5% aller Frauen mit einer RD müssen nämlich tatsächlich operiert werden. Nur ein Ultraschallgerät, das die Strukturen der Linea Alba darstellt, kann tatsächlich Aussage geben, ob Operationsbedarf vorherrscht oder nicht und zwar erst, nachdem mindestens 12 Monate konsequentes Körperkern-Training (inklusive Ernährungsumstellung) ohne Erfolg zu verbuchen sind. **Es geht dabei aber NICHT um die Weite des Spaltes, sondern um die Beschaffenheit der Mitte.** Es ist also wichtig, dass die Linea Alba eine gute Spannung zurückgewinnt. Hat sich diese Spannung nicht eingestellt, sollte an eine Operation gedacht werden.

HILFT EIN GÜRTEL, ODER EIN BAND, DIE REKTUSDIASTASE ZU HEILEN?

Wie bei allen Hilfsmitteln gilt hier die Regel: Ein Gurt unterstützt, aber heilt die RD nicht. Ein Band/Gürtel hilft eher in der Schwangerschaft, den Bauch und Rücken zu halten und zu stützen. Nach der Geburt macht er maximal acht Woche Sinn, um den unteren Bauch zu stabilisieren. Danach sollte ein Gurt nur noch ab und an als Stütze verwendet werden, aber nicht unter dem Aspekt des Heilens

(Tipp: Baby Belly Pelvic Support®).
Du kannst immer wieder in Kombination mit der Aktivierung der tiefen Bauchmuskelschicht, passiv Deine Rektusbäuche zusammenschieben (Handtuch – siehe Phase vier) und ihnen damit einen zusätzlichen Reiz von außen geben.

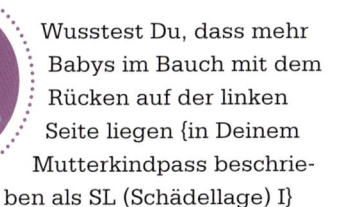

gut zu wissen

Wusstest Du, dass mehr Babys im Bauch mit dem Rücken auf der linken Seite liegen {in Deinem Mutterkindpass beschrieben als SL (Schädellage) I} Das ist dann auch die Muskelseite, die mehr überdehnt ist und dementsprechend bei der Rückbildung mehr Aufmerksamkeit braucht.

RÜCKENMUSKULATUR – KÖRPER-STRECK-DICH

MM. MULTIFIDII

Die tief liegenden Rückenmuskeln **Musculi multifidii** verlaufen vom Kreuzbein über die gesamte Wirbelsäule bis zum Kopf. Dabei entspringen die einzelnen Muskelstränge an den Querfortsätzen der Wirbelkörper und setzen an den Dornfortsätzen der darüberliegenden Wirbelkörper wieder an. Die Anspannung des Multifidus bewirkt die Aufrichtung der Wirbelsäule und bremst gleichzeitig die Wirbelsäulendrehung. Er hält die Wirbel zentriert und stabil zueinander. Gelingt es Dir sie zu aktivieren, wirst Du Dich leichter und länger fühlen, wobei die natürliche Kurve der Lendenwirbelsäule gestützt wird.

Diese Muskulatur zusammen mit den tiefen Bauchmuskeln und dem Beckenboden stabilisieren reflektorisch den unteren Rücken vor der Bewegung. Die Aktivierung der Mm. multifidii ist schwierig, was an der erschwerten Selbstwahrnehmung im Rückenbereich liegt sowie den fehlenden Kontrollmöglichkeiten auf der Rückseite des Körpers.

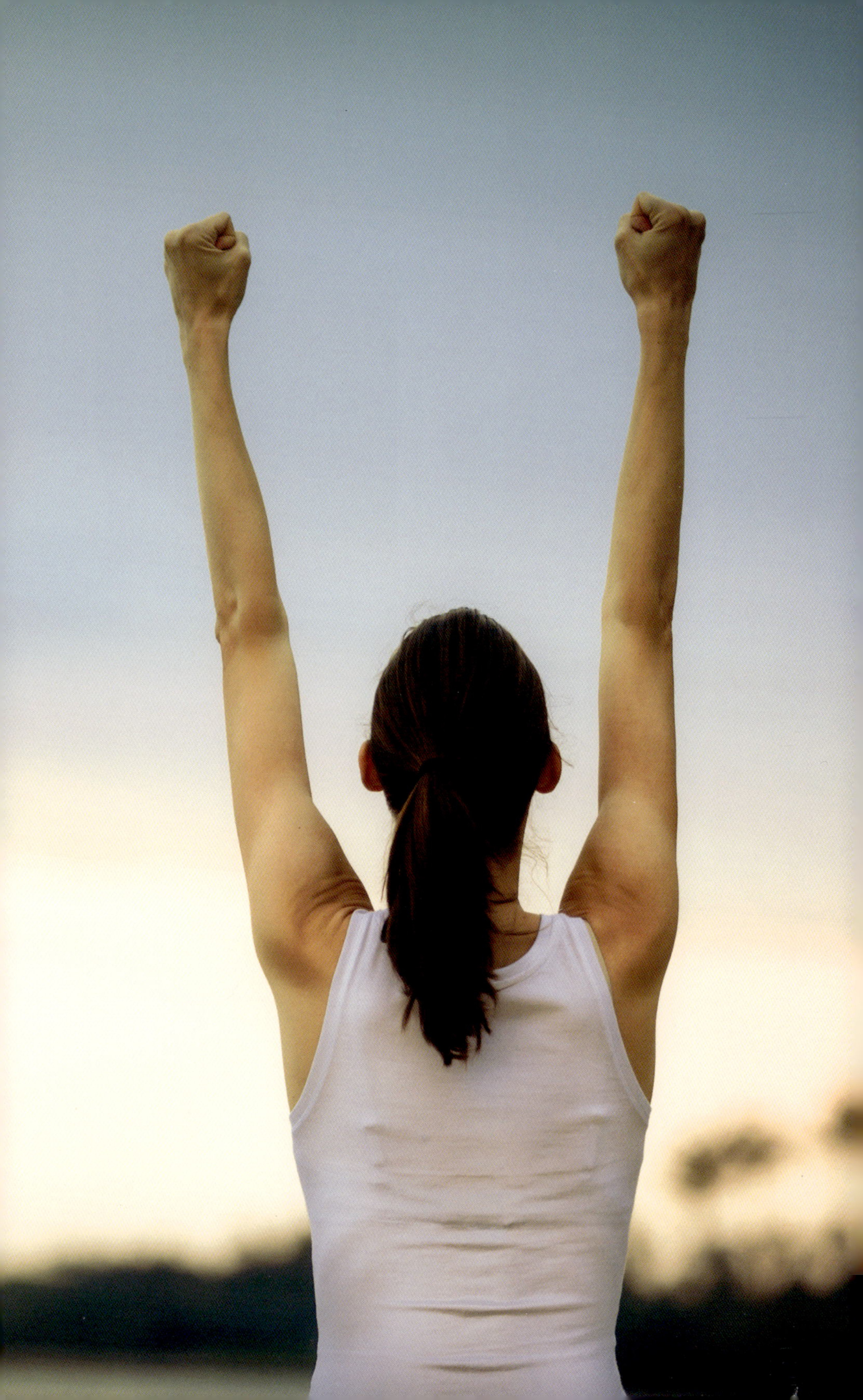

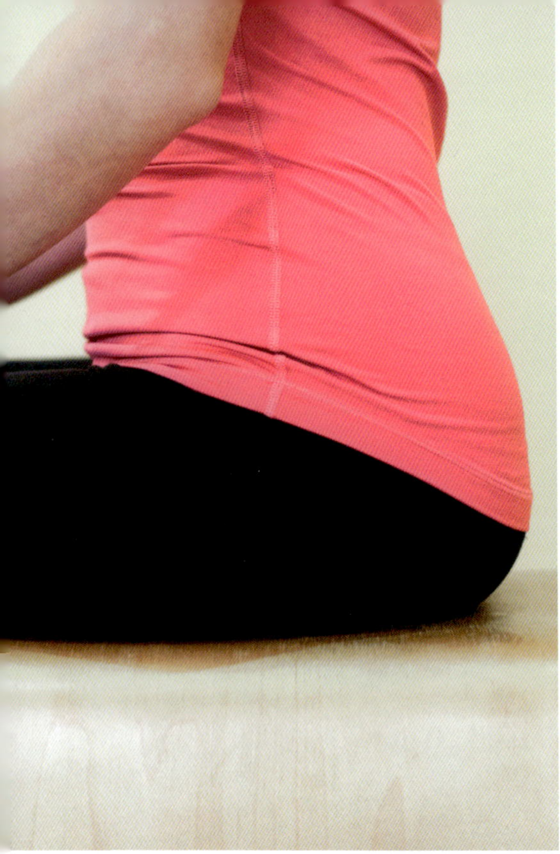
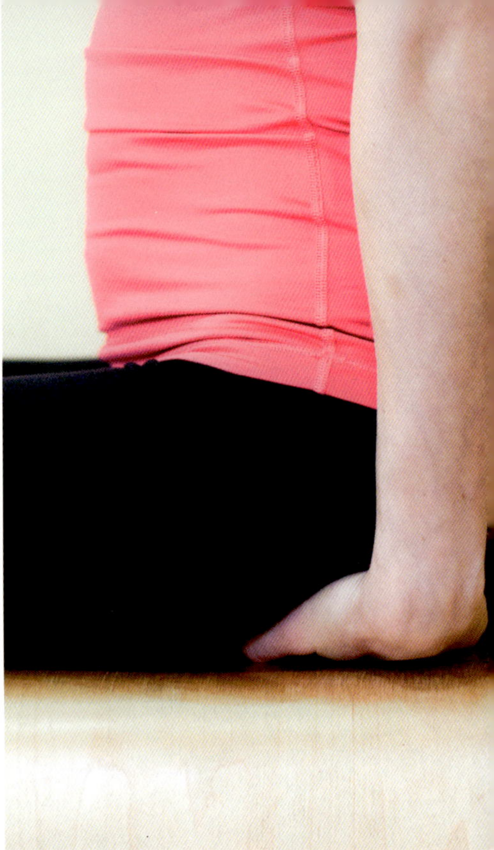
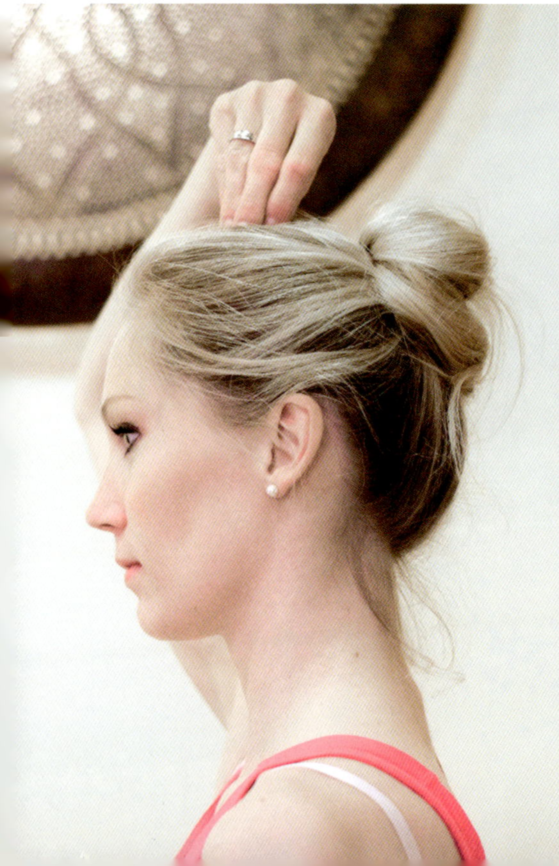
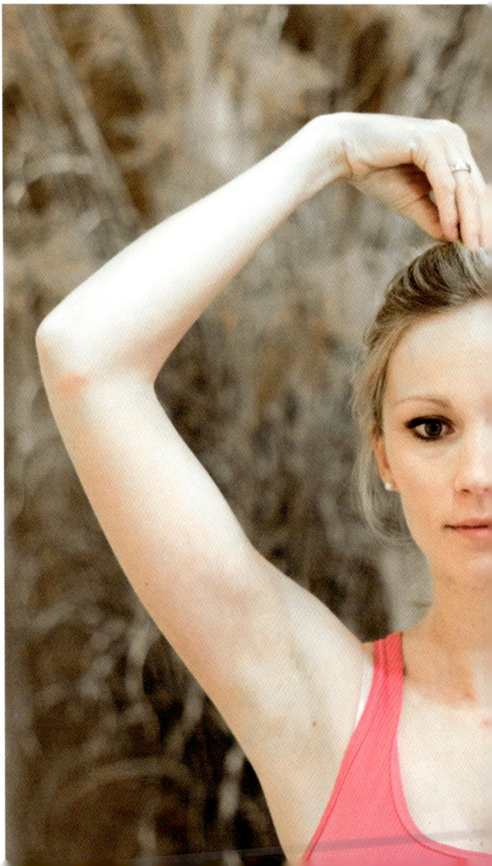

übung
– SITZDREIECK –

AKTIVIEREN DER MM MULTIFIDII

AUSGANGSSTELLUNG
Schneidersitz, oder Sitz auf einen Hocker

DURCHFÜHRUNG
Suche Deine Sitzbeinhöcker indem Du Dich auf Deine Hände setzt. Wenn Du zwei harte „Kügelchen" spürst, bist Du an der richtigen Stelle. Das sind Deine Sitzbeinhöcker. Reibe an ihnen und stelle ein Gefühl her. Du kannst nun Deine Hände wieder befreien. Nimm jetzt Deine rechte Hand und lege sie auf den höchsten Punkt Deines Kopfes. Merke Dir die Stelle und verbinde diesen Punkt gedanklich mit den beiden Sitzbeinhöckern, sodass ein Dreieck entsteht. Nun ziehe ganz sanft an Deinen Haaren (in der Vorstellung an einer Schnur), damit sich Dein Körper wie eine Marionette aufrichtet und in die Länge streckt. Schiebe dabei Deine Brust minimal heraus. Nimm Deine Hand nun wieder runter. Nun arbeiten Deine Mm.multifidii. Zudem ist dies der korrekte Sitz. Versuche ihn in Deinen Alltag einzubauen.

Hier gehts zum Video!

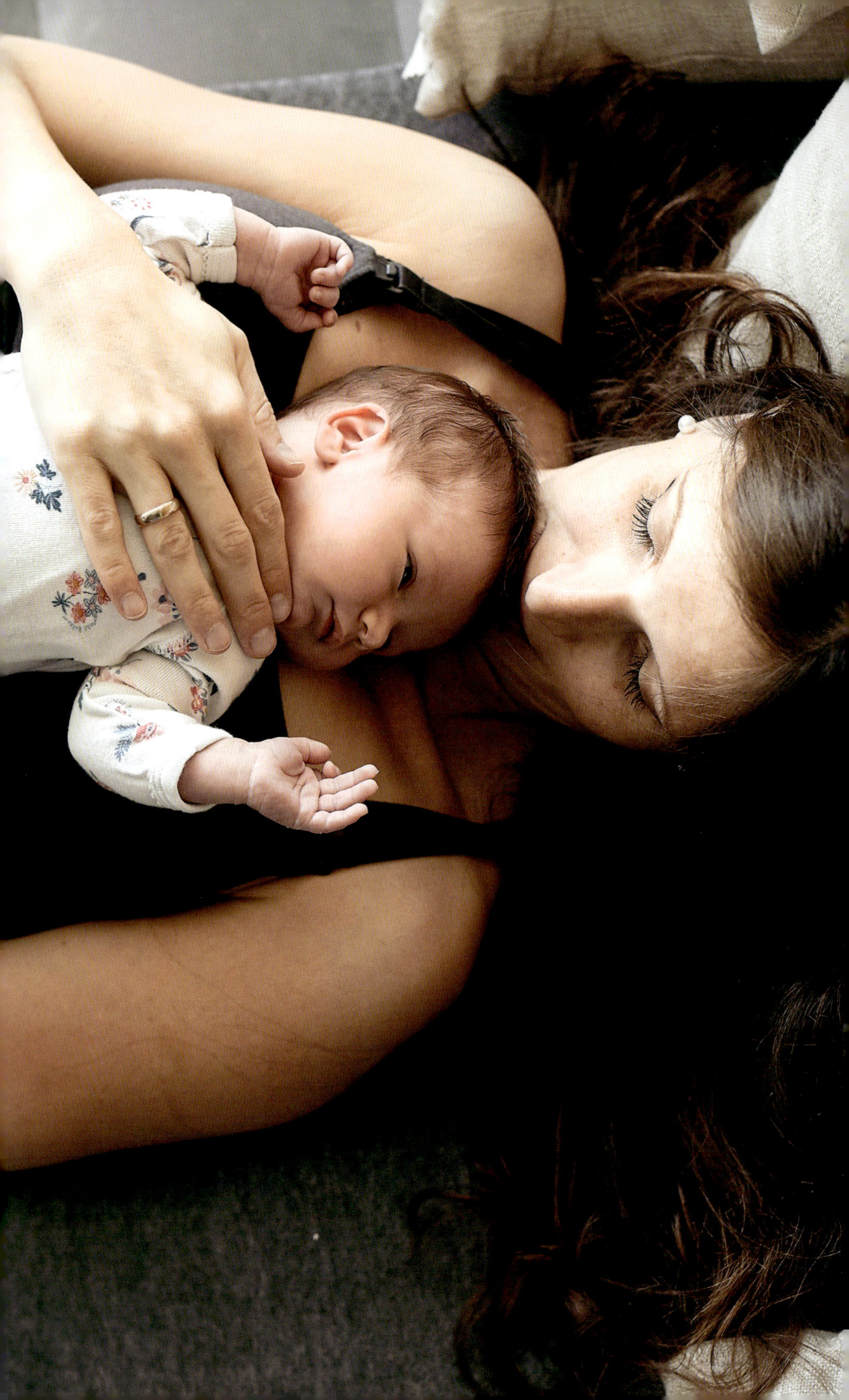

BECKENBODEN ANATOMIE ERARBEITEN, WAHRNEHMUNG

WAS IST DER BEBO?

Der Beckenboden ist eine dynamisch-elastische Weichteilbrücke, die den Oberkörper nach unten hin abschließt. Die Beckenbodenmuskulatur ist ein höchst differenziertes, genau aufeinander abgestimmtes, dreistöckiges Gebilde von Muskel- und Bindegewebeschichten mit Haltesträngen und Muskelplatten, die sich von vorn nach hinten und von rechts nach links in ein elastisches Geflecht verknüpfen. Er hat bei der Frau drei Auslässe für die Harnröhre, Scheide und den After, beim Mann nur zwei.

FUNKTIONEN

Die Funktion der Beckenbodenmuskulatur ist einzigartig, da sie Gegensätzliches leisten muss. Sie muss öffnen, aber auch verschließen. Sie schwillt bei sexueller Erregung an und verengt den Beckenausgang bei Druckerhöhung im Bauchraum. Zudem sichert sie die Lage der Beckenorgane und hilft bei der Aufrichtung, zusammen mit dem restlichen Bauchkapselsystem.

ANATOMIE

Um Deinen Beckenboden zu spüren, ist es wichtig zu wissen, wo er liegt. Deswegen tasten wir uns zuerst den knöchernen Rahmen ab. **Den sogenannten „Beckenring":**
Das Becken verbindet den Rumpf mit den Beinen und sieht aus wie eine Schale. Es besteht aus den beiden Hüftbeinknochen, die hinten aus den großen Darmbeinschaufeln, dem Kreuzbein und dem Steißbein, nach unten hin aus den Sitzknochen und nach vorne aus den Schambeinknochen gebildet werden. Diese Schambeinknochen sind mit Knorpel überzogen und bilden zusammen die Schambeinfuge. In der Schwangerschaft kann dieser Bereich durch das aufgelockerte Gewebe zum Schmerzpunkt werden.

Für die folgenden Übungen benötigst Du gegebenenfalls das Reiskornkissen und einen harten Stuhl/Hocker. ▶

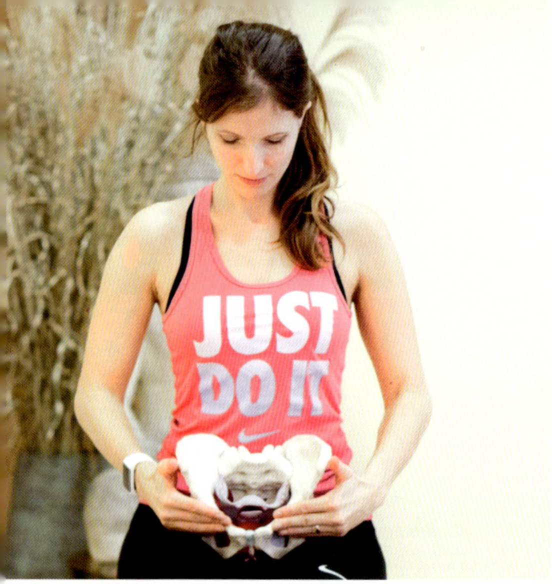
JUST
DO IT
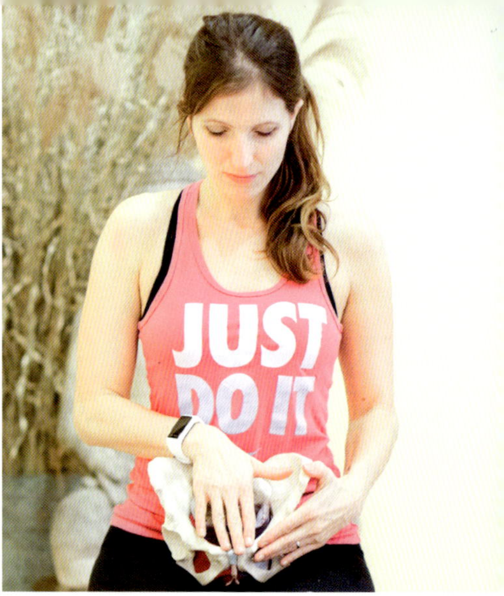
JUST
DO IT
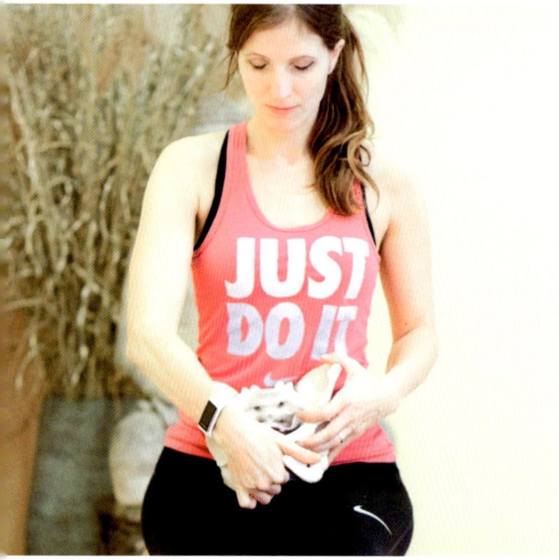
JUST
DO IT
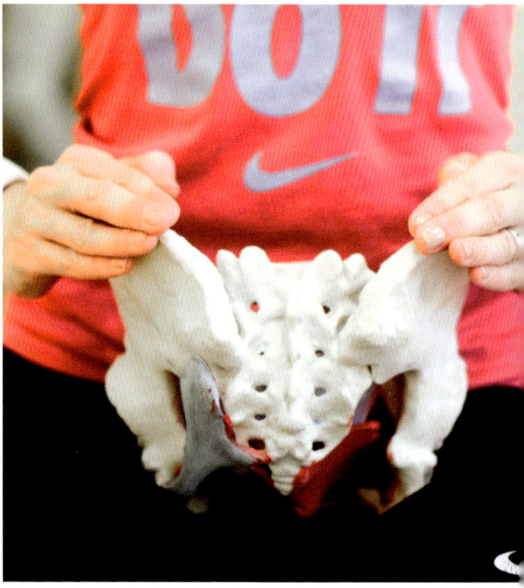
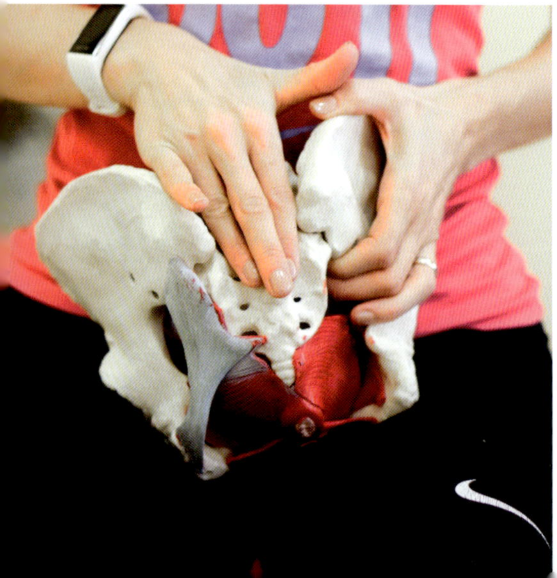
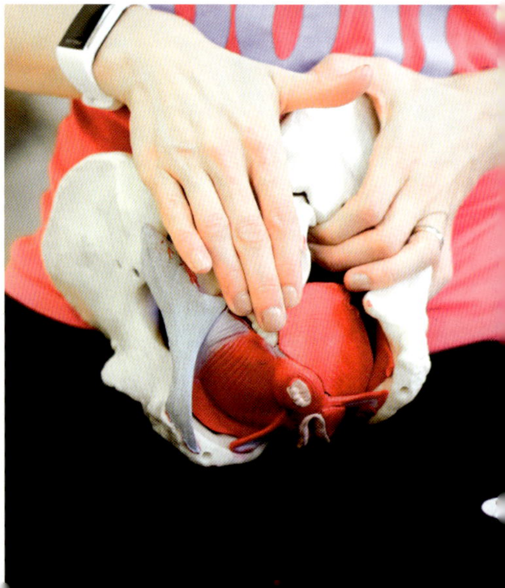

übung
– MEIN BECKENRING –

AUSGANGSSTELLUNG
Setze Dich hierzu auf einen harten Stuhl oder einen Hocker. Deine Beine sind beckenbreit aufgestellt und die Fußsohlen berühren den Boden.

DURCHFÜHRUNG
Taste zuerst Deinen linken und rechten Beckenkamm ab und führe Deine Finger sanft über die Leiste zur Schambeinoberkante- der Schambeinfuge. Vorsichtig fährst Du nun im Bogen über die Schambeinfuge, bis Du die Unterkante Deines Schambeins erreicht hast. Stelle sanft eine Empfindung her und nimm dann die Finger wieder weg (**ACHTUNG**: wir Frauen sind hier sehr empfindlich). Nun taste erneut Deinen Beckenkamm ab, dieses Mal die Rückseite. Wenn Du rechts und links zwei kleine Knubbel spürst, bist Du auf dem ISG (Illiosacralgelenk). Ein Gelenk, das normal stark durch feste Bänder gesichert ist. In der Schwangerschaft lockert sich durch die Hormone diese Festigkeit etwas, damit sich das Baby bei der Geburt besser hinausschieben kann. Nicht selten entstehen deshalb Schmerzen im Illiosakralbereich, die nach der Geburt anhalten können. Das Illiosakralgelenk wird gebildet durch die Beckenschaufeln und dem Kreuzbein. Nimm nun Deine Hand und taste das Kreuzbein, spürbar als eine flache Platte, nach unten ab, bis Du bei der Analfalte angekommen bist. Nimm nun Deinen Mittelfinger und suche Deine Steißbeinspitze. Auch hier geht es darum ein Gefühl für den Bereich zu bekommen. Die meisten Steißbeinspitzen lassen sich leicht ertasten, eine geringe Prozentzahl kringelt sich aber nach oben und erschwert dadurch das Ertasten. Gehörst Du zu den Menschen mit dieser besonderen Form, musst Du Dir Deine Steißbeinspitze vorstellen. Zum Schluß setze Dich auf Deine beiden Hände, um die Sitzbeinhöcker wahrzunehmen. Auch hier stelle eine Empfindung her und nimm die Hände dann wieder weg. Wenn Du Dir nun alle vier Punkte eingeprägt hast, ist das Wichtigste bereits erarbeitet: die Raute, an der der Beckenboden aufgehängt ist.

Hier gehts zum Video!

ANATOMIE DES BECKENBODENS

ÄUSSERE, OBERFLÄCHLICHE SCHICHT/SPHINKTERSCHICHT

Die äußerste Schicht verläuft unter der Hautoberfläche, wie Achter-Schlingen geformt, zwischen dem Schambein und dem Steißbein und umschließt die Scheide, die Harnröhre und den After. Sie ist unmittelbar hinter der Haut und kann mit den Finger gut gespürt werden. Sie wird in zwei Dreiecke eingeteilt (Regio urogenitalis und Regio analis). Der Kreuzungspunkt ist der Damm, also der Bereich zwischen Scheide und After.

PERINEALE MEMBRAN/ DIAPHRAGMA UROGENITALE

Die zweite und mittlere Schicht ist eine etwa ein Zentimeter dicke Platte aus Muskulatur und Bindegewebe. Sie liegt über der äußeren Schicht und ist aufgespannt zwischen den Sitzbeinhöckern und der Schambeinunterkante. Neuere Untersuchungen haben gezeigt, dass diese Schicht aus mehr Bindegewebe besteht als ursprünglich gedacht.

Hast Du gemerkt, dass die zweite Schicht nun quer liegt? Die äußere Schicht aber längs? Ist das nicht genial?

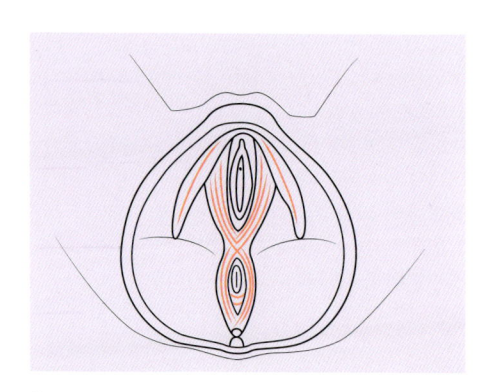

Äussere Schicht

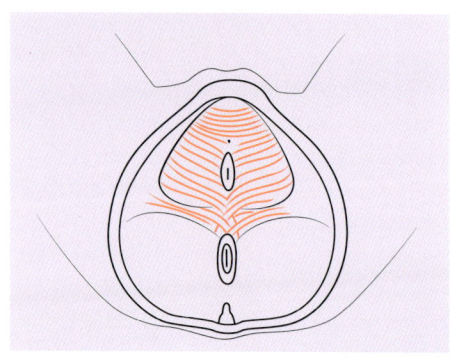

Mittlere Schicht

DIAPHRAGMA PELVIS

Dies ist die innerste und kräftigste Schicht. Sie zieht mit zwei Muskelsträngen vom Steißbein breitfächrig, längs nach vorne und lässt dabei U-Förmig die drei Öffnungen frei. Sie zieht also wieder längs und komplettiert das Netz. **BEACHTE:** Diese Schicht ist schwierig zu spüren und bedarf wahnsinnig viel Übung.

gut zu wissen

Einen Beckenboden trainiert man nicht nur isoliert mit einem „Dauer-Kneifen". Das verursacht nur, dass sich ein Röhrengefühl der Scheide einstellt und es zu Krämpfen kommen kann sowie Schwierigkeiten lockerzulassen (z.B. beim Sex), was zu einem erschwerten und schmerzhaften Einführen des Penis führt. Wichtig ist es also, den Beckenboden als Teilsystem zu verstehen und unbedingt auch all seine verschiedenen Muskelverläufe und -fasern beim Training zu integrieren.

1 SCHAMBEIN
2 KLITIORIS
3 LEVATOR ANI (INNERER HAUPTMUSKEL)
4 ÖFFNUNG DER HARNRÖHRE
5 ÖFFNUNG DER VAGINA
6 DAMM
7 AFTER
8 STEISSBEIN

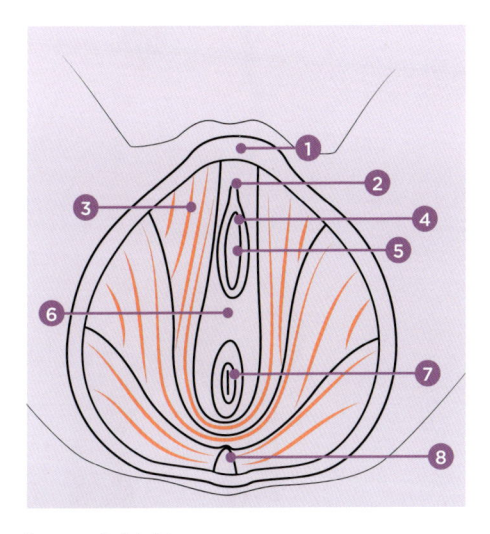

Innere Schicht

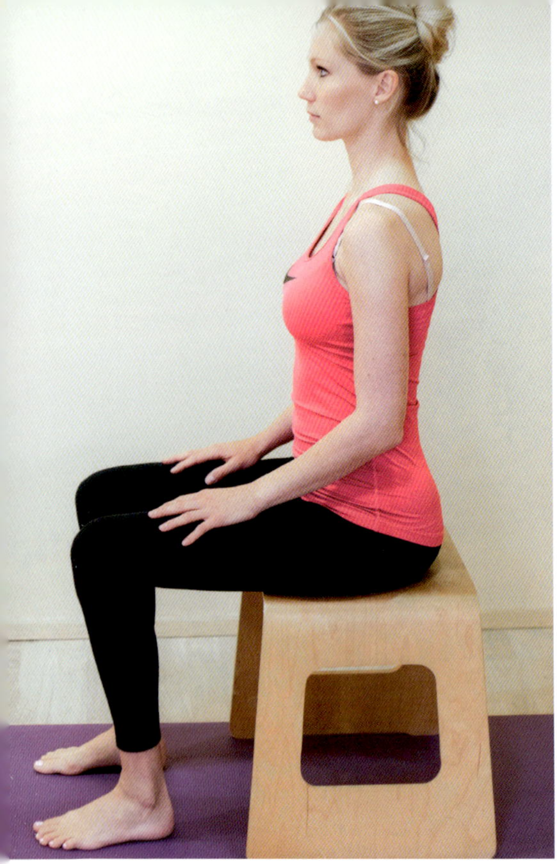

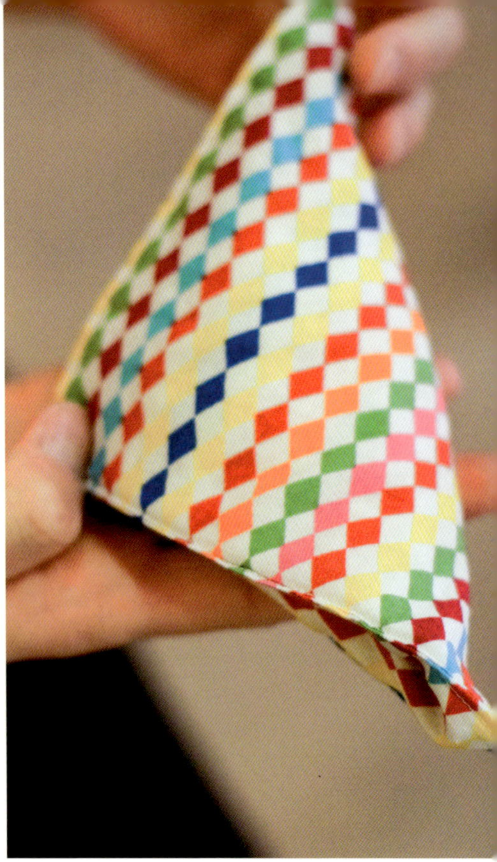

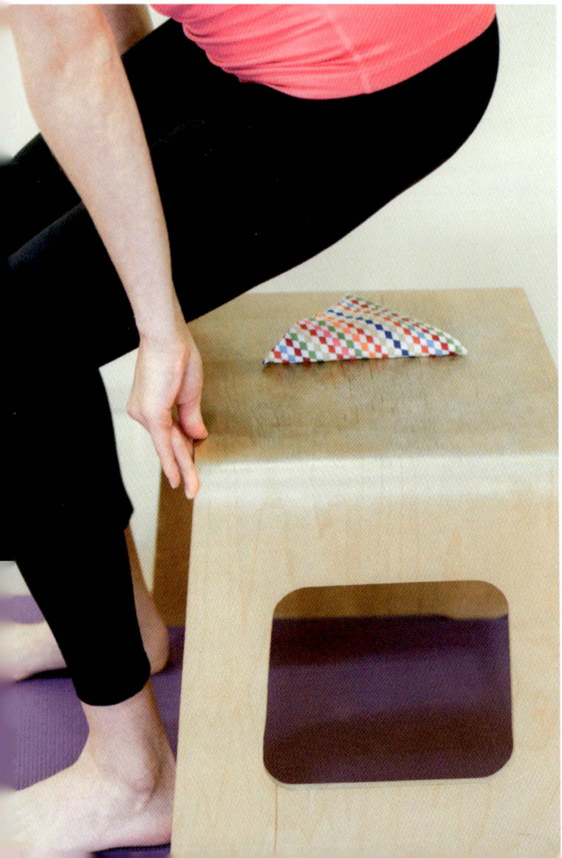

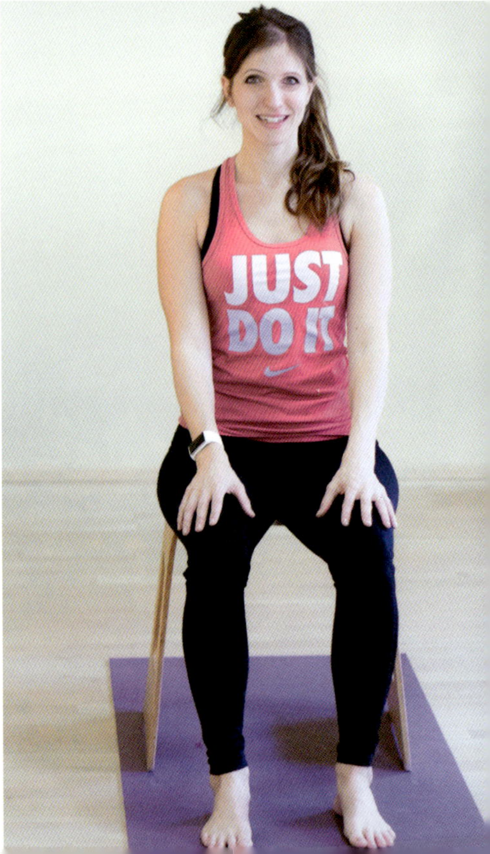
JUST
DO IT

übung
– AUSSENSCHICHT AKTIVIEREN –

AUSGANGSSTELLUNG
Aufrechter Sitz auf den Sitzbeinhöckern, Deine Beine sind beckenbreit aufgestellt und die Füße sind fest am Boden.

DURCHFÜHRUNG
AFTER: Solltest Du ein Reiskornkissen besitzen, schüttele alle Reiskörner in eine Ecke und formiere aus dem Kissen ein Dreieck. Setze Dich nun auf das „Kissen", wobei eine Spitze des Kissen nach vorne zeigt. Du solltest Deinen Beckenboden nun intensiver spüren. Hast Du kein Reiskornkissen zur Hand, geht dies auch mit einem Kirschkernkissen oder auch komplett ohne Kissen! Umschließe mit Deinem After gedanklich ein Reiskorn und lass es anschliessend wieder sanft los. Das probiere einige Male.

SCHEIDE UND HARNRÖHRE: Stelle Dir nun vor, Du saugst mit einer der beiden Öffnungen das Reiskorn oder alternativ eine Flüssigkeit auf. Mach hier auch gleichzeitig mit Deiner Hand eine Schnürbewegung – das unterstützt die Wahrnehmung.

Du hast Dir nun die äußerste Schicht des Beckenboden erarbeitet. Verzage nicht, es braucht lange, bis man die Bewegung verinnerlicht hat. Auch ein Profisportler benötigt viele Wiederholungen, bis er die für sich optimalen Bewegungsmuster gefunden hat.

Hier gehts zum Video!

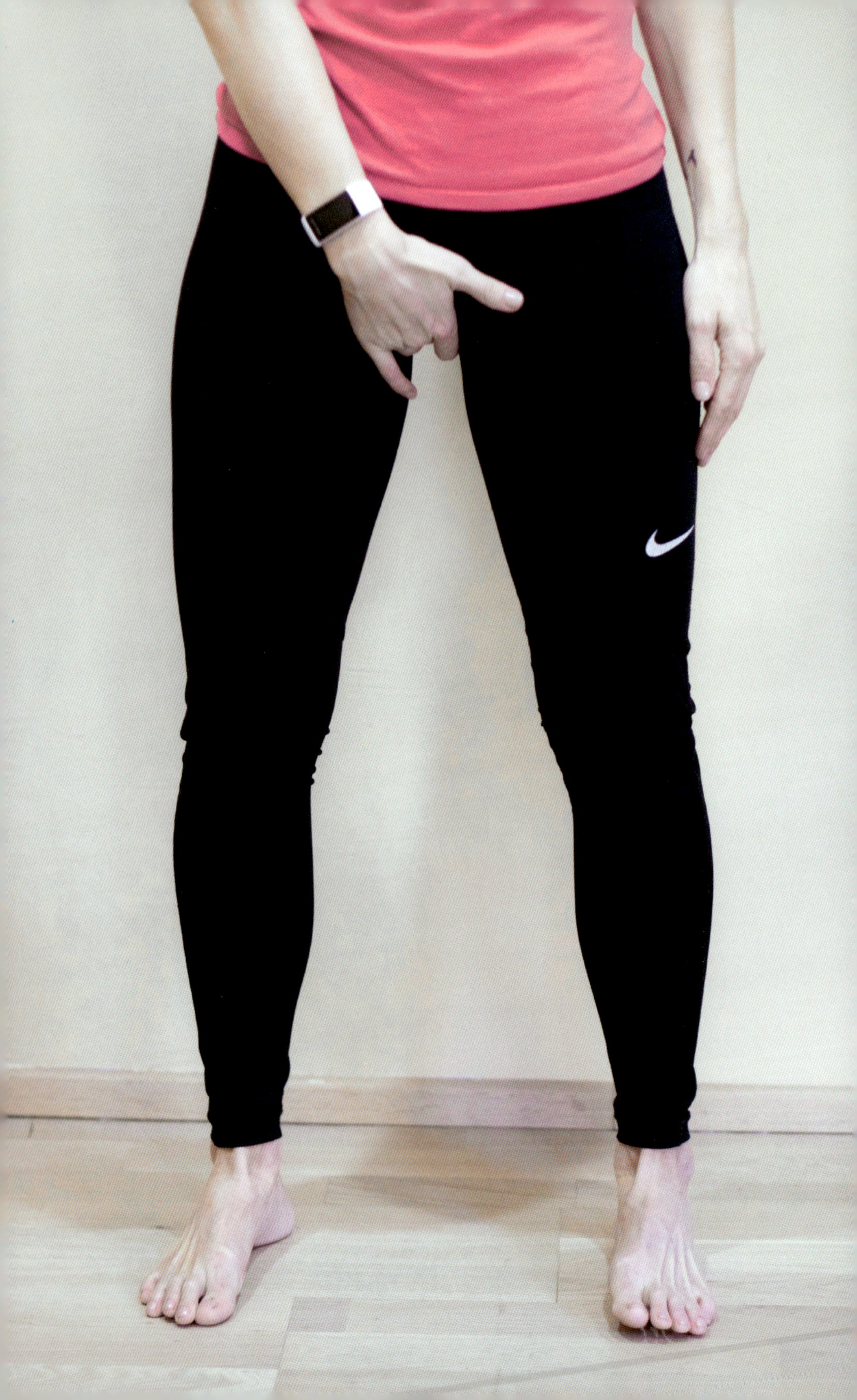

übung
– AUSSENSCHICHT AKTIVIEREN –

ALTERNATIVE ÜBUNG
Falls Du mit der obigen Übung nur wenig anfangen kannst oder sie Dir zu schwierig ist.

AUSGANGSSTELLUNG
Beckenbreiter Stand

DURCHFÜHRUNG
Lege Deine Finger auf den Kreuzungspunkt zwischen Scheide und After (Damm) und versuche den Punkt in der Mitte sanft nach oben zu ziehen und differenziere zwischen einem vorderen, mittleren und hinteren Anteil.

BEACHTE: „Der Po schaut nur zu!" Versuche Deine Pomuskulatur **NICHT** zu aktivieren.

Hier gehts zum Video!

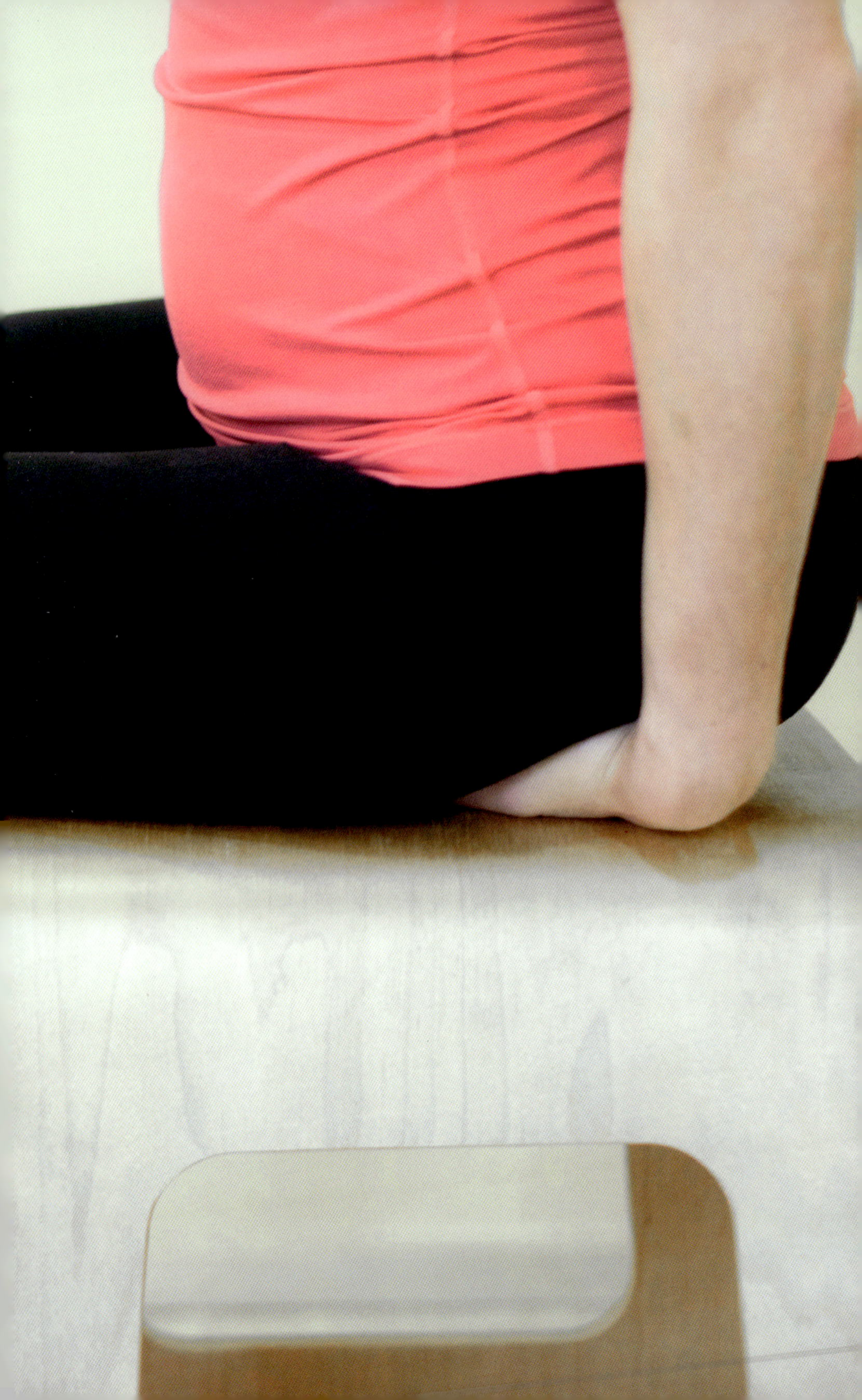

übung
– MITTLERE SCHICHT ERSPÜREN –

AUSGANGSSTELLUNG
Aufrechter Sitz auf den Sitzbeinhöckern, Deine Beine sind beckenbreit auseinander und die Füße fest auf dem Boden.

DURCHFÜHRUNG
Lege beide Hände unter Deinen Po an die Sitzbeinknochen, idealerweise an der Innenseite. Du umgreifst also Deine Sitzbeinknochen. Nun ziehe ganz sanft die beiden Knochen auseinander. Stell Dir gedanklich die quer verlaufende Muskeln dazwischen vor und versuche sie anhand der Beckenboden- Aktivierung wieder zusammenzuziehen (**BEACHTE:** Das ist nicht möglich, das Bild hilft aber die richtige Muskulatur zu erreichen).

Probiere es gleich nochmal, am besten so lange, bis es auch ohne den vorherigen Zug der Händen klappt.

Hier gehts zum Video!

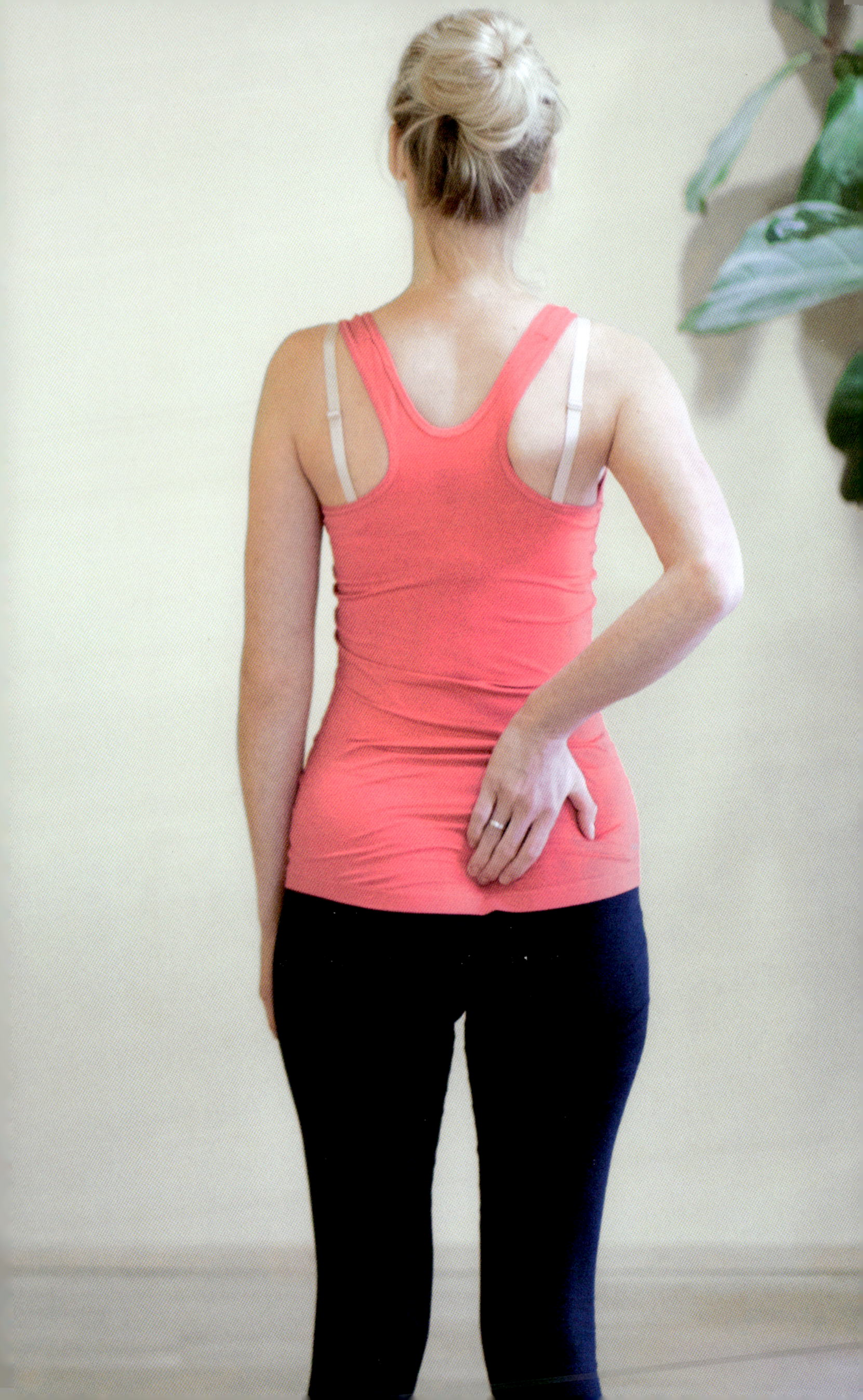

übung
– GURTFUNKTION DER INNERSTEN SCHICHT –

AUSGANGSSTELLUNG
Beckenbreiter Stand, die Knie sind dabei nicht überstreckt.

DURCHFÜHRUNG
Suche Dein Steißbein und stell Dir vor, dass Du dort einen buschigen Eichhörnchenschwanz befestigt hast. Diesen Schwanz lass langsam nach oben steigen, als ob er die Schulterblätter berühren möchte. Diese Übung ist sehr schwer und es reicht zunächst, es sich nur vorzustellen! Nach einiger Zeit kannst Du wirklich versuchen, „den Schwanz" hochsteigen zu lassen. Der Beckenboden geht dabei in die Länge. Du kannst auch versuchen, den Schwanz anschließend nach unten sinken zu lassen, sodass die Schwanzspitze den Bauchnabel berührt. Das ist aber wirklich schon für Fortgeschrittene mit gutem Gespür.

Wundere Dich aber nicht, wenn es nicht gleich auf Anhieb klappt. Das ist ganz normal!

Hier gehts zum Video!

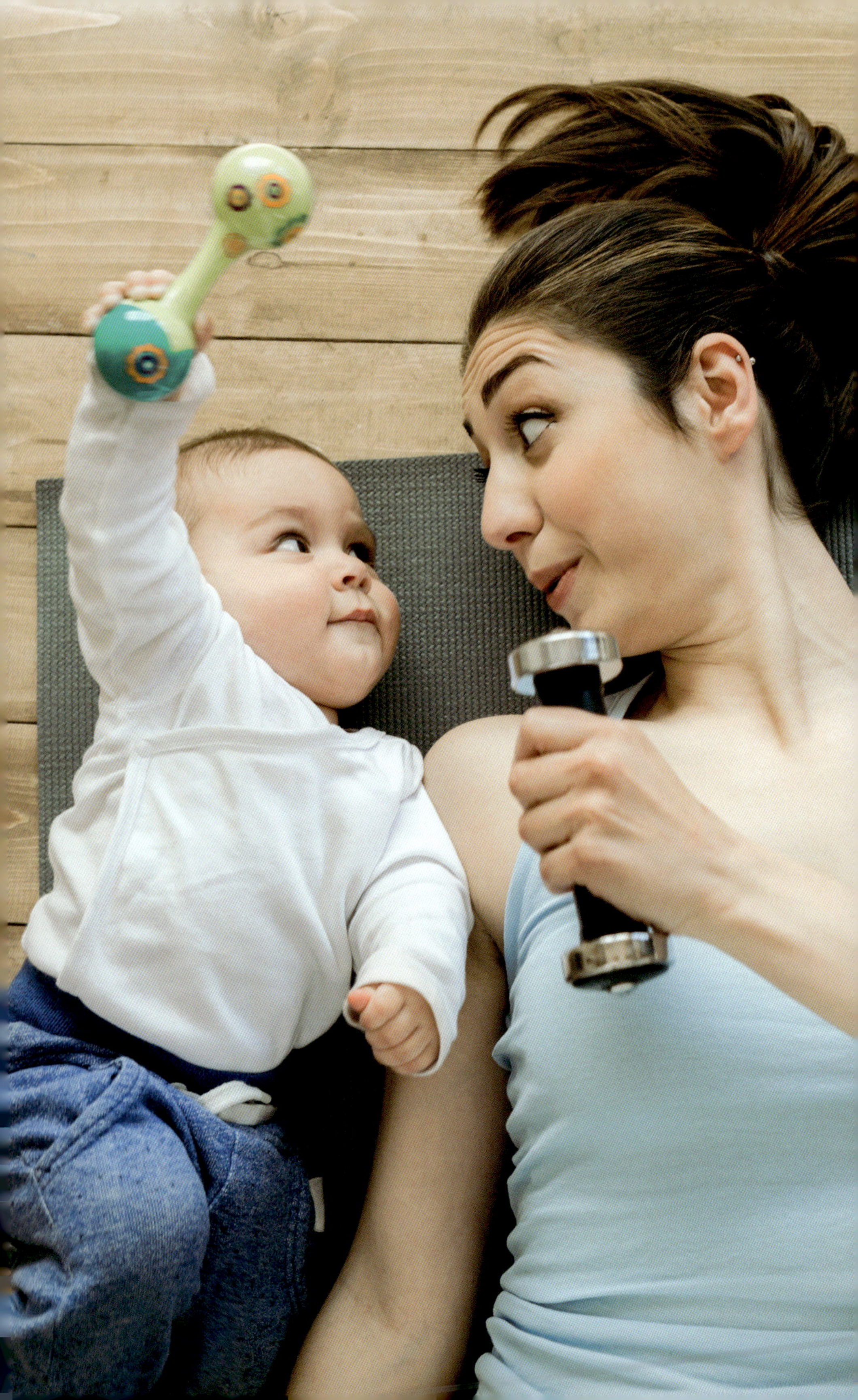

JETZT WIRD ES SPANNEND!

Unser Ziel ist es nun, das gesamte Bauchkapselsystem einzurichten, so dass es wieder harmonisch miteinander arbeitet. Wir wollen das „Alignment" herstellen, also die Zusammenarbeit aller vier Systeme und dadurch den Körper stabilisieren und zurückbilden.

Dazu nun der erste Versuch den gesamten Körperkern in eine Übung einzubinden. ▶

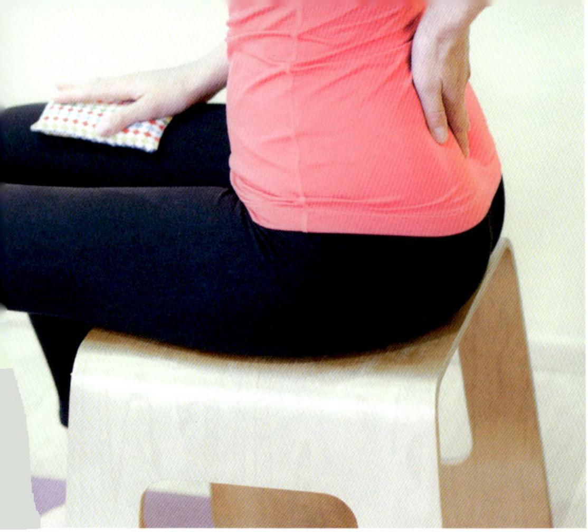
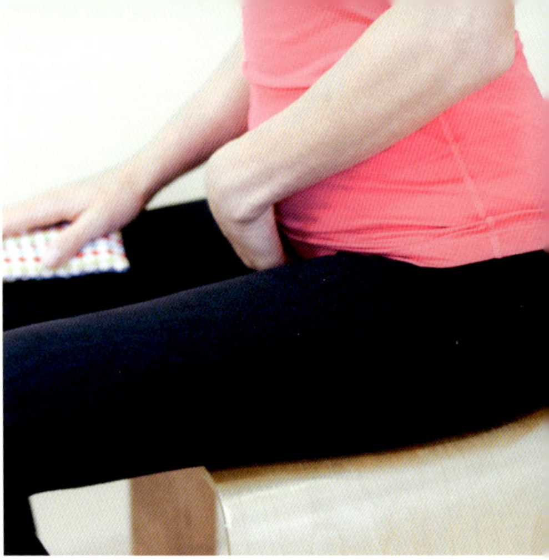
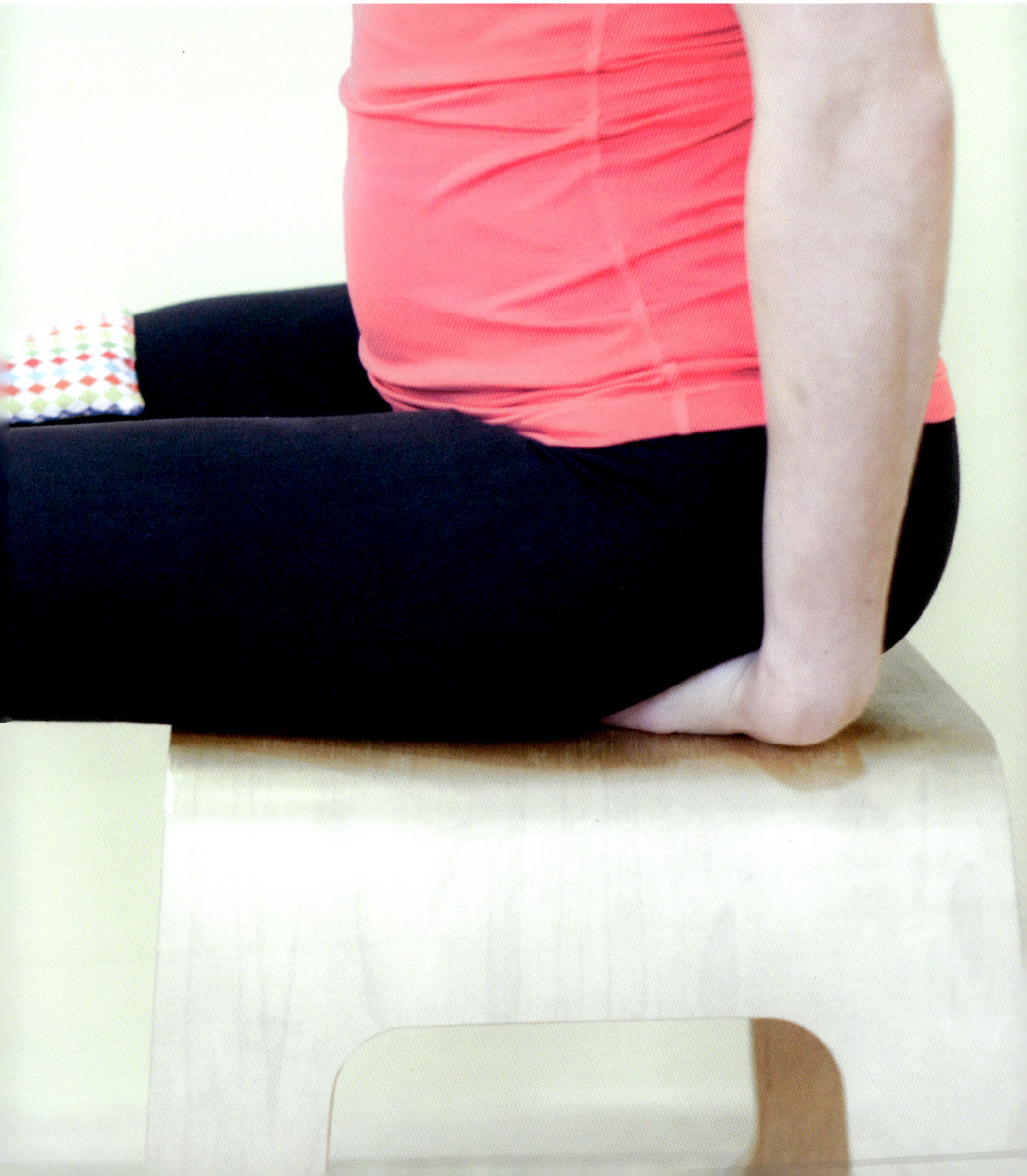

übung
– BASIC –

**ÜBUNG ZUR WAHRNEHMUNG DER
GESAMTEN BAUCHKAPSEL**

AUSGANGSSTELLUNG
Aufrechter Sitz auf einem harten Hocker, Deine Beine sind beckenbreit aufgestellt und die Füße fest am Boden.

DURCHFÜHRUNG
Reibe Dein Steißbein, sowie Dein Schambein und stelle eine Empfindung her. Nun zeichne gedanklich eine Linie zwischen Schambeinunterkante und Steißbein. Lege Deine Hände nun unter Deine Sitzbeinhöcker und verbinde auch diese mit einer imaginären Linie. Du hast nun ein Kreuz gezeichnet. Die Mitte des Kreuzes is der Ort, dem wir bei der Übung unsere Aufmerksamkeit schenken. Nimm Deine Hände nun wieder weg. Lege, falls vorhanden, das Reiskornkissen unter Deinen Beckenboden, sodass es unter dem Kreuz liegt und lege Deine Hände auf Deinen Bauch, sodass die Finger zueinander schauen.

STUFE 1
Atme nun tief durch die Nase in den Bauch ein, so dass sich die Hände voneinander entfernen, bei der Ausatmung empfinde zunächst nur nach, wohin sich das Kreuz bewegt. Einatmen und spüren. Was macht das Kreuz? Ausatmen und jetzt? Wann bewegt sich das Kreuz nach oben, wann nach unten? Atme fünf Mal tief ein und aus und empfinde die Bewegung des Kreuzes nach.

STUFE 2
Bei der Ausatmung geht das Zwerchfell nach oben und zieht den Beckenboden mit. Sie heben und senken sich im Gleichklang. ▶

Hier gehts zum Video!

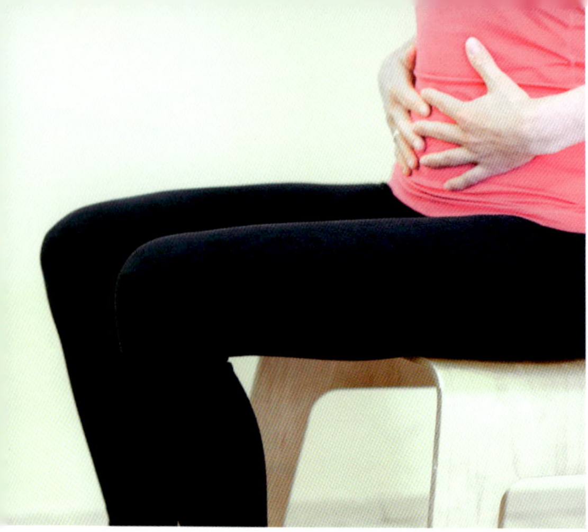
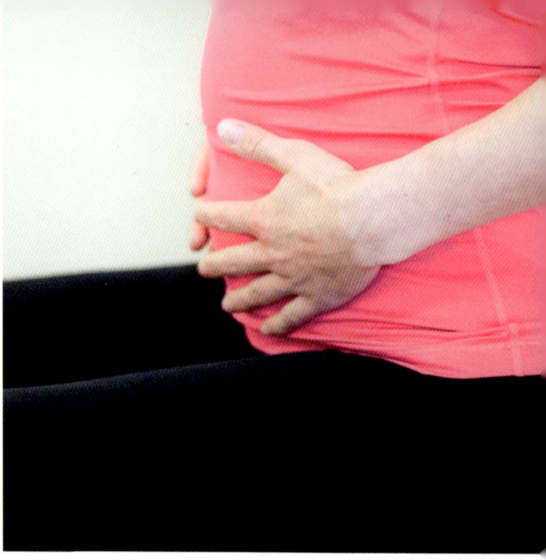
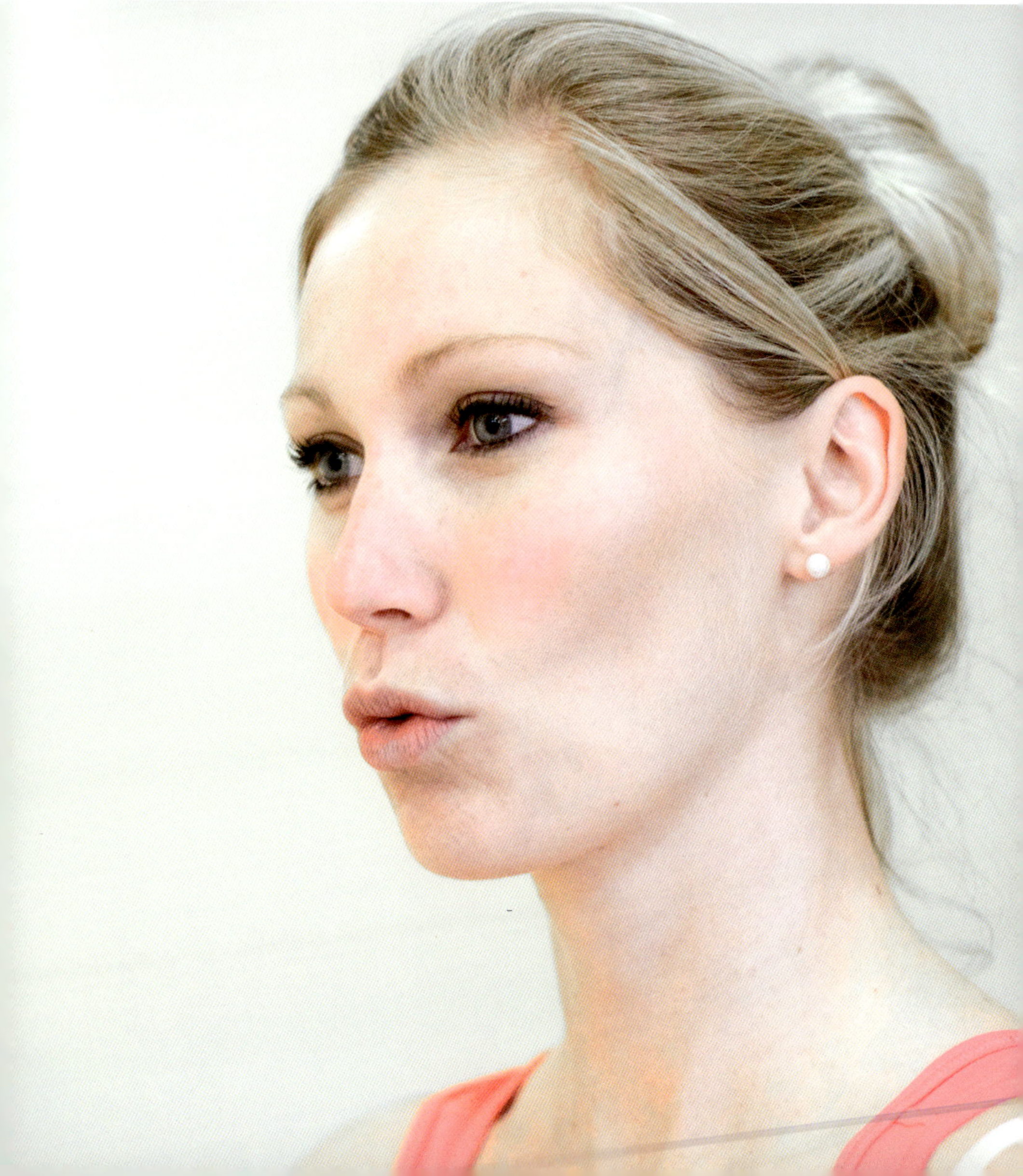

DURCHFÜHRUNG
Bei der nächsten Ausatmung aktivieren wir nun also, mit der Vorstellung des Kreuzes, alle drei Schichten des Beckenbodens, die Hände auf der Bauchdecke nähern sich dabei an und die Rippen gehen zueinander. Wenn die Einatmung einsetzt, senkt sich das Kreuz wieder nach unten und wir lösen auch langsam und bewusst die Spannung im Beckenboden. Die Hände gehen nun wieder auseinander. Das probiere einige Male aus, bis Du ein Gefühl dafür bekommst.

STUFE 3
Mit Hilfe der Atemkraft kann also die Beckebodenmuskulatur positiv verstärkt werden. Die Atmung wird weitestgehend vegetativ gesteuert, trotzdem kann der Atemvorgang willkürlich beeinflusst werden. Die Ausatmung kann zum Beispiel bewusst stenosiert (also mit Widerstand) und verlängert werden. Die Ausatmung auf „Ccccch" (oder „Fffff") erzeugt einen Widerstand in der Ausatmung und unterstützt damit die Bauch- und Beckenbodenmuskelkontraktion.

DURCHFÜHRUNG
Bei der nächsten Ausatmung aktivieren wir nun also, mit der Vorstellung des Fadenkreuzes, alle drei Schichten des Beckenbodens und sagen gleichzeitig ein geriebenes „Cccccch" (alternativ: ffffff), während Du den Bauchnabel minimal nach innen/oben ziehst, die Hände auf der Bauchdecke nähern sich dabei an, die Rippen nähern sich an. Spüre den Unterschied. Spüre den Spannungszuwachs in der Bauchdecke und eventuell sogar im Beckenboden. Führe das einige Male durch, damit Du ein Gefühl für das Mitbewegen bekommst. Das Schwierigste dabei ist, den Rhythmus bei zu behalten.

EINATMEN: LÖSEN // AUSATMEN: AKTIVIEREN

SCHNELLE MUSKELFASERN UND LANGSAME MUSKELFASERN DES BECKENBODEN

Nicht alle Muskelfasern arbeiten gleich schnell. So ziemlich jeder Muskel am Körper hat zwei unterschiedlich arbeitende Muskelfasern: so auch der Beckenboden. Es ist wichtig, die Einteilung der schnell und langsam arbeitenden Muskelfasern im Beckenboden genau zu betrachten (Fast-Twitch und Slow-Twitch Fibres). Sie stehen ungefähr im Verhältnis 20% zu 80%. Also 80% der Beckenbodenmuskulatur sind langsame Muskelfasern, jene, die andauernd halten müssen und 20% sind schnelle Muskelfasern, jene, die wir bei plötzlichen Druckerhöhungen brauchen (wie z.B. beim Niesen, Husten, Springen, usw.)

==In Phase vier werden wir Übungen für die unterschiedlichen Muskelfasertypen kennenlernen.==

gut zu wissen

Gewisse Töne aktivieren die am Sprechvorgang beteiligten Muskelfasern. Wie wir schon gelernt haben gehören die Beckenboden- und Bauchmuskeln zu den Muskelgruppen, die die Ausatmung (speziell beim Sprechen, Rufen und Singen) aktiv unterstützen. Reaktionsarme Beckenbodenschnürer (äußerste Schicht) können dynamisch mit explosiven Konsonanten stimuliert werden. Alle Anstrengungen wie z.B. Heben, Tragen, Hüpfen sollte man deswegen auch mit der Ausatmung kombinieren, da die Einatmung der Anspannung der Beckenboden-Muskulatur entgegenwirkt. Begünstigend wirken die Worte **„Hau-ruck"**, **„zack"** oder **„hopp"**.

KANN MAN EINEN SCHWACHEN BECKENBODEN MIT UNTERBRECHUNG DES HARNSTRAHLS KRÄFTIGEN?

Das ist ein Mythos, der sich ziemlich hartnäckig hält. Der Harnstopp, also eine willentliche, muskuläre Bremsaktivität während der Entleerungsphase, steht im absoluten Widerspruch zur physiologischen Blasenentleerung. Erfahrungen zeigen, dass häufiges Stoppen des Harnstrahls eine Inkontinenzsymptomatik sogar verschlimmern, da die Wechselspannung zwischen Blasenwand- und Verschlussmuskulatur dadurch massiv irritiert wird. Während der nerval gesteuerten (parasympathisch) Entleerung wird dem organischen Speicher- und Entleerungssystem eine Verschlussphase aufgezwungen (sympathisch).

Die Folge ist eine gesteigerte Dauerspannung der Harnblasenwand. Das führt zu einer dauerhaften Drangsymptomatik und erschwert gleichzeitig das Öffnen der Verschlussstrukturen für die Entleerung. Eine einmalige Harnstrahlunterbrechungen zur Überprüfung der Schnürmuskelfunktion ist erlaubt, sollte aber eine absolute Ausnahme sein! Zudem kann der Harnstopp zu Restharn in der Blase führen und damit zu einem dauerhaften Risiko für Harnwegsinfekte.

DEN KÖRPER
RICHTIG
EINSTELLEN

drei

phase drei

BEWEGEN IM ALLTAG IST HÄUFIG UNÖKONOMISCH, RESULTIEREND AUS EINER REIHE VON UNPHYSIOLOGISCHEN BEWEGUNGSVORBILDERN, EINSEITIGER KÖRPERLICHER DAUERPOSITIONEN IM BERUFSLEBEN SOWIE SCHWERE KÖRPERLICHER ARBEIT UNTER WENIG FUNKTIONELLEN BEDINGUNGEN, WAS SICH NEGATIV AUF DIE FESTIGKEIT DER BECKENBODENMUSKELN AUSWIRKT.
IN DIESER PHASE ERARBEITEN WIR UNS NUN PHYSIOLOGISCHE BEWEGUNGS-MUSTER, DIE DU LEICHT IN DEINEN ALLTAG INTEGRIEREN KANNST.

ERKLÄRUNG: Durch die gebückte Haltung verkürzt sich die Bauchdecke, die Rückenmuskulatur wird überdehnt und das Zwerchfell in seiner Funktion beeinträchtigt. Das bedeutet, dass die Bauchkapsel inaktiv ist. Häufig kann beobachtet werden, dass viele Frauen nach einer Geburt nur eine zeitlang beim Joggen „kontinent" bleiben, dann aber plötzlich unkontrolliert Urin verlieren. Das lässt sich dadurch erklären, dass nach etwa zehn Minuten die erste Müdigkeit einsetzt und die Rumpfkapsel nicht mehr richtig eingestellt ist, da man eine schlechte Haltung einnimmt. Der Körperkern ist nun nicht mehr aktiv und kann den plötzlichen Bauchinnendruckanstieg nicht mehr abfedern. Ist der Körperkern indes aktiv und die Haltung aufrecht, kann der Bauchkapselkomplex die Druckerhöhung, die beim Joggen entsteht, abfangen. Läuft man indes gebückt, so wirkt sich der Druck geradewegs ungebremst auf den Beckenboden aus. Über Jahre automatisierte Bewegungsfehler gelten normalerweise als „resistent", wenn nicht der erhöhte Leidensdruck den Menschen dazu veranlasst, Haltungs- und Bewegungsmuster zu verändern. Es ist empfehlenswert diese schwächenden Bewegungsmuster zu durchbrechen.

Bevor Du Dir meine Alltags-Tipps durchliest, beantworte zunächst ein paar Fragen vorweg:

Wie stehst Du, wenn Du in einer Schlange anstehst? Schiebst Du Deine Hüfte nach vorne?

Wie stehst Du, wenn Du Deine Zähne putzt? Lehnst Du Dich irgendwo an?

Wie trägst Du Dein Kind? An nur einer Seite? Lehnst Du Dich zurück, wenn Deine Arme müde werden?

Wie bückst Du Dich, wenn Du den Geschirrspüler/die Waschmaschine einräumst? Beugst Du Dich vor? Oder schiebst Du Deinen Po nach hinten?

Merke: Kein Trainingsprogramm der Welt wird Dir Deine Bauchkapsel auf Dauer stabilisieren, wenn Du sie im Alltag weiterhin negativ belastest.

WIE VERHALTE ICH MICH KÖRPERSCHONEND IM ALLTAG?

VORBEREITUNG: IGELBALL/ TENNISBALL/NOPPENBALL ODER ÄHNLICHES, SESSEL

Wie stelle ich die Bauchkapsel im Stand richtig ein? Das gesamte Körpersystem ist in der Schwangerschaft durch die zwangsläufige Schwerpunktverlagerung nach vorne durcheinander geraten. Resultierend daraus stellen sich alle Gelenke anders ein. Angefangen beim Fuß, der abflacht, bis zur Halswirbelsäule, die überstreckt. Aber auch Menschen, die nie geboren haben, fallen nach einer längeren Zeit in eine falsche Belastung hinein. Die Übungen sollen Dir helfen, Deinen Körper wieder richtig einzustellen. Versuche die richtigen Bewegungsmuster in Deinen Alltag zu integrieren.

Heutzutage finden viele berufliche Tätigkeiten im Sitzen statt. Nicht nur die Wirbelsäule wird dadurch überbelastet, auch der Beckenboden wird in Mitleidenschaft gezogen. Die Einengung des Bauchraums provoziert, dass der Bauchinhalt nach unten gedrückt wird. Das kann auf Dauer nicht gut sein. Es macht deshalb durchaus Sinn den Körper auch im Sitzen richtig einzustellen.

**ÜBUNG:
ÖKONOMISCHES SITZEN
SIEHE „SITZDREIECK"
SEITE 67**

Im Alltag gibt es oft Situationen, in denen man den Körper unbewusst falsch belastet, obwohl die ökonomische Variante so leicht und selbstverständlich wäre. Anbei gebe ich Dir einige Tipps, wie Du Alltagsbewegungen schonend für den Beckenboden und auch der Wirbelsäule ausführen kannst.

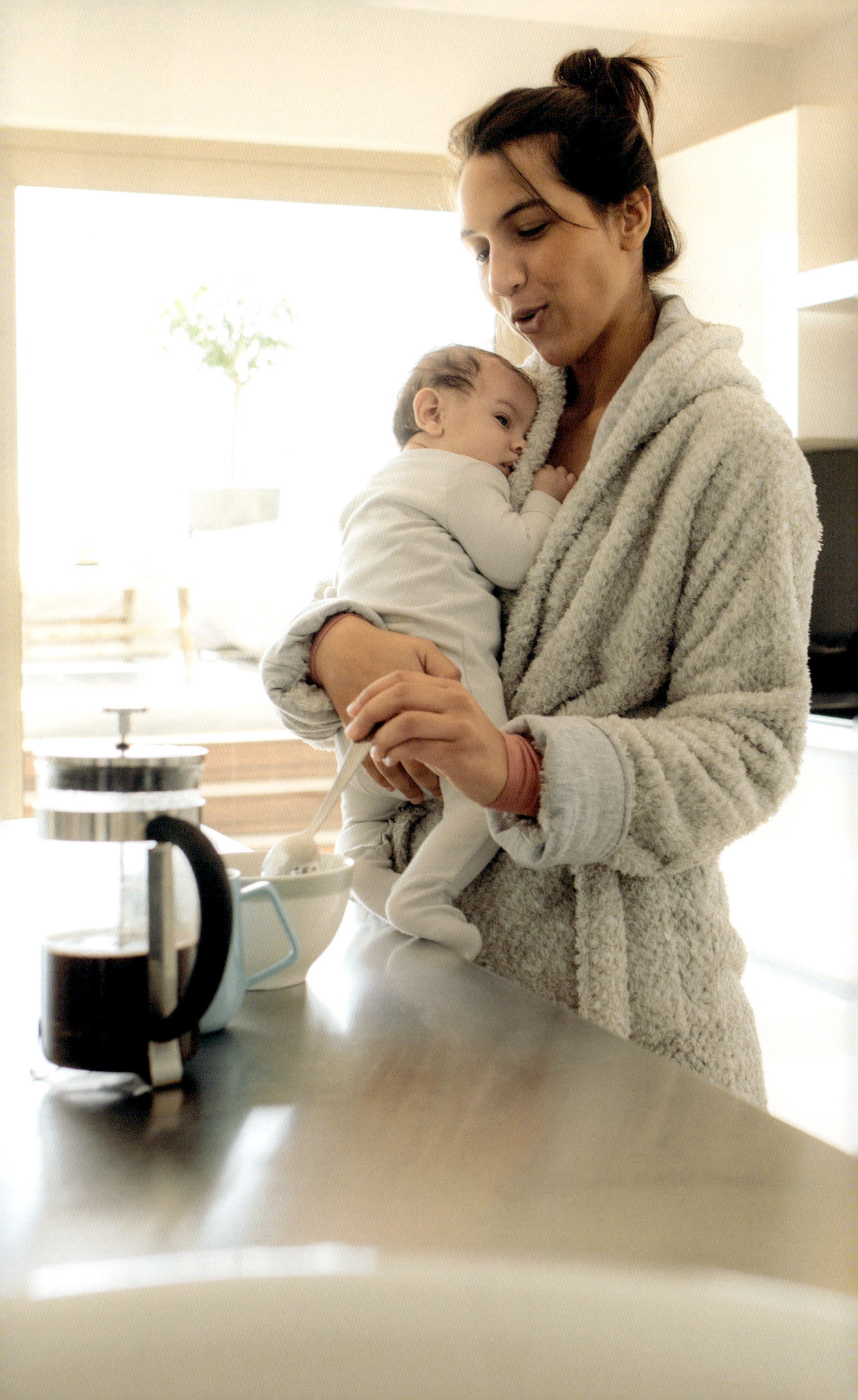

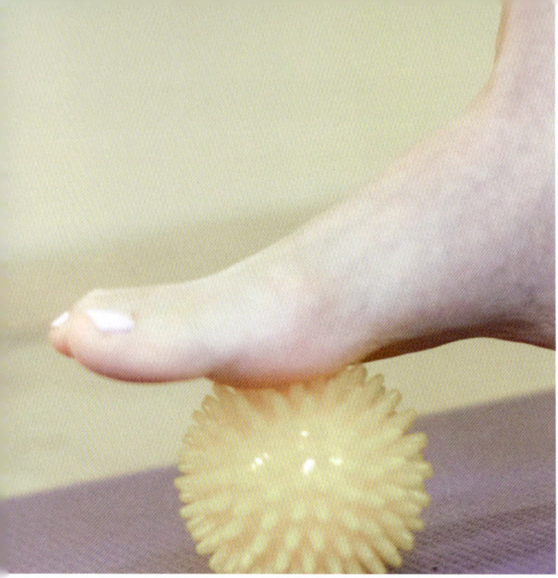
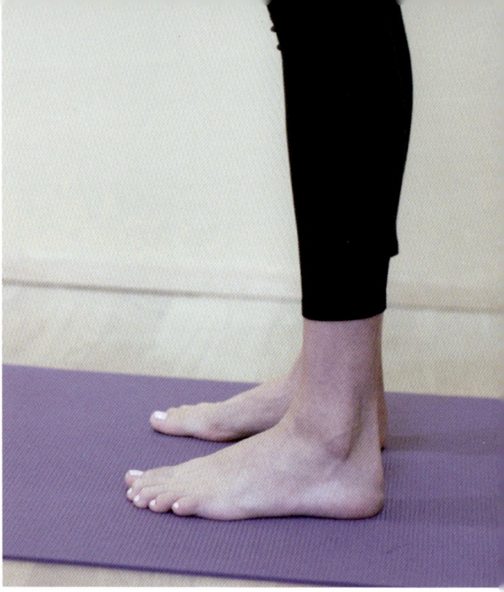
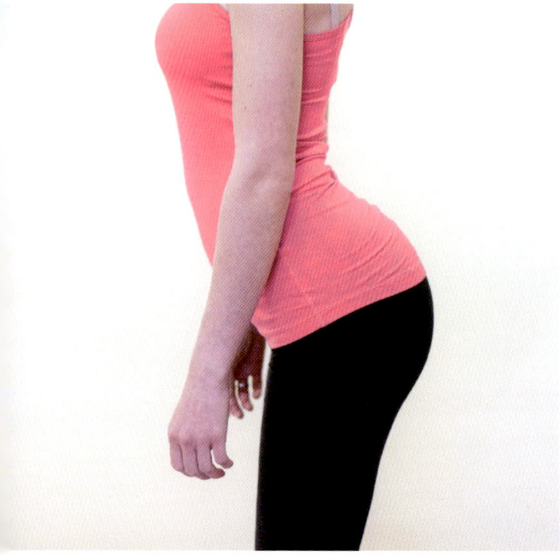
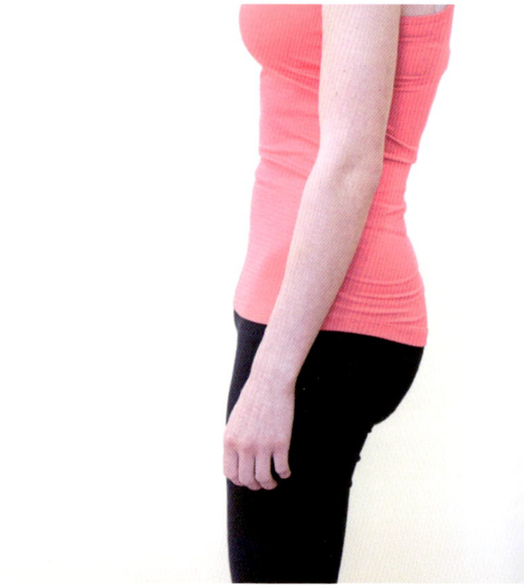
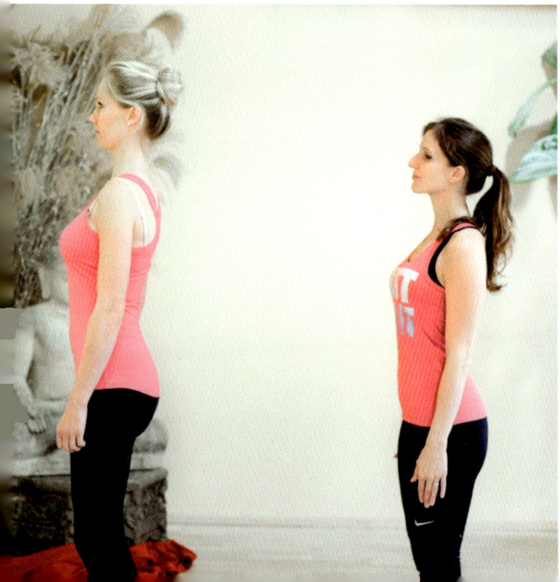
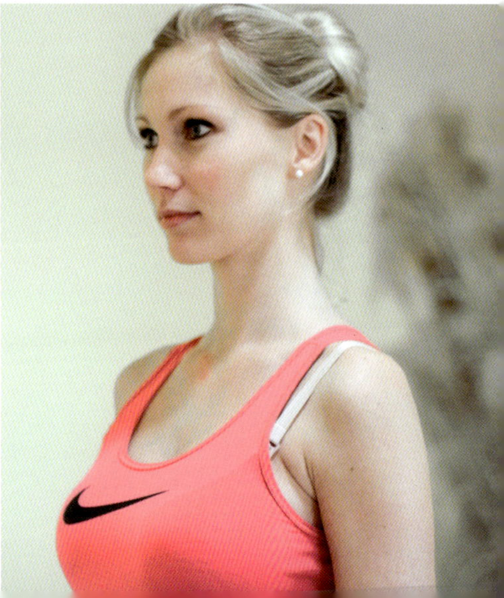

übung
– DER RICHTIGE STAND –

DURCHFÜHRUNG

Rolle zunächst Deine beiden Füße mit dem Igelball (Tennisball, usw.) ab, um die Durchblutung in den Arealen zu steigern, die Du nun vermehrt wahrnehmen sollst. Wenn Du beide Seiten abgerollt hast, stelle Dich beckenbreit auf den Boden. **TIPP:** Beckenbreiter Stand ist immer relativ und individuell verschieden. Stelle Deine Füße eng neben einander auf, dann führ Deine Zehen nach außen und setze dann Deine Ferse nach.

Nun versuche **DREI PUNKTE** auf Deinem Fuß zu belasten. Unterhalb vom Kleinzehballen, unterhalb vom Großzehballen und unterhalb der Ferse. Schaffst Du die drei Punkte gleichmäßig zu belasten? Dann sollte sich das Innengewölbe nach oben ziehen. Das Kniegelenk sollte nicht überstreckt sein, schau also, dass Du leicht aus der Überstreckung gehst. Gerade junge Frauen tendieren häufig dazu, sich zu sehr in „die Bänder zulegen" und damit die Gelenksstrukturen zu überstrapazieren. Es ist also nicht verwunderlich, wenn dann irgendwann die Kniestrukturen (Bänder, Menisken, etc.) streiken. Das Hüftgelenk sollte genau mittig eingestellt sein. Hierzu probiere mal in die maximale Streckung zu gehen und in die maximale Beugung. Hast Du die Mitte gefunden, stell Dir Deine Wirbelsäule wie einen Bauklotzturm vor. Du baust mit den Wirbelkörpern einen Turm, wo jeder Bauklotz exakt auf dem nächsten Klotz steht, bis zur Halswirbelsäule hinauf. Hebe Deinen Brustkorb und ziehe Deine Schultern bewusst nach hinten/unten. Halte Deinen Kopf gerade, indem Du horizontal nach vorne schaust. Stelle Dir vor (Du kannst es auch gerne aktiv machen), dass Du am höchsten Punkt von Deinem Kopf einen Haarschopf packst und den Kopf nach oben in die Länge ziehst, dabei schiebst Du Dein Kinn nach hinten und machst ein Doppelkinn. Jetzt sollten Schulter, Hüfte, Knie und Sprunggelenk in einer Linie sein.

Das wäre der richtige Stand. Ungewohnt, oder? Erinnere Dich untertags immer wieder an diese Position und aktiviere so die richtige Muskulatur. Probiere so auch einige Schritte durch den Raum zu machen.

Hier gehts zum Video!

1
1
1

1
1
1

2
2

2
2

übung
– BEWEGUNG IM ALLTAG –

1 **TRANSFER STAND AUF BODEN**

DURCHFÜHRUNG
Mache hierzu einen großen Ausfallschritt, führe das hintere Knie auf den Boden, lass dabei Deinen Rücken gerade und setze dann das vordere Knie nach. Du bist nun im Kniestand und kannst Dich ohne Negativbelastung über den Vierfüßlerstand auf den Boden setzen.

Hier gehts zum Video!

2 **TRANSFER INS BETT UND ZURÜCK**

Dass Sit-Up Bewegungen Gift für die Bauchkapsel sind, haben wir jetzt schon herausgefunden. Dennoch integrieren wir die Bewegung häufig unbewusst in den Alltag. So auch beim Transfer ins Bett, bzw. wieder aus dem Bett. Das Bewegungsmuster kann man positiv beeinflussen.

AUSGANGSSTELLUNG
Du liegst auf dem Rücken.

DURCHFÜHRUNG
Um schonend aus dem Bett zu gelangen, drehst Du Dich nun, wie ein Brett (‚en bloc'), auf die Seite. Deine Beine kannst Du nun aus dem Bett hängen lassen, dann drückst Du Dich mit Deinem Ellbogen bzw Deinen Armen in den Sitz hinauf. Zurück geht es auf dem gleichen Weg.

Hier gehts zum Video!

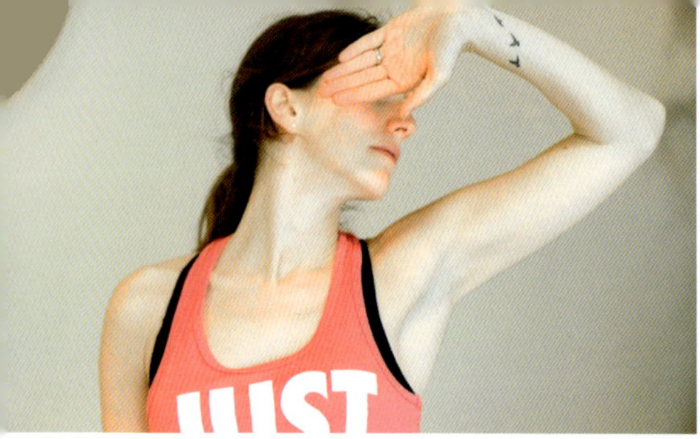
JUST

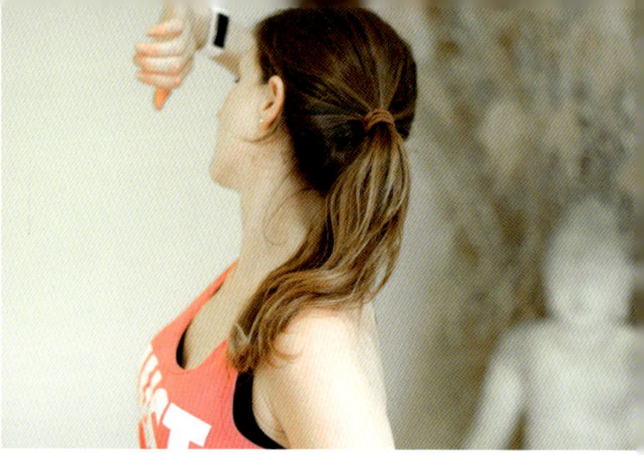

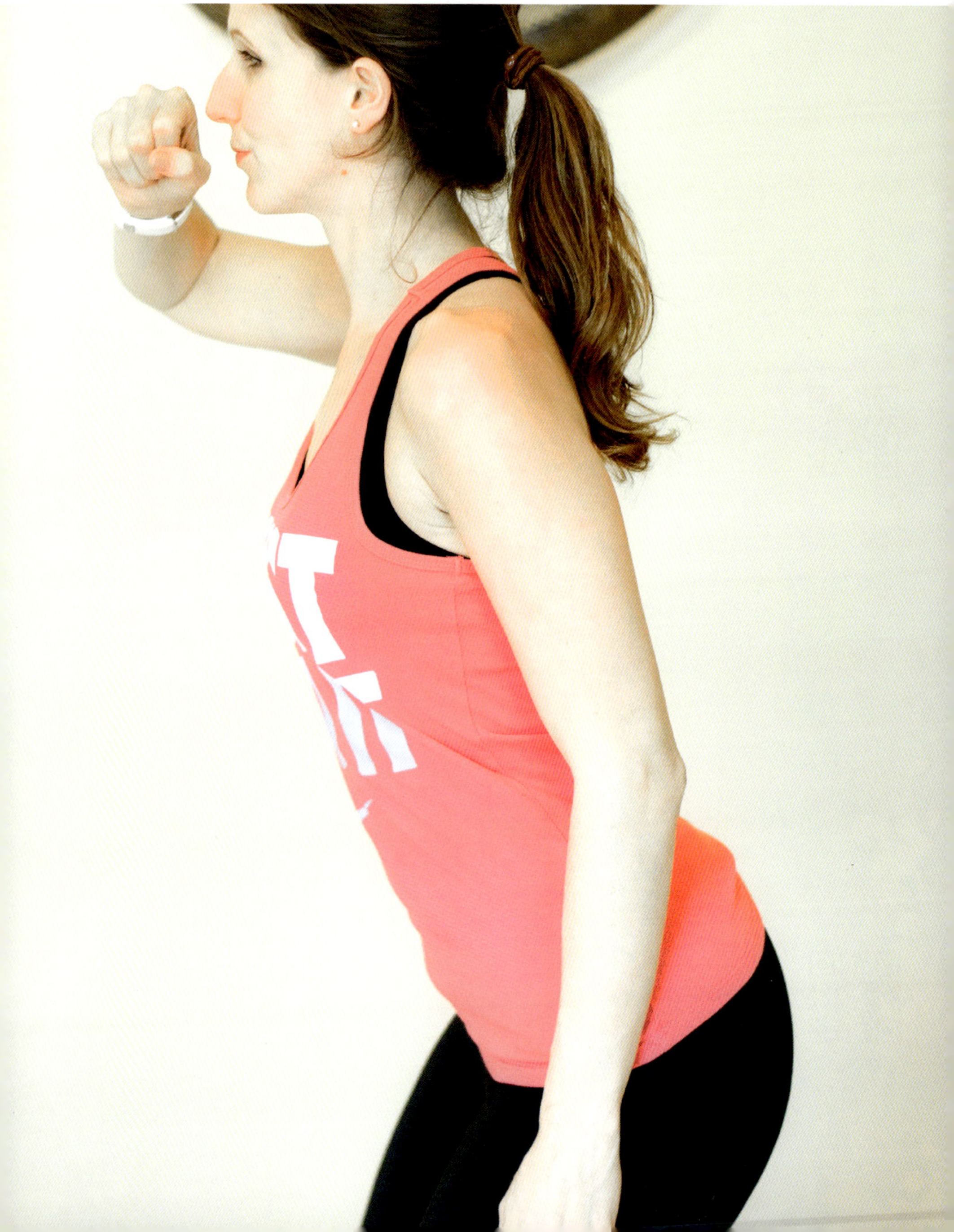

übung
– BEWEGUNG IM ALLTAG –

3 NIESEN, HUSTEN

Niesen und Husten zählen mitunter zu den größten Belastungen für den Beckenboden. Wir haben uns angewöhnt, beim Niesen den Rücken krumm und rund zu machen und in die Hand zu niesen, was wiederum bedeutet, dass die Bauchkapsel inaktiv ist und der aufgebaute Bauchinnendruck geradewegs auf den Beckenboden zielt. Nicht selten verlieren deshalb viele Frauen beim Niesen unfreiwillig Urin. Was können wir also machen, um das zu vermeiden? Wir nehmen eine Position ein, die den Druck anders verteilt.

DURCHFÜHRUNG

Kommt der Hust/Niesreiz, strecke und drehe Deinen Rumpf, anstatt ihn zu krümmen, als ob Du einem Flugzeug nachschaust. Wem das nicht gelingt, da ein Niesreiz meistens sehr schnell kommt, schiebt den Po beim Niesen nach hinten und achtet auf eine gestreckte Wirbelsäule. Der Druck verteilt sich jetzt anders und geht nicht ausschließlich zum Beckenboden. Probiere dies einige Male aus.

Hier gehts zum Video!

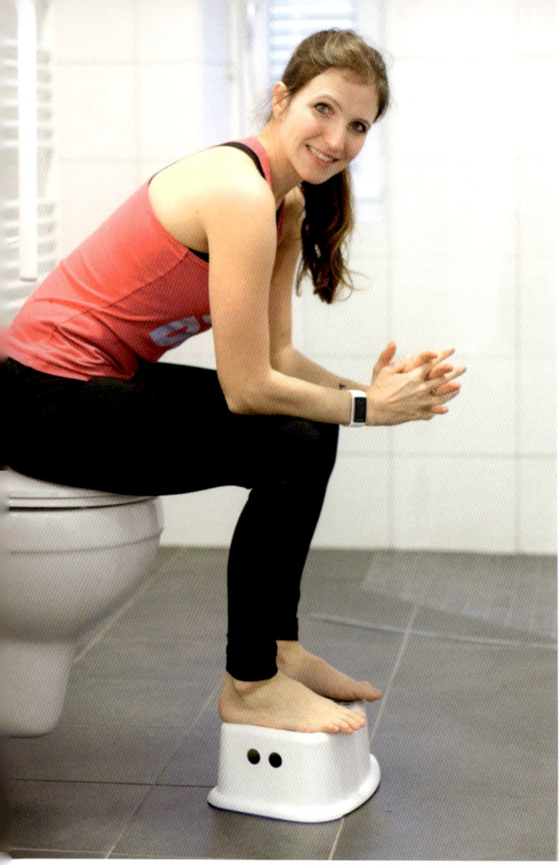

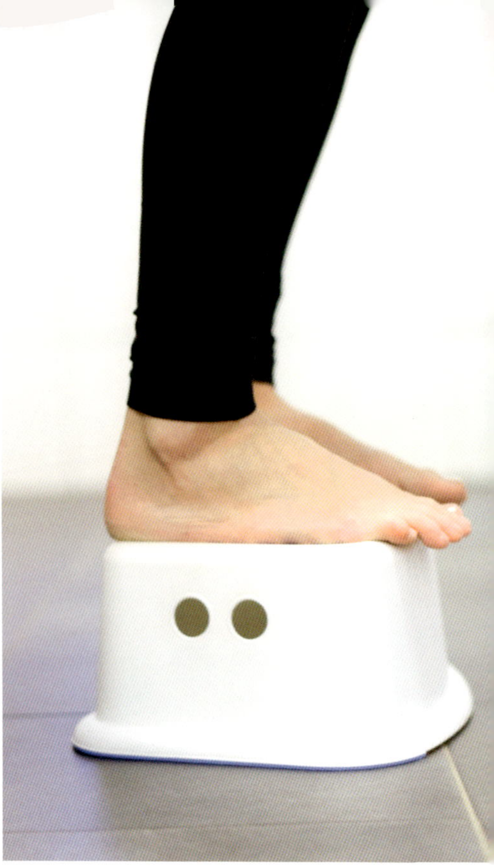

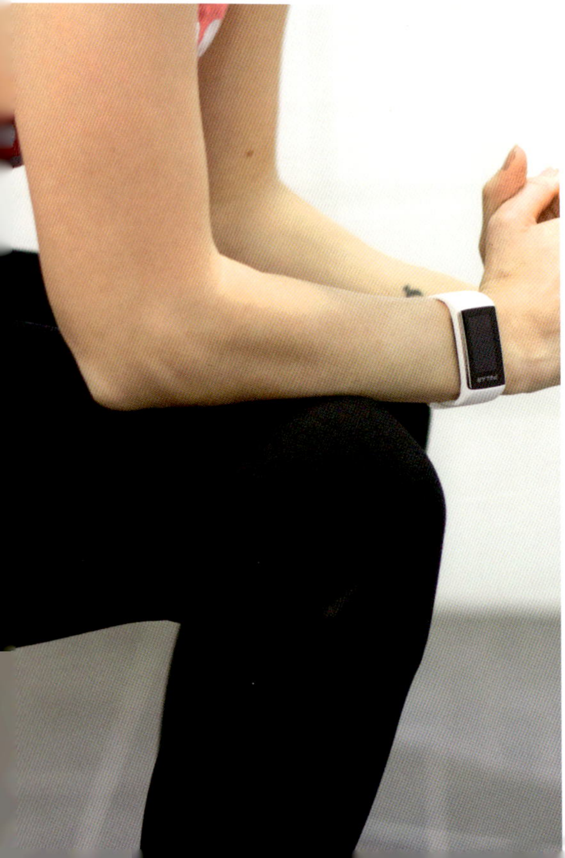

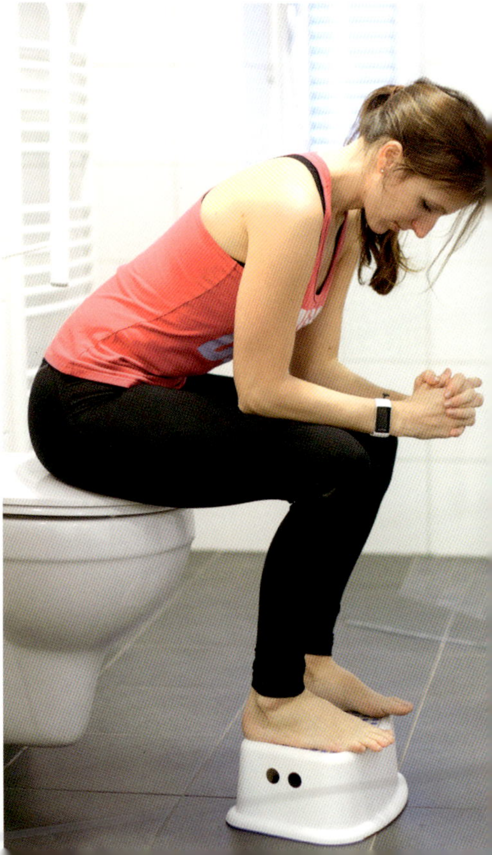

übung
– BEWEGUNG IM ALLTAG –

4 KLOPOSITION

Ja! Auch am Klo verhalten wir uns häufig falsch. Zum Einen pressen wir aus verschiedenen Gründen gerne mit. Das wirkt sich aber negativ auf den Beckenboden aus. Anstatt normale ein bis vier Zentimeter senkt sich der Beckenboden deutlich mehr nach unten. Aber auch an der Position können wir noch arbeiten. Es will sich heute niemand mehr vorstellen, über einem Plumpsklo zu hocken, mit Glück abgestützt durch zwei Henkel an der Wand, dennoch wäre das die von der Natur vorgesehene richtige Sitzhaltung. Denn die Sitzhaltung auf unseren gewohnten Toiletten ist weder natürlich, noch gesund. Ob Hämorrhoiden, Verstopfung, Inkontinenz, Darmkrebs oder Herzinfarkt: Die Liste der möglichen Folgeschäden ist lang. Beobachte mal ein Kleinkind, das gerade rein wird, aber noch Windeln trägt. Die kleinen Zwerge machen es instinktiv ganz korrekt. Sie gehen in die Hocke und entledigen sich so ihres Geschäfts. Denn nur so ist der notwendige Winkel zwischen Oberkörper und Unterschenkel von ca. 35 Grad da, um den Darminhalt ohne Anstrengung rauszubefördern. Der Enddarm ist so nämlich gerader ausgerichtet und weiter geöffnet. Im Sitzen formt der Enddarm einen ungünstigen Winkel und wir müssen aktiv mit pressen. Wie können wir uns also helfen?

DURCHFÜHRUNG

Stelle einen Hocker/Schemel aufs Klo, so kannst Du Deine Füße drauf stellen und gleichzeitig Deinen Oberkörper vorneigen und so den notwendigen Winkel erzeugen: „Denkerpose auf der Toilette" und „Po ins Klo". Beim Entleeren der Blase gilt das Gegenteil. Sitze aufrecht oder lehne Dich hinten an, entspanne Dich und drücke ja nicht mit! Lass Dir Zeit beim Entleeren! Erleichtern kannst Du die Entleerung ebenfalls mit einer Beckenkippung. Tipp: Stelle Dir vor, dass Dein Beckenboden einen Reissverschluss hat. Nachdem Du Deine Blase oder Deinen Darm entleert hast, bleibe noch kurz sitzen und ziehe gedanklich einen Fantasie-Reissverschlusses zu, füge ebenso einen stenosierten Laut hinzu (z.B. pffffff). Das hilft Dir nach dem Entleeren den Beckenboden zu stabilisieren.

Hier gehts zum Video!

5 6

übung
– BEWEGUNG IM ALLTAG –

5 RICHTIG HEBEN UND BÜCKEN

Nach der Geburt solltest Du nichts heben, was schwerer als Dein Baby ist. Generell sollte die Kraft zum Tragen und Heben aus den Beinen und Armen kommen. Häufig holen wir aber die Kraft aus unserem Rücken und das ist falsch. Ziel ist es, beim Bücken und Heben, die Schubkräfte nach unten zu vermeiden, den Druck zu entlasten, die Atempresse zu vermeiden und die Bandscheibe zu schützen.

DURCHFÜHRUNG

Gehe mit geradem Rücken nach unten in die Knie, schiebe dabei Deinen Po weit nach hinten (stell Dir dabei ein total ekeliges öffentliches Klo vor, auf dem Du unter keinen Umständen die Klobrille mit Deinen Oberschenkeln berühren willst ‚Po über fremdem Klo'). Gehe jetzt z.B. eng zu Deinem Baby und hole es möglichst nah an Deinen Oberkörper heran. Strecke nun die Beine und komme mit geradem Körper nach oben, aktiviere bei Bedarf Deinen Beckenboden. Begleiten kannst Du das „Nachoben- Kommen" mit einem explosiven Konsonant, wie zum Beispiel „und HOPP"!

Hier gehts zum Video!

6 EINE BABYSCHALE ENTLASTEND TRAGEN

Jeder, der ein Baby hat, kennt die Tragik. Eine Babyschale ist schwer, mit einem Baby drinnen noch schwerer und dann ist er auch noch so sperrig, dass man ihn nicht gut tragen kann. Nach einer kurzen Zeit hast Du das Gefühl, Deine Arme fallen Dir ab, aber eine andere Methode ihn zu halten, gibt es nicht.
DOCH: Eine Chiropraktikern aus Amerika hat nun den ultimativen Trick rausgefunden, wie man die MaxiCosi Schale handlicher tragen kann. Achte aber darauf, dass beide Seiten immer gleichermaßen belastet werden, sonst bringt die Erleichterung auch nichts, sondern macht Dich nur schief.

Hier gehts zum Video!

WEITERE FAKTEN UND TIPPS FÜR DEN ALLTAG

Kennst Du das? Sobald die Haustüre in Sicht ist, droht Deine Blase förmlich zu zerbersten? Dann wird es hektisch, es wird nach dem Schlüssel gesucht und mit viel Glück erreichst Du die Toilette, ohne dass ein Malheur passiert- manchmal auch nicht. Das ist der sogenannte „Haustürdrang" – die „Last-Minute-Inkontinenz". Auch das ist eine Art der Beckenbodenschwäche, die sich aber leicht wegtrainieren lässt: mit den „Aufschubstrategien", die auf unterschiedliche Umschaltreize basieren. Das gilt auch für Probleme, wie „morgens-trocken-aus-dem-Bett kommen".

Hier gehts zum Video!

FINGERDRUCK GEGEN BLASENDRUCK

Hierbei wird der Bulbokavernosus-reflex ausgelöst. Das ist der Reflex, der bei einer sexuellen Stimulation die Ausscheidungskanäle verschließt und dadurch unfreiwilligen Verlust von Wind, Stuhl und Harn verhindert. Durch die entstehende Spannungszunahme im Beckenboden lässt die Blasenwandspannung nach, der Harndrang verebbt und die Speicherzeit verlängert sich.

DURCHFÜHRUNG

Drücke bei Harndrang mit Deinem Finger gegen die Klitoris bzw. ihre Umgebung. Oft lösen wir diesen Reiz unbewusst aus, indem wir unsere Beine überkreuzen, die Beinmuskulatur gibt dann den mechanischen Druck auf die Klitoris.

VIRTUELLES BONBONLUTSCHEN

Hierbei werden die oralen Reflexzonen stimuliert, die hinter den vier unteren und oberen Schneidezähnen liegen. Dadurch wird der Harndrang aufgehoben.

DURCHFÜHRUNG
Führe bei einem bestehenden Harndrang lutschende Zungenbewegungen von der Rückseite und Mitte des unteren Zahndamms über die Rückseite und Mitte des oberen Zahndamms Richtung Gaumendach aus. In der Geburtshilfe ist die umgekehrte Beziehung bekannt. Hebammen bestätigen, dass die Lösung des Mundbodens die Lösung des Beckenboden bewirken.

DAS SPEICHERGESPRÄCH

Die mentale Führung nimmt psychovegetativ Einfluss auf die Blasensteuerung. Ziel ist es, anhand von „Gesprächen" die Blasenwandmuskulatur zu beruhigen. Diese Aufschubmechanismen führen viele Menschen automatisch durch.

DURCHFÜHRUNG
Führe einen inneren Dialog mit Deiner Blase und rufe sie zur Ruhe auf. „Du bist ein Organ, dass Speicherkapazität hat. In 30 km befindet sich ein WC, das wirst Du wohl noch aushalten!" etc. Man entwickelt schnell eine individuelle Gesprächsebene

Tipp: Die Wirkung der Aufschubstrategien wird durch das stenosierte Ausatmen auf „Cccccch" verstärkt. Man kann die unterschiedlichen Strategien aber auch kombinieren.

ZEHENSPITZENGANG – SCHNELLE HALTESPANNUNG

Eine allgemeine Begründung für den Wirkungsmechanismus gibt es nicht, es lassen sich aber einige Zusammenhänge aufführen: Beim Gehen entsteht eine Tonuserhöhungen in den Beinstrecker, die sich auf den Beckenboden auswirken. Aus Sicht der Reflexzonentherapie beginnt der Nierenmeridian in der Mitte des Fußballens, was reflektorisch Statik, Stabilität und Festigkeit auslöst. Zudem ist bekannt, dass das Zehenspitzengehen den Blasenmuskel und damit den Drang für kurze Zeit aufhebt. Kleine Kinder machen das übrigens instinktiv, indem sie bei Harndrang anfangen zu tippeln. Dadurch wird der Harndrang aufgeschoben.

AUSFÜHRUNG

Im Stand rasch wechselnden Balkendruck mit fester Abdruckaktivität gegen den Boden ausführen.

Tipp: Rolle beim Gehen immer wieder bewusst Deine Füße ab und stoße zum Schluß Deinen Ballen fest ab. Das aktiviert reflektorisch Deinen Beckenboden.

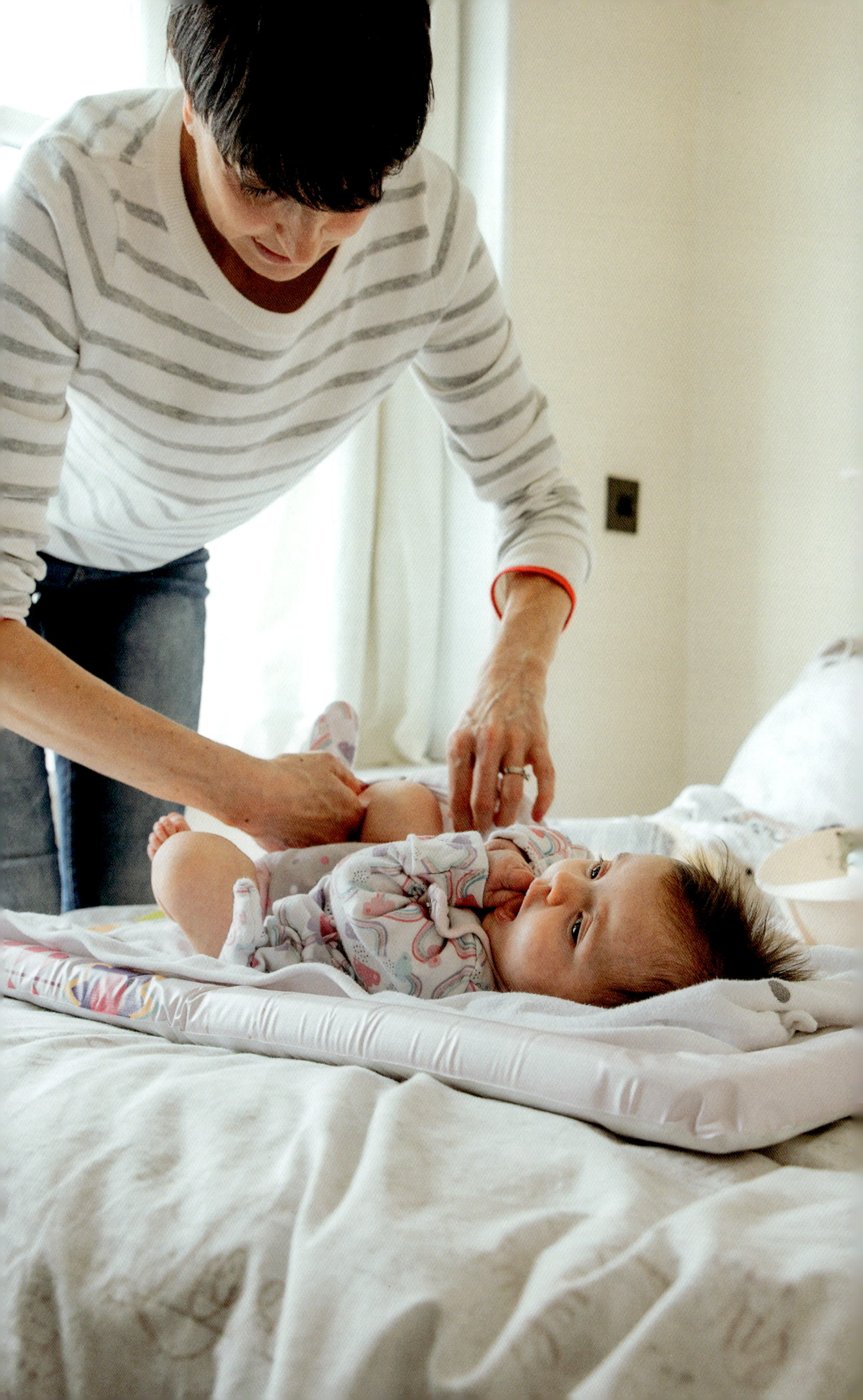

SPORT NACH DER GEBURT

Wenn man davon ausgeht, dass jede zweite bis dritte Frau nach der Geburt eines Kindes irgendeine Form einer Beckenbodenschwäche hat, ist das ziemlich alarmierend. Gerade deswegen, weil ein großer Prozentsatz antrainierte Schwächen sind und das Resultat einer zu schnellen und zu intensiven Belastung der Bauchkapsel ist. Häufig sind junge Mütter vom Ehrgeiz getrieben und wollen schnell die Figur von vor der Schwangerschaft haben. Sie springen schnell in ihre Laufschuhe, besuchen Fitnesskurse, obwohl der Körper noch mitten im Umstellungsprozess ist. Durch die Hormone ist er weich, gelockert und angreifbar. Die Organe sind noch nicht an der Position, wo sie sein sollten. Wer nun schnell mit überfordernden Sportarten beginnt, geht das Risiko ein, den Beckenboden beziehungsweise die gesamte Bauchkapsel noch mehr zu schwächen. Dennoch werde ich nicht müde zu erwähnen, dass nicht ganz von Sport abzuraten ist: gezielte Kräftigungs- und Fitnessübungen können durchaus bei der Rückbildung der Bauchkapsel helfen, sofern sie nicht überfordern.

Sport ja, es sollte nur der Richtige sein, der die Rückbildung und innere Stabilisation unterstützt.

EMPFOHLENE SPORTARTEN

- + kontrollierte Fitness
- + Schwimmen
- + Walken mit bewusstem Abrollen
- + Fahrradfahren

BEDINGT ZU EMPFEHLEN

- ± Wandern
- ± Reiten
- ± Yoga

NICHT EMPFOHLENE SPORTARTEN

- − überfordernde Kurse (Zumba, Yoga, Pilates)
- − Trampolinspringen
- − Joggen
- − Gewichtheben
- − Bootcamps (auch Mama Bootcamps)
- − Squash
- − Tennis
- − High Impact Aerobic
- − Volleyball
- − Situps/Crunches

Ich werde häufig gefragt, ab wann man denn wieder normal und ohne Hintergedanken Sport betreiben kann. Pauschal lässt sich das natürlich nicht sagen und müsste mit einem Beckenbodentest abgeklärt werden. Manche Frauen haben eine so stabile Bauchkapsel kurz nach der Geburt, die manch eine Frau nicht einmal vor der Geburt hatte. Ich rate aber grundsätzlich zur Vorsicht und mit dem Hintergedanke, dass das Spätwochenbett ein gutes halbes Jahr andauert, macht es Sinn, fordernde Sportarten tatsächlich erst frühestens nach sechs Monaten auszuprobieren, eher sogar ein Jahr abzuwarten.

DER FAHRPLAN FÜR JEDE MAMA

WOCHE 1–4 NACH DER GEBURT
Wochenbettgymnastik. Sanftes Hinführen in den Alltag. Die tiefe Bauchatmung einüben und langsam den Beckenboden wahrnehmen. Korrekte Alltagsbewegungen einüben.

WOCHE 4–12 NACH DER GEBURT
Abhängig vom Allgemeinzustand und Geburtsform. Den Körperkern zurück bilden.

WOCHE 12–6 MONATE NACH DER GEBURT
Sanfte, bewusste Sportarten, wie Fitness ohne Gewichten, schwimmen etc.

AB 6 MONATE NACH DER GEBURT
Fordernde Sportarten probieren und dann folgende Fragen beantworten ▶

BEANTWORTE IM ANSCHLUSS DER SPORTEINHEIT FOLGENDE FRAGEN:

Wie ging es mir während und nach dem Sport?
- Hatte und habe ich irgendwo Schmerzen?
- Wie hat meine Bauchkapsel reagiert? Wie fühlt sie sich jetzt an? Stabil? Instabil?
- Wie fühlt sich mein Beckenboden an? Schwammig? Hatte ich das Gefühl, dass er nach unten sinkt? Spüre ich jetzt ein Fremdkörpergefühl in meiner Scheide?
- Habe ich Urin/Stuhl verloren?
- Ist mein Körper schnell ermüdet oder konnte er die ganze Zeit die Belastung standhalten?
- Wie verhält sich meine Bauchdecke bei der Sportart? Wölbt sie sich vor, oder bleibt sie stabil?
- War mein Körper beim Sport gestresst, oder entspannt?

Solltest Du Dir unsicher sein, dann ist die gewählte Sportart vermutlich noch überfordernd. Führe dann weiterhin das Rückfindungsprogramm (Phase 4) durch und wiederhole Deinen Wunschsport in ein paar Monaten.

gut zu wissen

Studien ergaben, dass beim Fahrradfahren die aktive Kontraktion des Beckenbodens bei etwa 60% liegt. Das heisst, dass hierbei die Muskelkraft bei richtiger Durchführung und aktiver Bauchkapsel durchaus gestärkt wird. Bereits eine geringe Ausführung aktiviert dann die entsprechenden Muskeln.

GESCHLECHTSVERKEHR NACH DER GEBURT

AB WANN DARF ICH WIEDER SEXUELL AKTIV SEIN?

Es ist sehr verschieden, wann Frauen nach der Geburt wieder sexuell aktiv werden. Aus körperlicher Sicht darf man ab dem Zeitpunkt, sobald der Wochenfluss aufgehört hat. Das ist etwa fünf bis sechs Wochen nach der Geburt. Doch Studien zeigen, dass Frauen häufig bis zu einem Jahr nach der Geburt und noch länger brauchen, um überhaupt wieder Lust auf Sex zu haben. Es gibt absolut keine Norm und Du solltest Dir die Zeit nehmen, die Dir Dein Körper signalisiert. Viele Frauen möchten jetzt eher passiv sein, vom Partner umsorgt werden, kuscheln und zärtlich sein.

WAS FÜR PROBLEME KÖNNEN AUFTRETEN?

Die Gründe von diesem Libidoverlust sind vielfältig: Der offensichtlichste Grund und das häufigste Problem sind Schmerzen, oder die Angst vor Schmerzen, z.B. bei einem vorangegangenem Dammschnitt/riss. **ACHTUNG:** Selbst wenn keine großen Verletzungen vorliegen, kann sich die Region wund und druckempfindlich anfühlen. Es ist sinnvoll, die Verletzungen also erst heilen zu lassen, bevor man wieder mit dem Partner schläft. Ein weitere Grund ist die hormonelle Situation während der Stillzeit. Die Scheide kann durch die Hormone, trotz sexueller Erregung, trocken sein und so zu Schmerzen und Missempfindungen führen. Abhilfe hierbei sind Gleitmittel, die die Scheide befeuchten. Der intensive und körperliche Kontakt der Mutter zum Kind bewirkt zudem nicht selten einen automatischen Rückzug des Partners.

Ein anderer, wichtiger Faktor ist die dauernde Erschöpfung und Müdigkeit der jungen Mutter. Wenn man sich 24 Stunden am Tag um das Baby kümmert und weniger Schlaf hat, dann laugt das unglaublich aus. Gerade jetzt braucht man das Verständnis des Partners.

Beachte: Meist normalisiert sich das Sexualleben aber nach einigen Monaten.

INKONTINENZ WÄHREND DEM SEX?

Du verlierst beim Geschlechtsverkehr unfreiwillig Urin? Gewisse Stellungen beim Sex können tatsächlich einen Druck auf die Blase erzeugen, dass sie eine Inkontinenz bewirken. Frauen mit einer Reizblase tendieren ebenfalls dazu, bei einem Orgasmus Urin zu verlieren. Frauen ist dieser Umstand peinlich, obwohl die meisten Männer darauf mit Verständnis reagieren oder fälschlicherweise sogar glauben, die Frau sei besonders erregt (Stichwort weibliche Ejakulation). Für die Frau ist es jedoch ein massiver Lustkiller. Maßnahmen sind: Beckenbodentraining (siehe Phase vier). Dabei wird die Muskulatur des Beckenbodens sowie der Schließmuskel der Harnröhre gestärkt. Für Frauen mit einer Reizblase empfiehlt sich eine Verhaltenstherapie (was, wann und wie viel trinken und vor Geschlechtsverkehr aufs WC gehen usw.)

BAUCHKAPSEL
STABILISIEREN
UND KÖRPERKERN
KRÄFTIGEN

vier

phase vier

WIR SIND IN DER LETZTEN PHASE ANGEKOMMEN. ICH WERDE DIR NUN EINE REIHE VON ÜBUNGEN VORSTELLEN, MIT DENEN DU DEINE KÖRPERMITTE WIEDER INS LOT BRINGST, DEINEN KÖRPERKERN MEHR STABILISIERST, DEINE BAUCHKAPSEL IN EINKLANG BRINGST UND DEINE KÖRPERHÜLLE ZU FORMEN BEGINNST.

Die Basis dafür hast Du in den vergangenen Wochen bereits gelernt, wenn Du das Buch gewissenhaft durchgearbeitet hast. Sorge dafür, dass Du die Übungen in Ruhe durchführen kannst und bereite Dir eine Matte vor. Lass die Übungen zunächst über die **QR Codes** laufen, damit Du Dich vollkommen auf Deinen Körper einlassen kannst. Das Programm ist in vier Wochen aufgeteilt und die Übungen bauen aufeinander auf. Der Zeitaufwand ist maximal **15 Minuten pro Übungstag**, Zeit, die man sich durchaus freischaufeln kann. Einige Übungen lassen sich auch gut vor dem Fernseher, vor dem Einschlafen oder Aufstehen durchführen. Wiederhole die Übungen konsequent zwei bis drei Mal pro Woche. Du wirst schnell eine Änderung an Deiner Körpermitte merken. Wenn die vier Wochen vorbei sind, picke Dir Deine Lieblingsübungen heraus und führe sie weiterhin ein bis zwei Mal pro Woche durch, damit Du Dein Leben lang einen stabilen Körperkern hast und bereits prophylaktisch etwas gegen Beckenbodenschwäche im Alter machst. Bei Herz-, Kreislaufprobleme konsultiere Deinen Hausarzt, da einige Übungen in einer kreislaufbelastende Ausgangsstellung durchgeführt werden.

MERKE DIR, dass viele Übungen anhand von Bildern erklärt werden. Das kann ab und zu irritierend und seltsam sein. Da der Beckenboden aber so schlecht erreichbar und spürbar ist, macht es durchaus Sinn, ihn anhand von Vorstellungen greifbarer zu machen.

> IN DER VIERTEN WOCHE BILDET SICH DEIN KÖRPERKERN UND DEINE KÖRPERHÜLLE SCHON DEUTLICH ZURÜCK, WENN DU MERKST, DASS DICH DIE ÜBUNGEN NOCH ÜBERFORDERN, WIEDERHOLE DIE ÜBUNGEN DER VORWOCHE.
>
> *info*

1

woche 1

IN WOCHE 1 BIST DU FRÜHESTENS ACHT
BIS NEUN WOCHEN NACH DER GEBURT.
BEREITE DIR EINE MATTE VOR UND NIMM
ETWA 15 MINUTEN ZEIT FÜR DICH.

EINSTIMMUNGSÜBUNG/ ENTSPANNUNG

Dein Alltag ist stressig, Du bist jetzt vermutlich angespannt und erschöpft. Deshalb ist es förderlich, zu Beginn Übungen durchzuführen, die Deinen Stress abbauen und zur inneren Sammlung hilfreich beitragen.

ÜBUNG
DIE LAUS IM PELZ
SEITE 127

MOBILISATION UND ENTLASTUNG

Diese Übung soll Deinen Rücken und Deinen Beckenboden entlasten. Kleine Blockaden im Rücken können gelöst werden und der Beckenboden muss wegen der umgekehrten Schwerkraft keine Haltearbeit leisten. Diese Übung ist bei Senkungsproblemen zu empfehlen oder wenn sich der Beckenboden nach einem langen Tag einfach nur schwammig und weich anfühlt.

ÜBUNG
SCHEINWERFER
SEITE 129

DURCHBLUTUNGSANREGUNG DES BECKENBODENS

Areale des Körpers, die mehr durchblutet sind, werden besser wahrgenommen. Folgende Übung regt die Durchblutung im Beckenboden an ebenso wie es ihn entlastet: Sie ist bei einem Dammschnitt zu empfehlen sowie in der Rückbildung zur Wahrnehmungshilfe und bei einem reaktionsarmen Beckenboden.

ÜBUNG
WARMER BAUCH
SEITE 131

BECKENBODENWAHRNEHMUNG

Um etwas bewusst wahrzunehmen, braucht man Zeit. Wahrnehmungsübungen machen bei allen Beckenbodenschwächen Sinn und helfen Dir, ein Gefühl für schwer spürbare Areale zu entwickeln.

ÜBUNG
DAS NETZ
SEITE 133

**BAUCHKAPSELAKTIVIERUNG
IN RÜCKENLAGE
LANGSAMEN MUSKELFASERN
(SLOW-TWITCH FASERN)**

Nun aktivieren wir den ganze Bauchkapsel-Komplex. Beachte aber, dass Übungen auf dem Rücken eher die Ausnahme bleiben sollten, da der Körper in einer liegenden Position auf Ruhe eingestellt ist. Zur ersten Wahrnehmung ist die Rückenlage aber zu empfehlen. Die Übung festigt Deinen gesamten Körperkern und ist auch zur Rektusdiastasen-Behandlung dienlich.

**ÜBUNG
BASIS ÜBUNG
SEITE 135**

**BAUCHKAPSELAKTIVIERUNG IN
SEITLAGE (KRÄFTIGUNG DER
SLOW TWITCH FASERN)**

**ÜBUNG
SEITE ZU SEITE,
MUSKEL ZU MUSKEL
SEITE 139**

**BAUCHKAPSELAKTIVIERUNG IN
BAUCHLAGE MIT EINSATZ DER
BAUCHMUSKULATUR (KRÄFTIGUNG
DER SLOW TWITCH FASERN)**

Diese Übung löst durch die Kontraktion der Bauchmuskulatur eine Kokontraktion (die Fähigkeit alle Muskeln, die an einem Gelenk ansetzen gleichzeitig zu kontrahieren, um das Gelenk so zu stabilisieren) des Beckenbodens aus und verstärkt dadurch die Grundspannung. Außerdem aktiviert sie die Schnürmuskulatur des Beckenbodens.

**ÜBUNG
DER BODEN GIBT
DIE KRAFT ZURÜCK
SEITE 141**

ENTSPANNUNG UND DEHNUNG

Für ein Leben ohne steifes Kreuz, ohne schmerzende Schultern, für ein Wohlbefinden im Körper und für einen Alltag ohne Kopfschmerzen sind gut gedehnte, geschmeidige Muskeln unabdingbar. Dehnübungen lassen sich wunderbar in den Alltag integrieren, sei es im Bett, nach dem Aufstehen oder vor dem Einschlafen, vor dem Fernseher, nach dem Sport usw. In den kommenden Wochen zeige ich Dir eine Reihe von Dehnübungen, die Du in Deinem Alltag einfließen lassen kannst.

**ÜBUNGEN
SEITE 143**

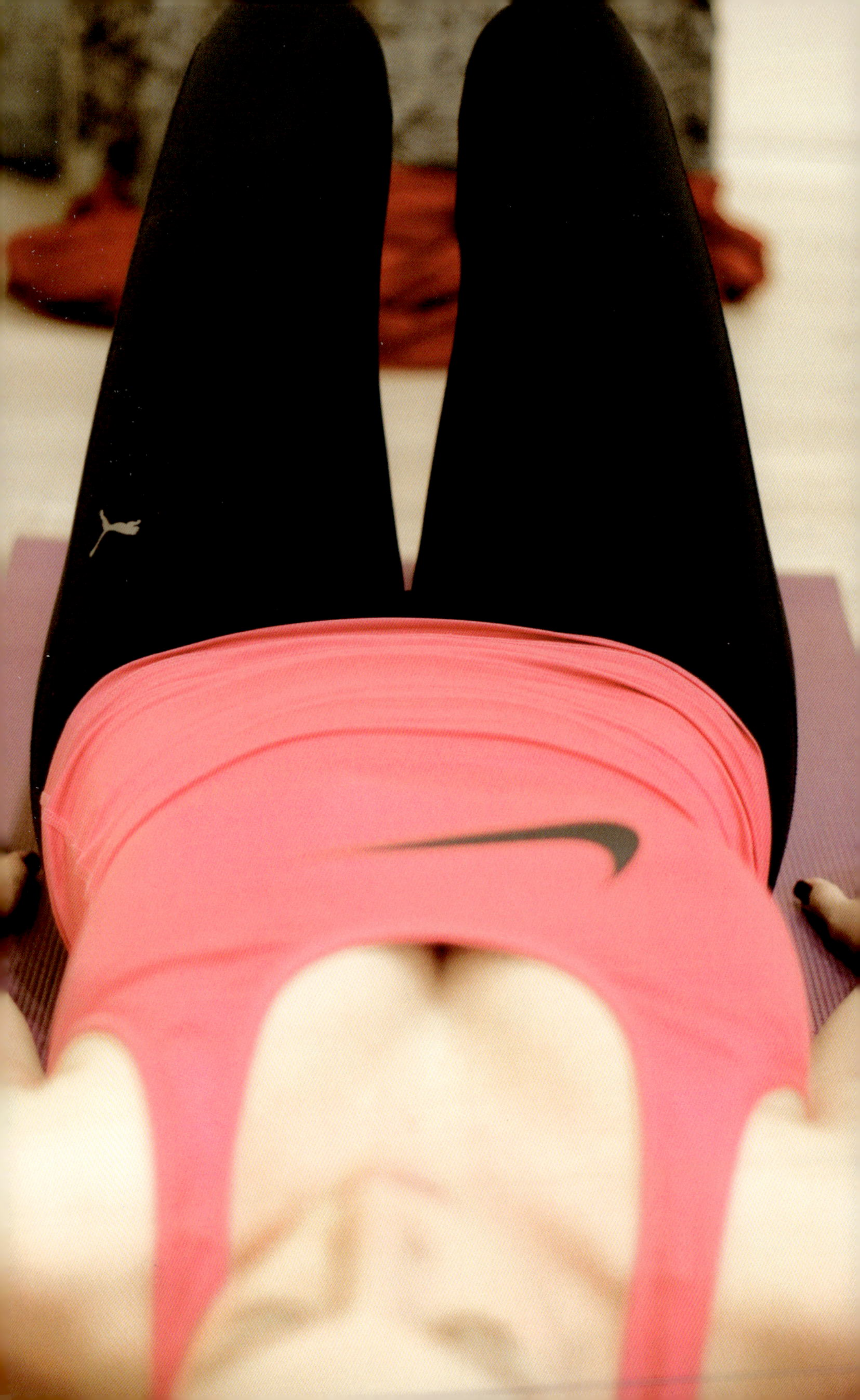

WOCHE EINS

Übung
– DIE LAUS IM PELZ –

EINSTIMMUNGSÜBUNG/ENTSPANNUNG
Diese Übung soll Dir helfen, Deinen Körper selbst wahrzunehmen und Dir gleichzeitig Deine Anspannung zu nehmen

AUSGANGSSTELLUNG
Rückenlage, Deine Beine sind aufgestellt, die Arme liegen auf dem Boden, schließe Deine Augen und konzentriere Dich auf Deinen Körper. Wie liegt Dein Körper auf? Welche Stellen Deines Körper berühren den Boden, welche nicht?.

DURCHFÜHRUNG
Stell Dir vor, dass auf Deinem Rücken ein weiches, warmes Fell wächst. Du bist der Bär, der sich gerade sehr wohl in seinem Fell fühlt. Doch plötzlich fängt Dein Fell an zu jucken. Eine kleine Laus zwickt hier und dort. Das lässt Du Dir nicht gefallen und versuchst, das kleine Biest zu stoppen. Es juckt auf Deinem rechten Schulterblatt und anhand von Schlangenbewegungen, versucht Du die Laus zu stoppen. Doch sie entkommt und es fängt an, unter dem anderen Schulterblatt zu zwicken und zwacken, Du bewegst Deine Schulter gegen die Unterlage. Auch hier entkommt sie und es juckt unterhalb Deines Kreuzbeins. Auch hier probierst Du anhand raupengleicher Bewegungen den Juckreiz zu stillen. Wiederhole dies ein weiteres Mal.

NACHSPÜREN
Wie hat sich die Übung ausgewirkt? Wie liegst Du jetzt auf der Unterlage? Was sagt Dein Rücken jetzt? Wo spürst Du Deinen Atem? Du wirst nun vermutlich Deinen Rücken mehr wahrnehmen und Deine Atembewegungen sind mehr spürbar.

Hier gehts zum Video!

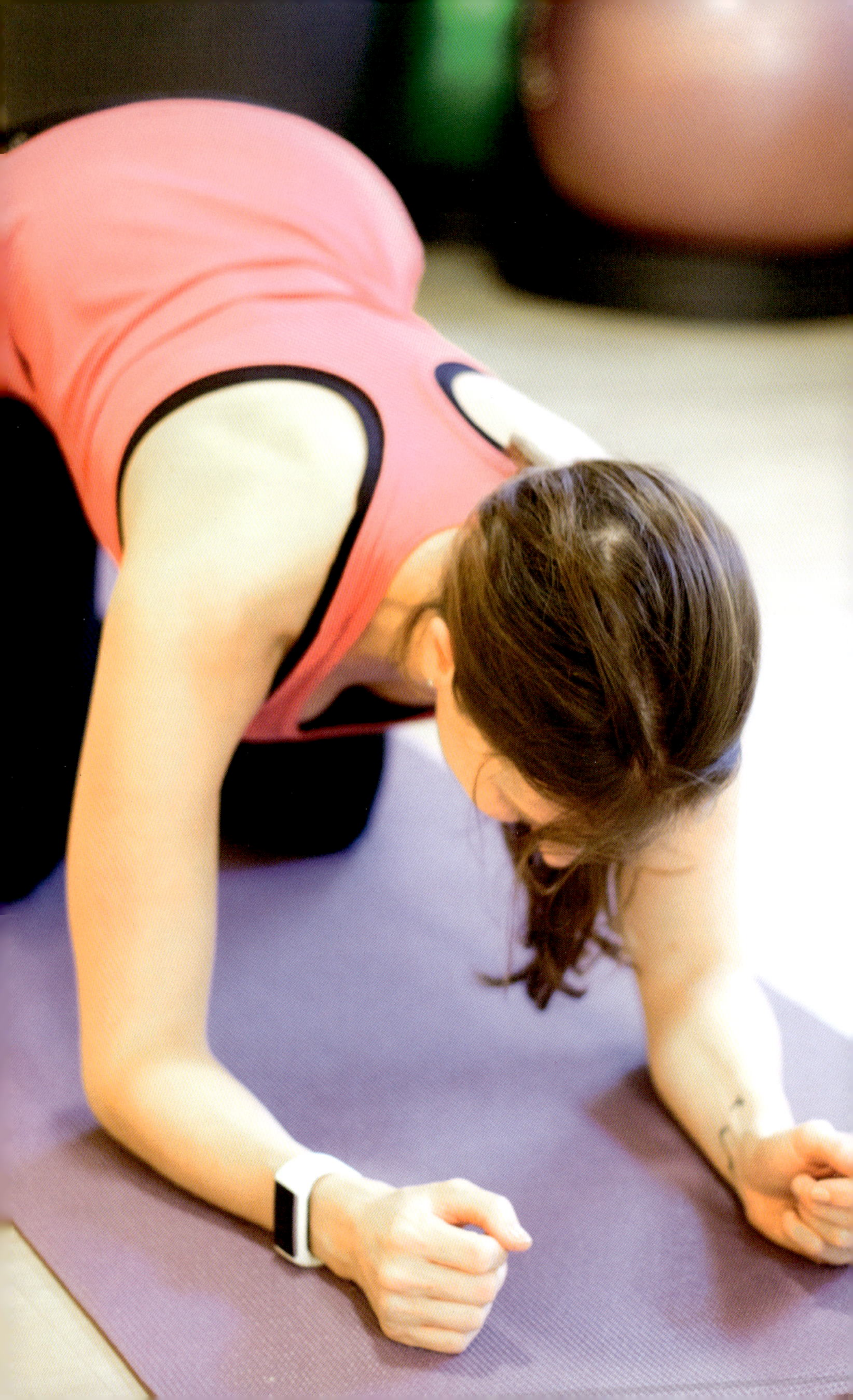

WOCHE EINS

übung
– SCHEINWERFER –

MOBILISATION UND ENTLASTUNG
AUSGANGSSTELLUNG
Gehe in die Knieunterarmstellung. Die Ellbogen sind unter den Schultergelenken, die Knie zeigen leicht nach außen und sind unter den Hüftgelenken positioniert.

DURCHFÜHRUNG
Reibe nacheinander mit einer Hand Deine Sitzknochen, um ein Empfindungsfeld herzustellen, stelle Dir vor, dass Deine Sitzbeinhöcker zwei Scheinwerfer sind. Führe nun etwa 30 Sekunden lang fließende Bewegungen durch: von den Sitzbeinknochen bis zum Becken und zur Lendenwirbelsäule. Stelle Dir dabei vor, dass Du den Raum mit einem Scheinwerfer ausleuchtest. Probiere dabei unterschiedliche Bewegungsrichtungen aus und verbinde diese miteinander.

Hier gehts zum Video!

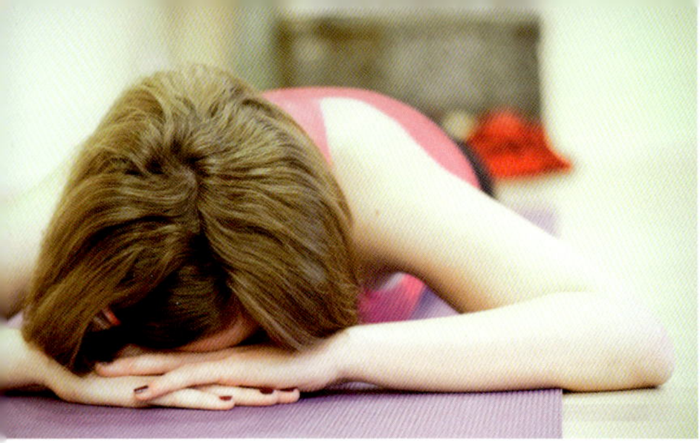
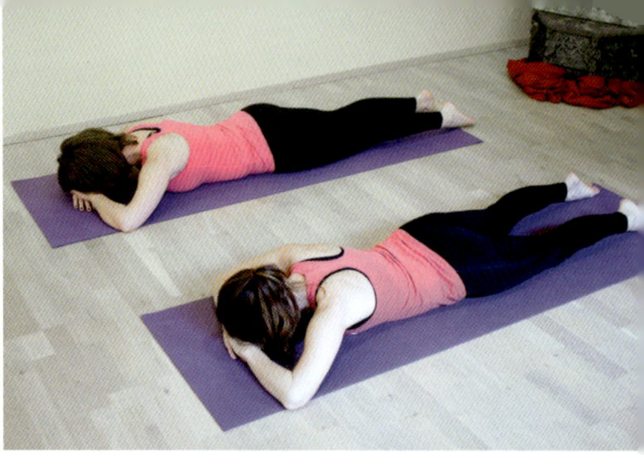
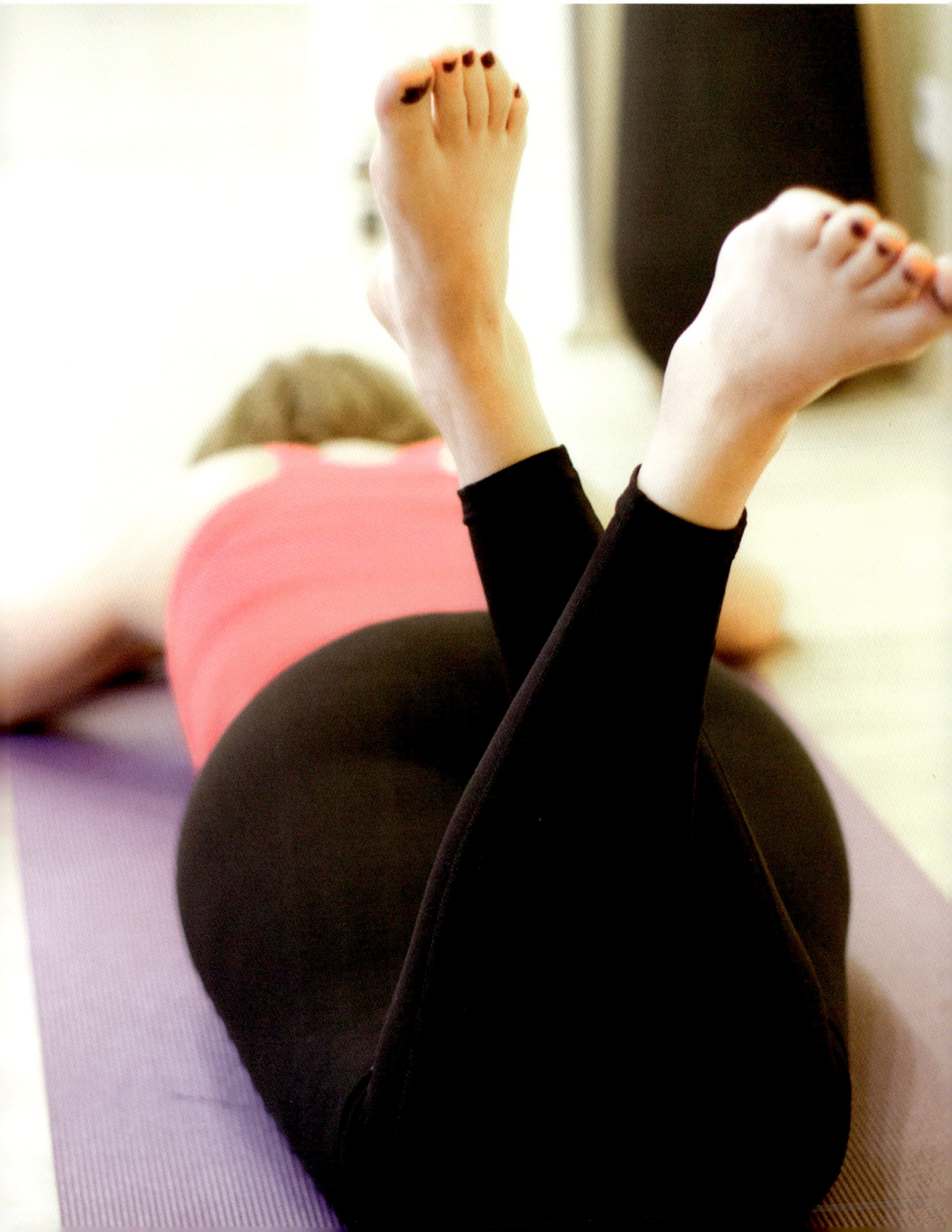

WOCHE EINS

übung
– WARMER BAUCH –

DURCHBLUTUNGSANREGUNG DES BECKENBODENS
AUSGANGSSTELLUNG
Gehe in die Bauchlage, Deine Hände liegen auf dem Boden, Deine Stirn liegt auf den Händen ab. Atme ruhig weiter.

DURCHFÜHRUNG
Beuge Deine Knie, sodass die Fersen nach oben zeigen, kreuze und öffne Deine Unterschenkel rhythmisch und abwechselnd. Dabei führst Du eine Innenrotation und Außenrotation der Hüftgelenke durch.

NACHSPÜREN
Führe diese Übung etwa 20 Sekunden durch und lege Deine Schienbeine im Anschluss ab und nimm ein Wärmegefühl im Becken-Bauchbereich wahr.

Hier gehts zum Video!

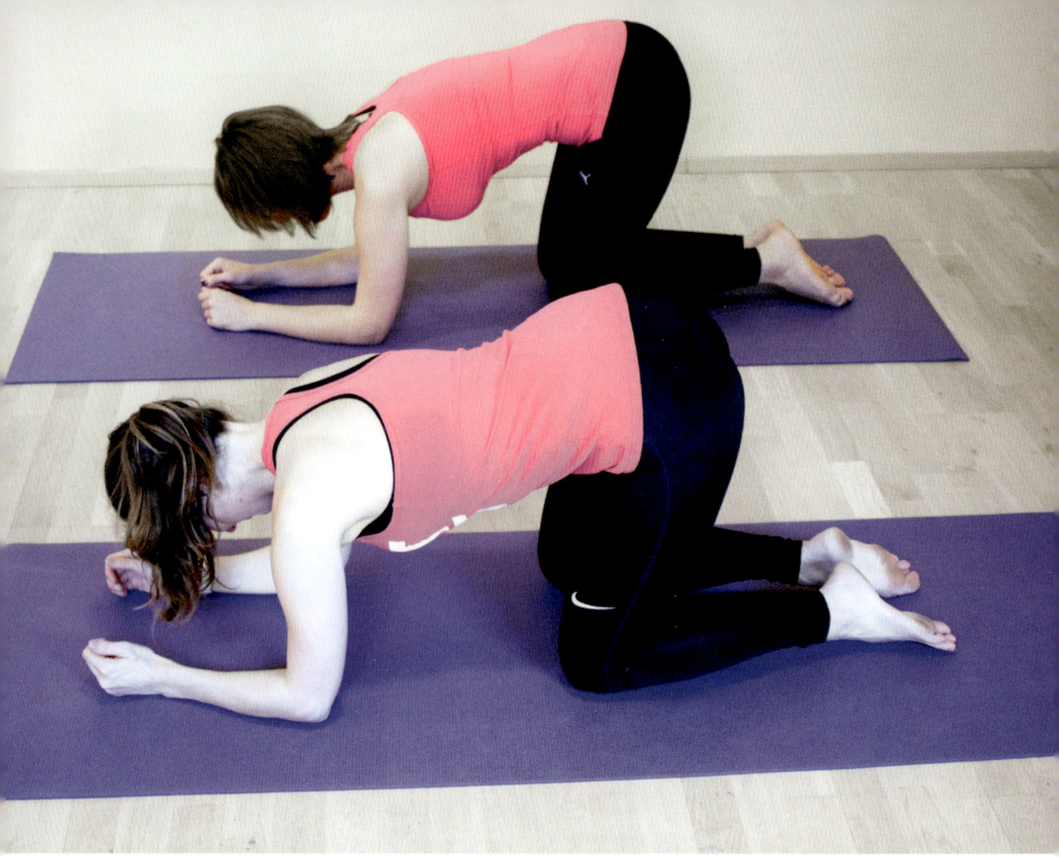

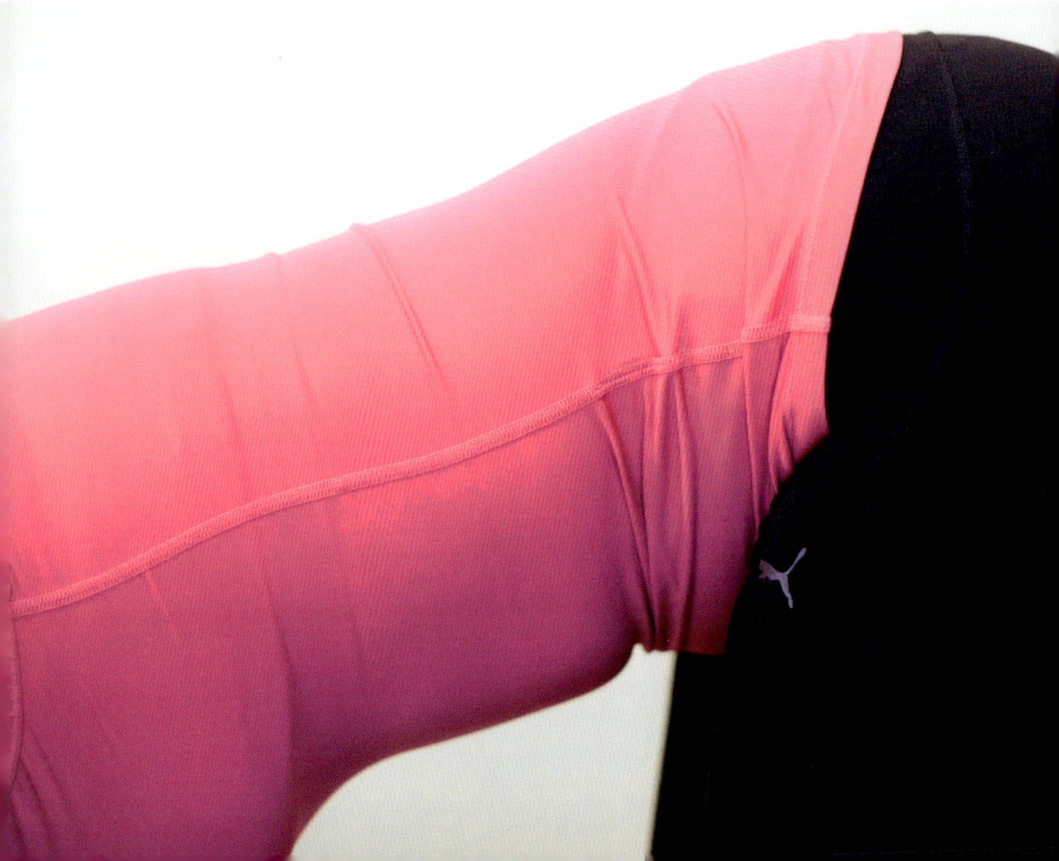

WOCHE EINS

übung
– DAS NETZ –

BECKENBODENWAHRNEHMUNG
AUSGANGSSTELLUNG
Gehe in den Knieunterarmstütz. Die Ellbogen sind unter den Schultergelenken, die Knie zeigen leicht nach außen und sind unter den Hüftgelenken positioniert.

DURCHFÜHRUNG
Stelle Dir Deinen Beckenboden in Form einer Raute vor. Diese Raute ist wie ein elastisches Netz zwischen den knöchernen Begrenzungen im Becken gespannt. Vorne ist das Netz am Schambein befestigt, hinten am Steißbein, links und rechts an den Sitzbeinhöckern. Atme zehn Mal tief ein (siehe Zwerchfellatmung) und aus und spüre, wie das Netz aus Muskeln leicht auf und ab schwingt.

Hier gehts zum Video!

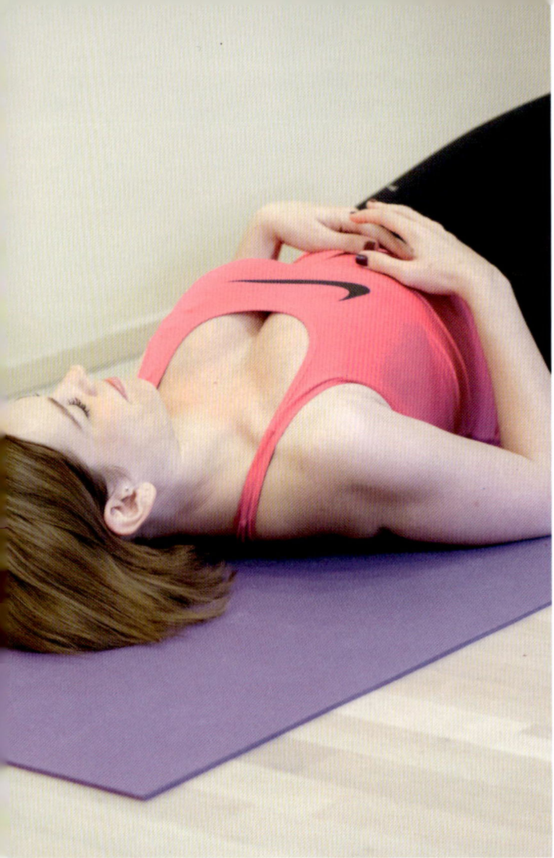
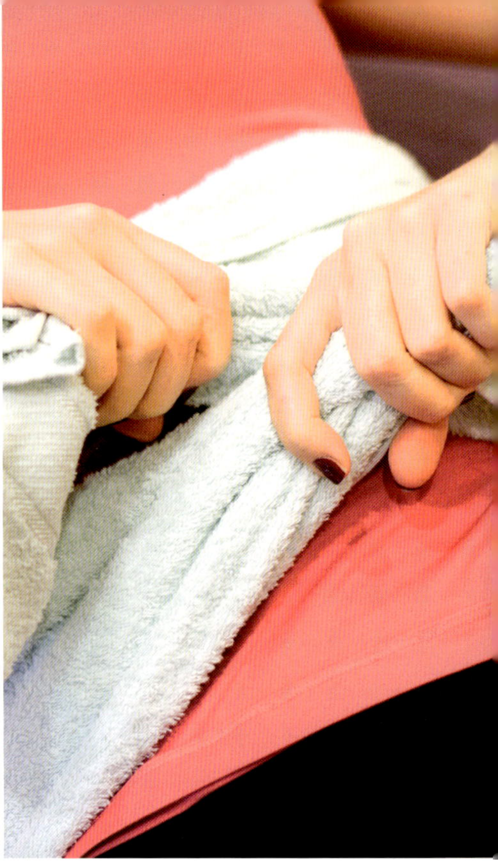
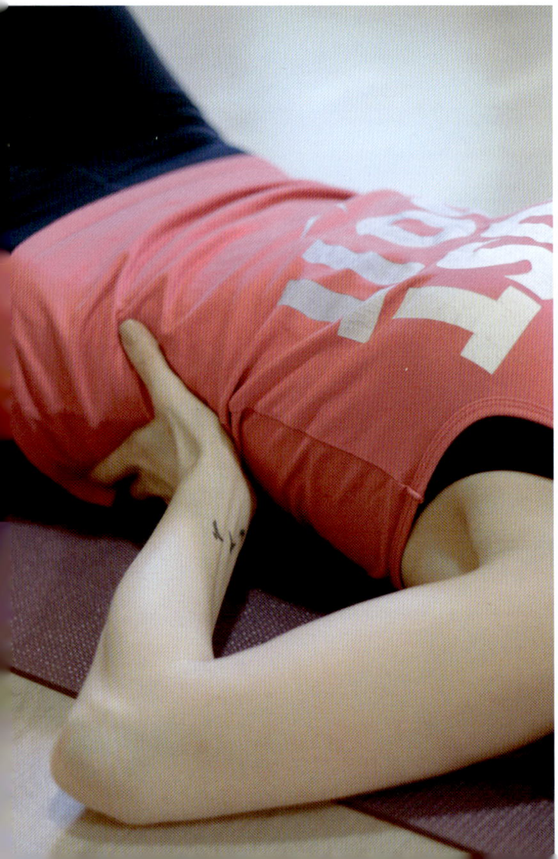
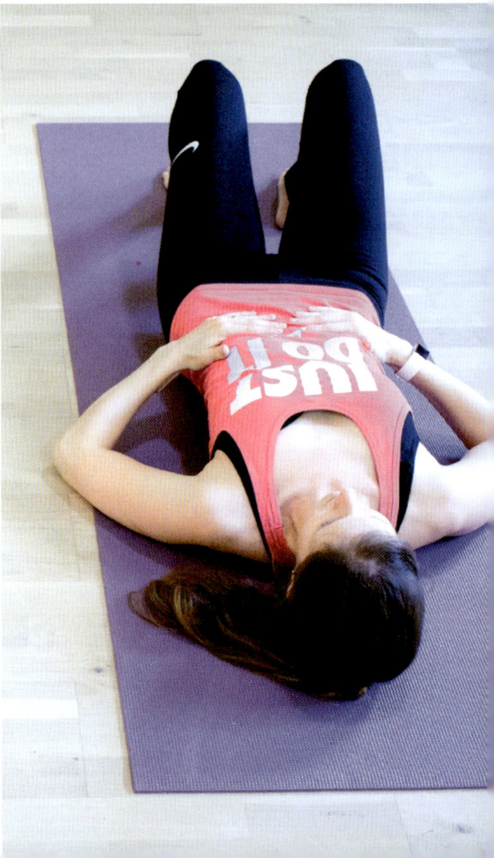

WOCHE EINS

übung
– BASIS ÜBUNG –

BAUCHKAPSELAKTIVIERUNG IN RÜCKENLAGE
AUSGANGSSTELLUNG
Lege Dich über die Seitenlage auf den Rücken, Deine Hände liegen auf dem Bauch, die Fingerspitzen sind zueinander gerichtet. Deine Beine sind aufgestellt. Visualisiere Deinen Damm. Du kannst ihn auch berühren, um die Wahrnehmung zu erleichtern.

DURCHFÜHRUNG
Atme tief in Deinen Bauch ein, sodass sich Deine Hände voneinander weg bewegen. Bei der Ausatmung ziehe ganz sanft Deinen Bauchnabel nach innen/oben und aktiviere dabei Deinen Damm zur Körpermitte. Halte dies solange die Ausatmung dauert (ca 5–7 Sekunden), bei der Einatmung löse die Spannung langsam. Führe das nun fünf Mal aus und bekomme ein Gefühl für die Zusammenarbeit der unterschiedlichen Systeme.

Hier gehts zum Video!

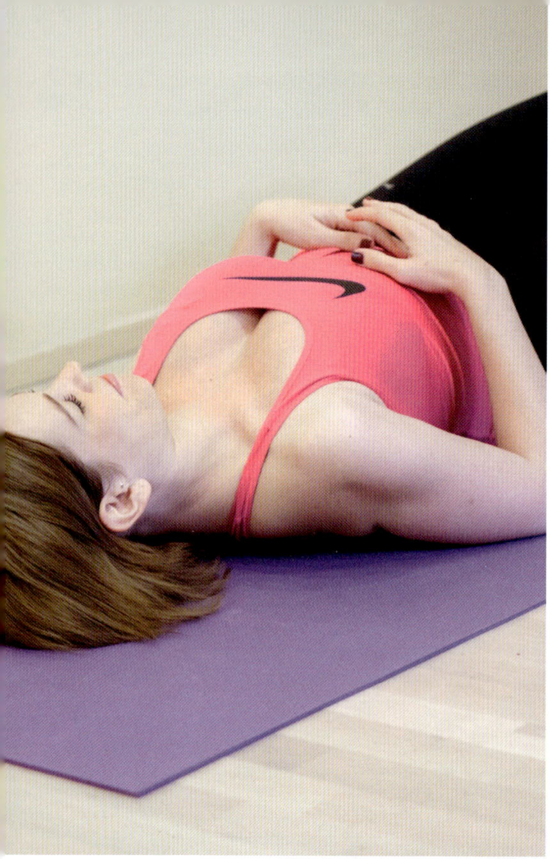
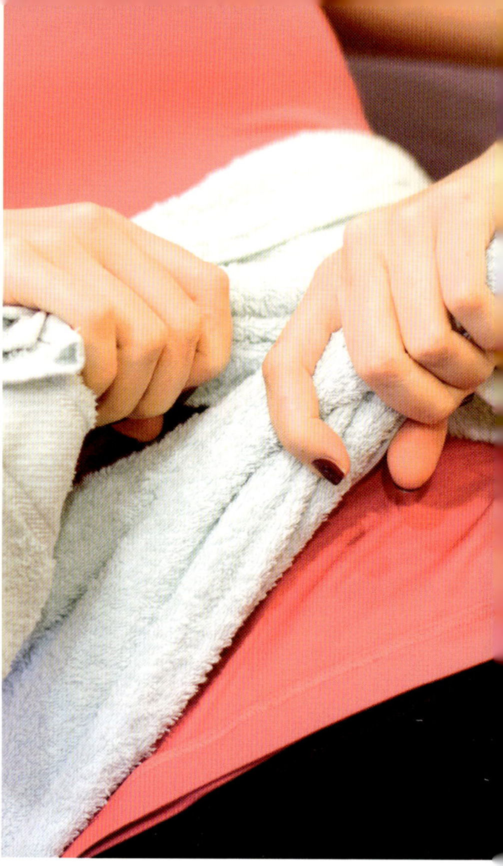
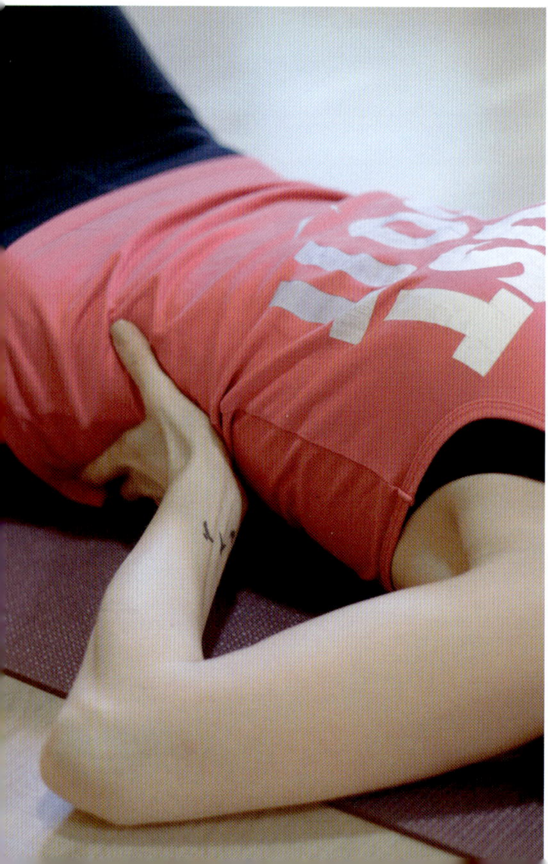
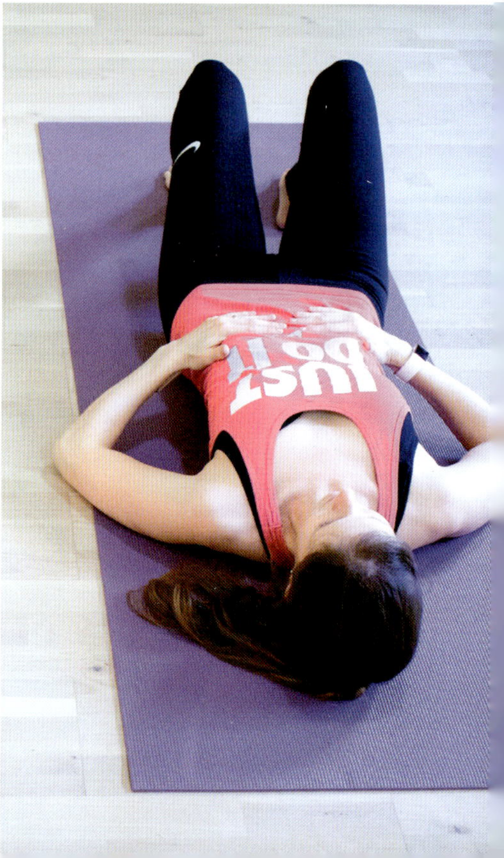

WOCHE EINS

übung
– BASIS ÜBUNG –

BAUCHKAPSELAKTIVIERUNG IN RÜCKENLAGE
STEIGERUNG 1
DURCHFÜHRUNG
Bei der Ausatmung füge nun ein stenosiertes „Ccccchhhh"
(alternativ: „Fffff") hinzu und spüre die erhöhte Spannungsempfindung
in der Bauch-, Beckenboden- und der Schnürmuskulatur sowie im
Lumbalbereich.

STEIGERUNG 2
Zu empfehlen bei einer bestehenden
Rektusdiastase über 2 Finger.

AUSGANGSSTELLUNG
Lege ein Handtuch (Badetuch) unter Deinen Rücken, so dass beide
Seiten überstehen.

DURCHFÜHRUNG
Bei der Ausatmung auf „Cccch/ Fffff" aktiviere den Körperkern und
ziehe überkreuzt an den Enden des Handtuchs und führe damit Deine
Rektusbäuche passiv zusammen. Wiederhole diese Übung fünf Mal.
Diese Übung führt wie ein Gurt die Rektusbäuche zueinander und bewirkt
gleichzeitig die Stabilisation der Bindegewebsmittellinie (Linea alba)

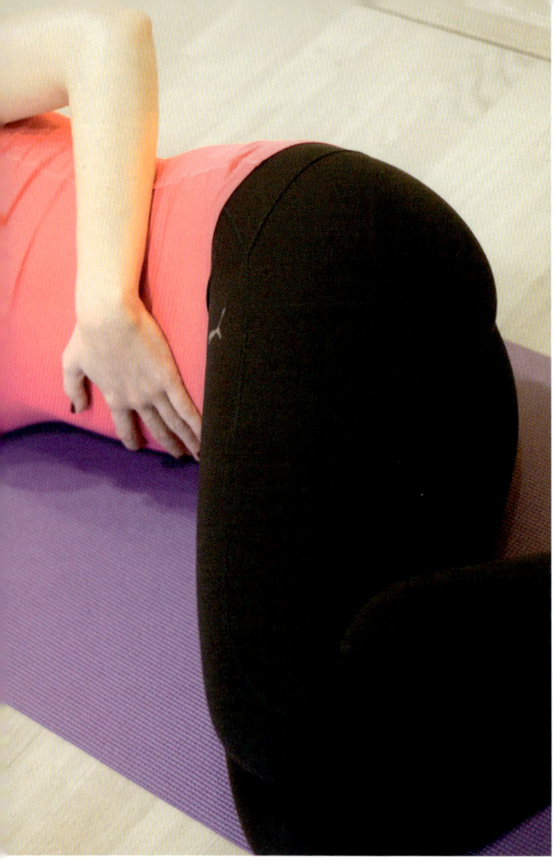
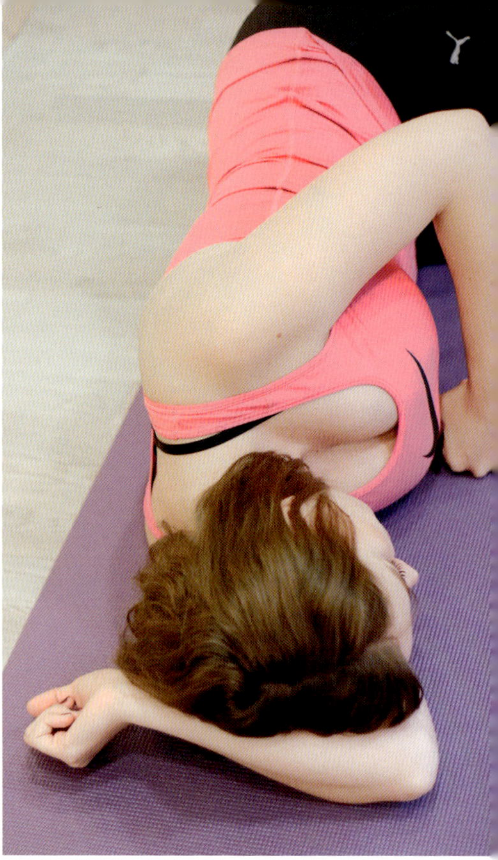
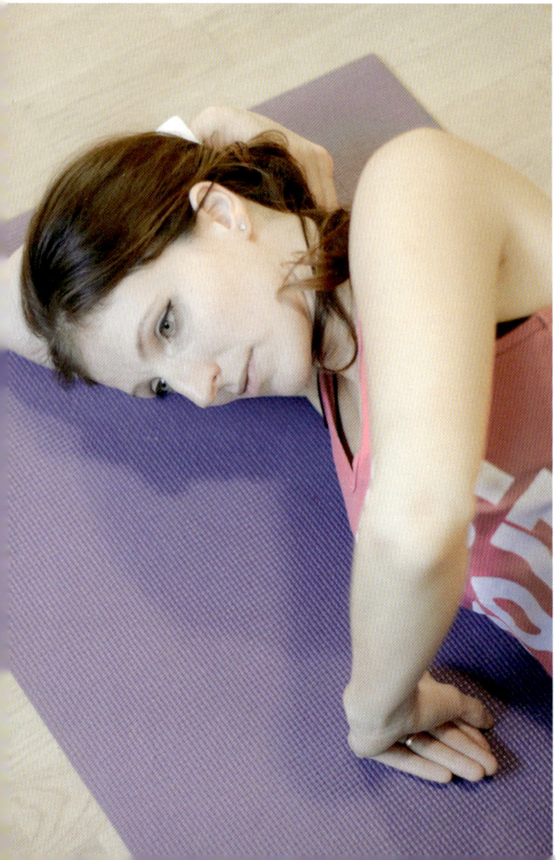
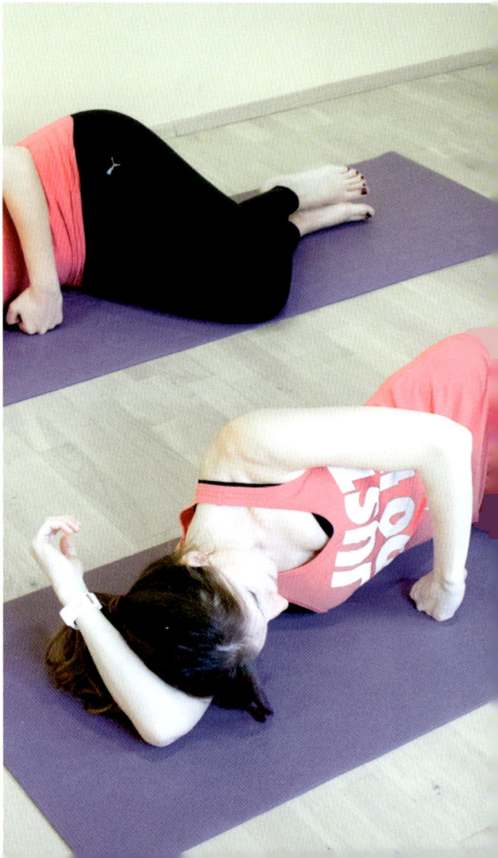

WOCHE EINS

übung
– SEITE ZU SEITE, MUSKEL ZU MUSKEL –

BAUCHKAPSELAKTIVIERUNG IN SEITLAGE
AUSGANGSSTELLUNG
Lege Dich auf die Seite, dabei sind Deine Beine gebeugt. Achte darauf, dass die Beckenspitzen übereinander sind. Schulter und Hüfte sind in einer Linie.

DURCHFÜHRUNG
Lege Deine obere Hand auf Deinen Bauch und atme tief in den Bauch hinein und spüre, wie sich die Bauchdecke nach vorne bewegt und Deine Flanke nach hinten ausweitet. Bei der Ausatmung auf einem stenosierten Laut ziehe sanft den Bauchnabel nach innen/oben und aktiviere Deinen Beckenboden zur Körpermitte. Spüre nach, wie sich die Beckenbodenspannung wellenartig ausbreitet. Bei der Einatmung löse die Spannung wieder. Führe dies fünf Mal durch.

KONTROLLE
Lege nun Deine Hand auf die Taille, die auf der Unterlage aufliegt und führe die Übung noch einmal durch. Beobachte, wie sich die Taille bei der Ausatmung nach oben anhebt, verursacht durch den M.transversus abdominis, der wie ein Korsett den Bauch zusammen zieht. Dabei bewegt sich Deine Wirbelsäule nicht.

STEIGERUNG
Drücke beim Ausatmen mit der Faust des oben liegenden Arms in die Unterlage und spüre dabei den Spannungszuwachs im Bauchkapselsystem. Wiederhole dies fünf Mal.

Führe die Übung auch auf der anderen Seite durch.

Hier gehts zum Video!

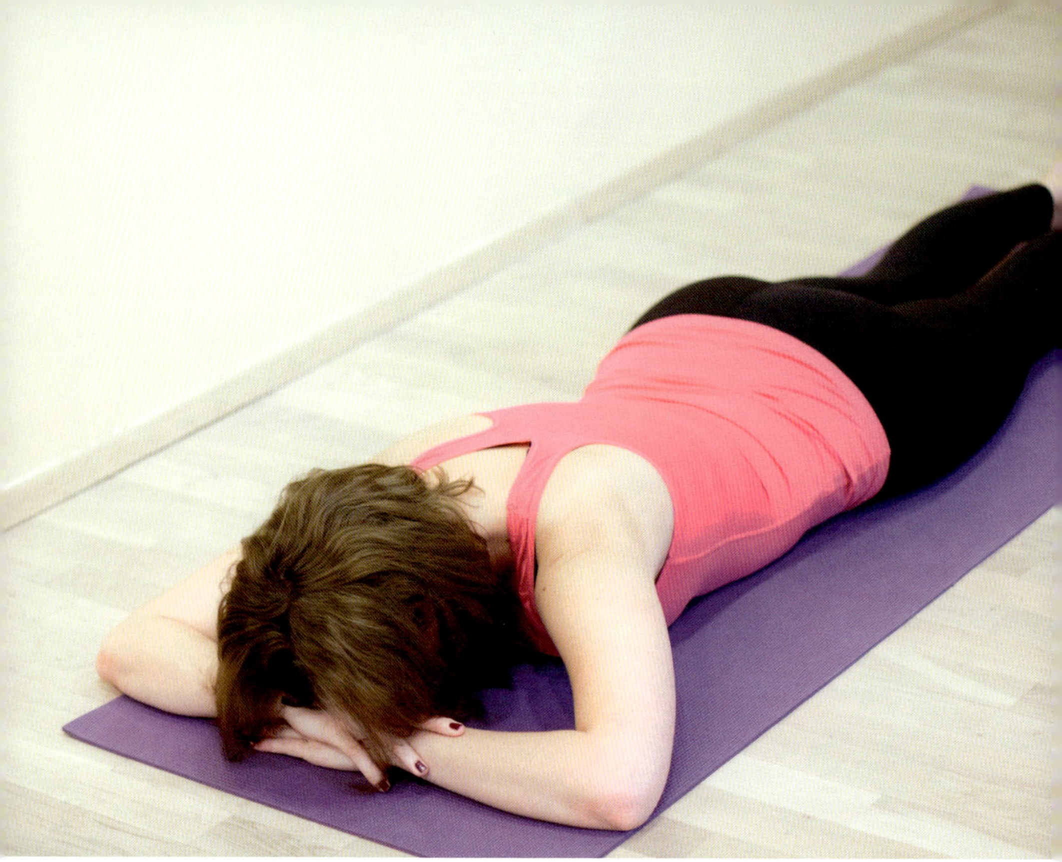
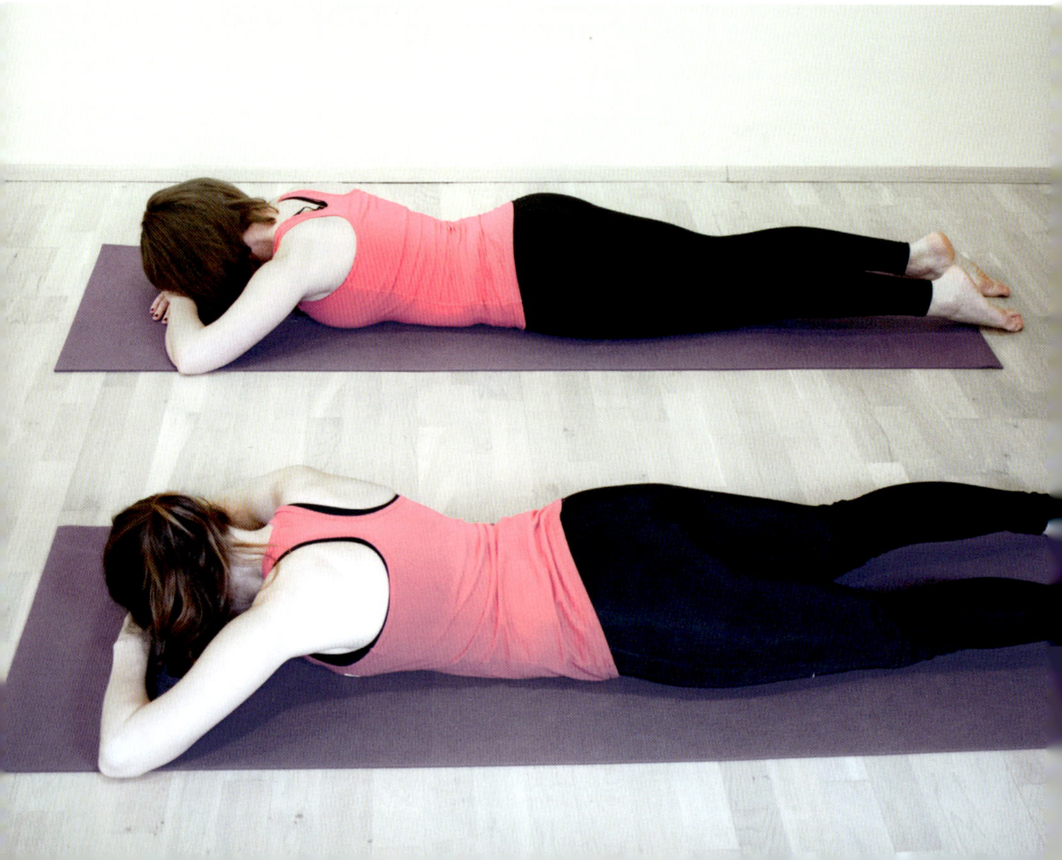

WOCHE EINS

übung
– DER BODEN GIBT DIE KRAFT ZURÜCK –

BAUCHKAPSELAKTIVIERUNG IN BAUCHLAGE
AUSGANGSSTELLUNG
Bauchlage, Deine Stirn liegt auf Deinem Handrücken ab.

DURCHFÜHRUNG
Atme tief ein und spüre wie der Bauch bei jeder Einatmung gegen die Unterlage drückt. Atme nun auf einen stenosierten Laut aus und drücke sanft die Schambeinkante gegen die Bodenmatte. In der Einatemphase löse die Spannung wieder.

Wiederhole dies fünf Mal. Spüre im Anschluss nach und wiederhole es wieder fünf Mal.

STEIGERUNG
DURCHFÜHRUNG
Integriere bei der Übung die Schnürmuskulatur des Beckenbodens und kontrolliert die tiefe Bauchmuskelschicht.

KONTROLLE
Deine Gesäßmuskulatur bleibt dabei ohne Spannung. Spann die Pobacken also nicht an.

Hier gehts zum Video!

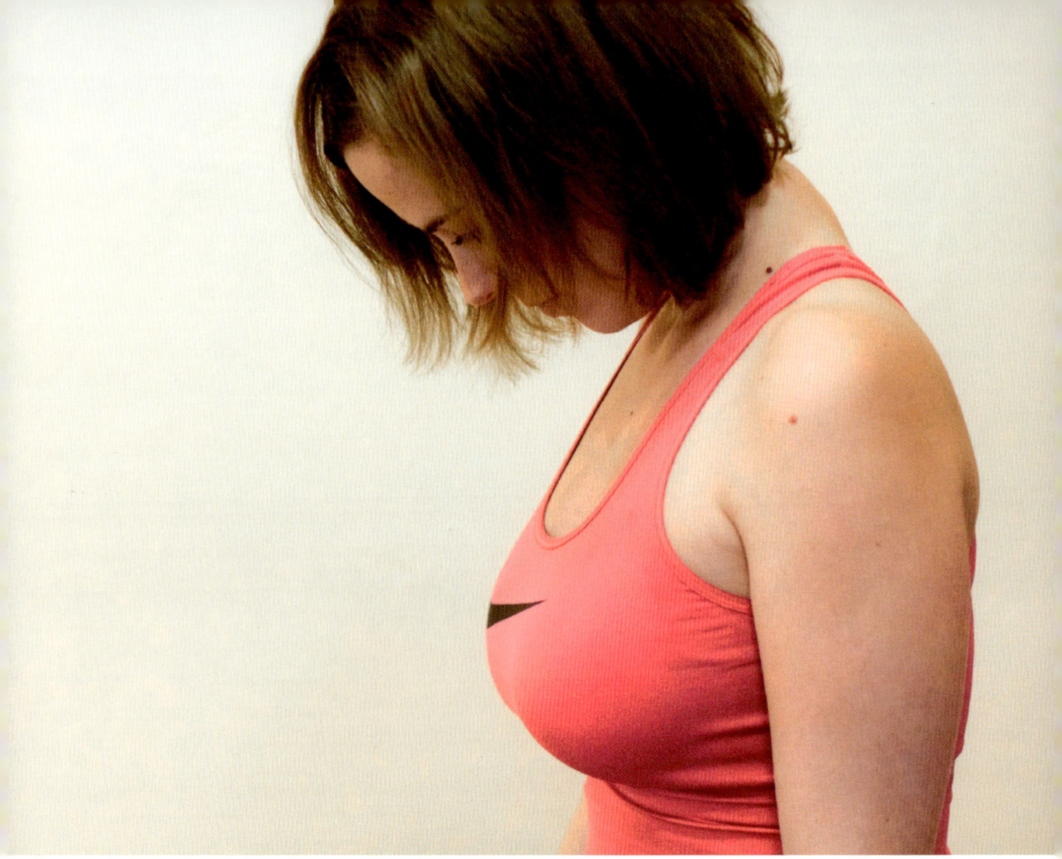

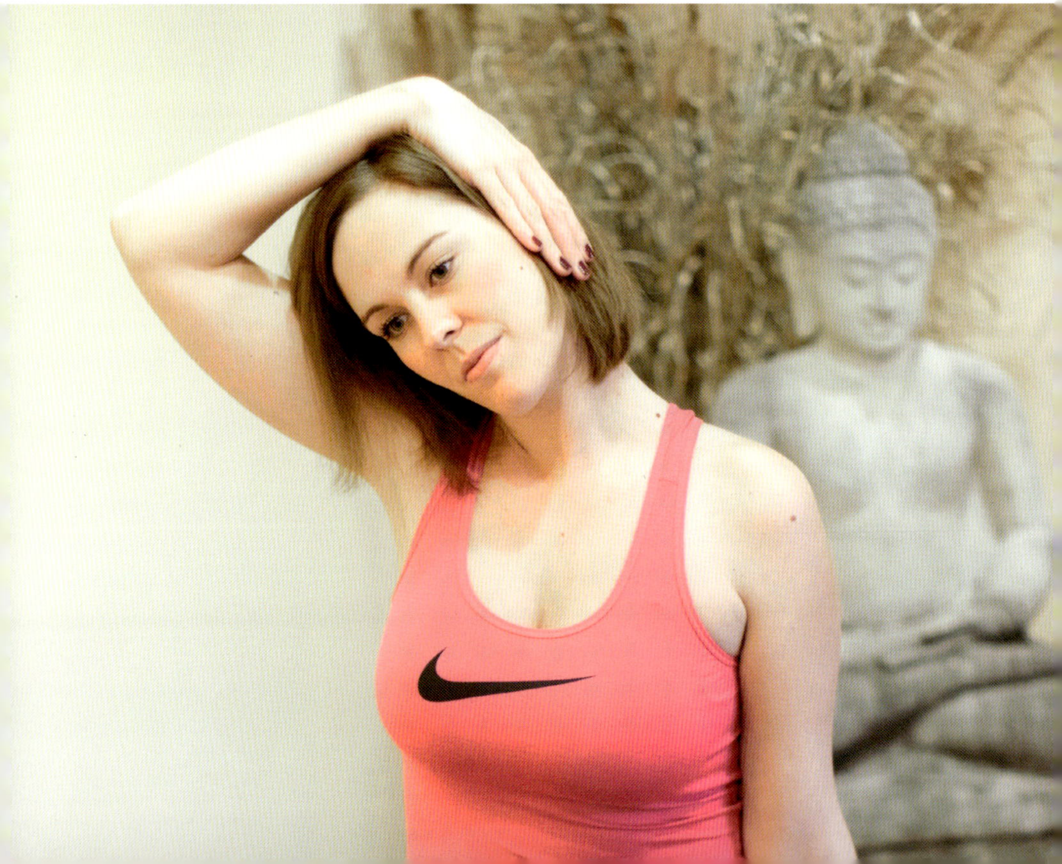

WOCHE EINS

übung
– ENTSPANNUNG UND DEHNUNG –

DEHNUNG DER SCHULTERMUSKULATUR
AUSGANGSSTELLUNG
Aufrechter Sitz auf einem Stuhl/Hocker, die Beine sind beckenbreit auseinander und die Füße fest auf dem Boden.

DURCHFÜHRUNG
Führe Dein rechtes Ohr zur rechten Schulter, nimm Deine rechte Hand über den Kopf zum linken Ohr. Führe Deinen linken Arm neben dem Körper nach unten zum Boden und erzeuge einen Dehnreiz.
Bleibe 20 Sekunden in der Dehnung und wechsle dann die Seite.

DEHNUNG DER NACKENMUSKULATUR
AUSGANGSSTELLUNG
Aufrechter Sitz auf einem Stuhl/Hocker, die Beine sind beckenbreit auseinander und die Füße fest auf dem Boden.

DURCHFÜHRUNG
Führe Dein Kinn zum Brustbein und lege Deine Hände auf den Hinterkopf (auf Zopfhöhe), drücke nun sanft den Hinterkopf herunter, sodass das Kinn näher an das Brustbein geführt wird. Bleibe 20 Sekunden in der Dehnung.

Hier gehts zum Video!

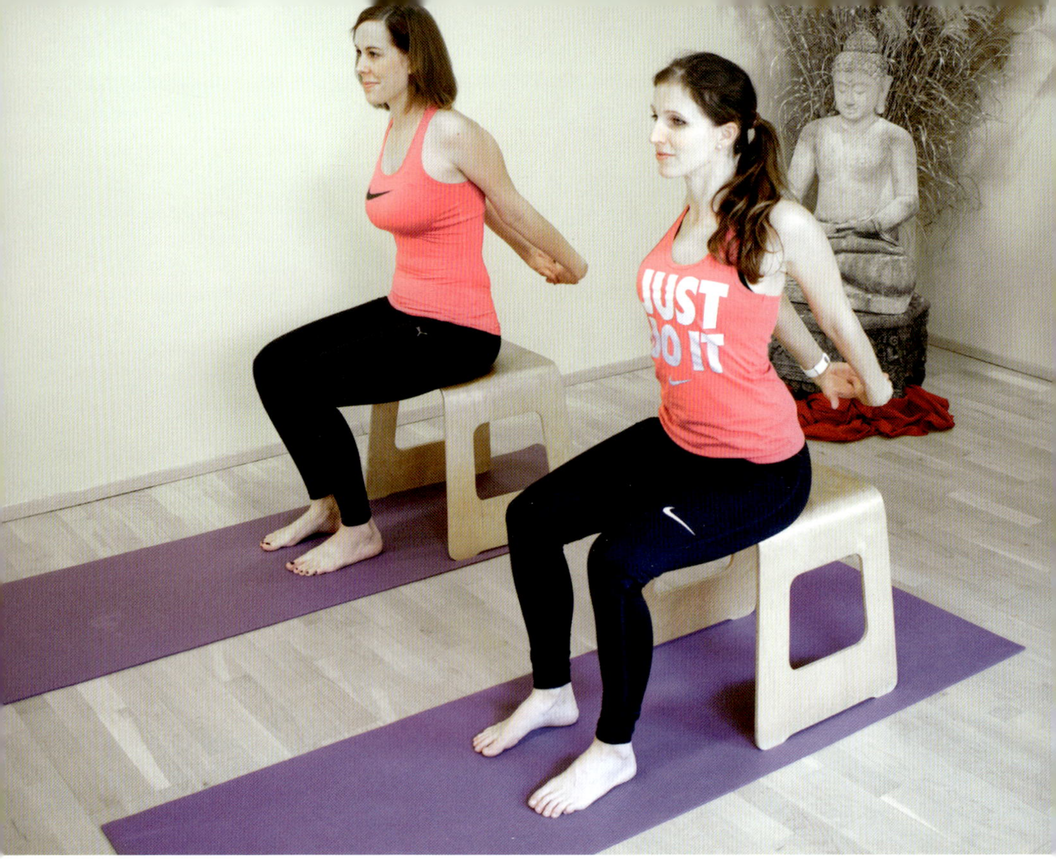
JUST DO IT

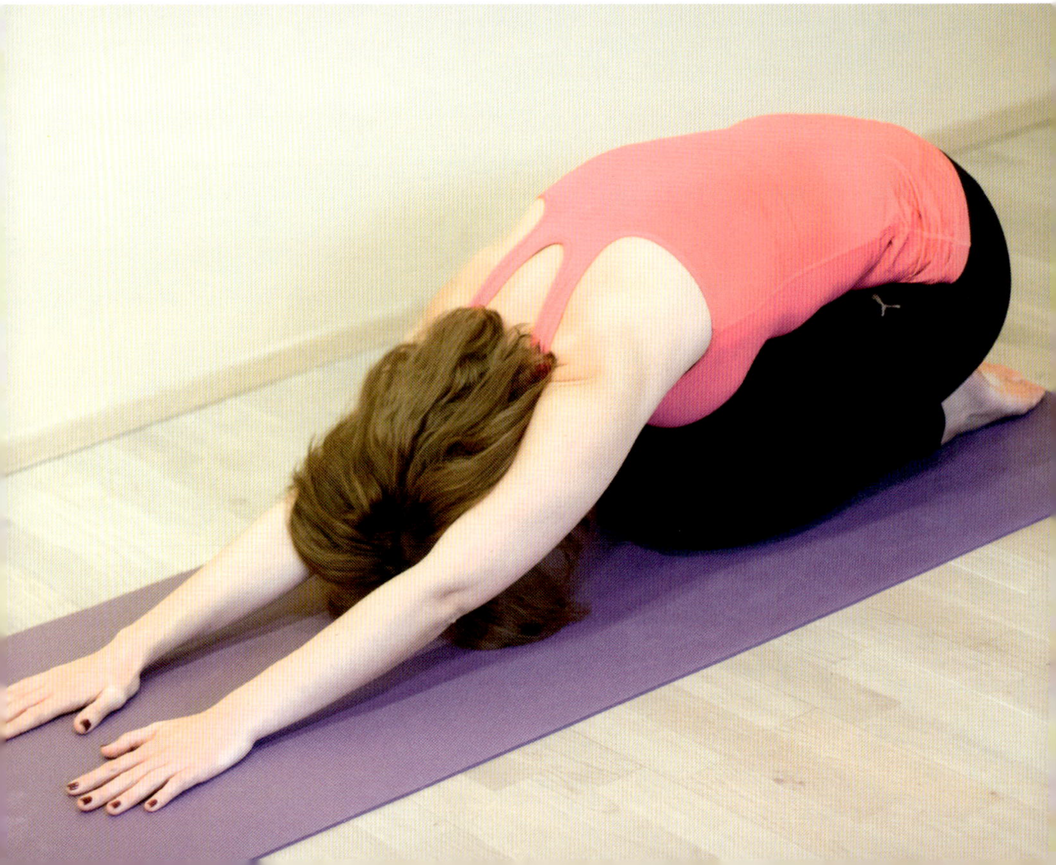

WOCHE EINS

übung
– ENTSPANNUNG UND DEHNUNG –

DEHNUNG DER BRUSTMUSKULATUR
AUSGANGSSTELLUNG
Aufrechter Sitz auf einem Stuhl/Hocker, die Beine sind beckenbreit auseinander und die Füße fest auf dem Boden.

DURCHFÜHRUNG
In aufrechter Haltung verschränke die Hände hinter dem Körper ineinander. Ziehe langsam die Hände nach oben. Der Körper wird dabei nicht nach vorn gebeugt, der Blick bleibt geradeaus gerichtet. Achte darauf, dass Du kein Hohlkreuz bildest. Bauch und Po sind angespannt.

DEHNUNG DES RÜCKEN
AUSGANGSSTELLUNG
Vierfüßlerstand, die Hände sind unterhalb des Schultergelenks, die Knie unterhalb des Hüftgelenks positioniert.

DURCHFÜHRUNG
Setze Dich auf die Fersen. Strecke die Arme über den Kopf und ziehe dabei die Fingerspitzen so weit wie möglich nach vorn. Der Blick geht zum Boden.

Hier gehts zum Video!

2

woche 2

IN WOCHE 2 BIST DU FRÜHESTENS
10 WOCHEN NACH DER GEBURT.
DU BRAUCHST EINE MATTE UND
IDEALERWEISE EIN REISKORNSÄCKCHEN,
EINEN HOCKER SOWIE ERNEUT ETWA
15 MINUTEN ZEIT FÜR DICH.

EINSTIMMUNGSÜBUNG

Die Übung dient zur Einstimmung in die Körperarbeit, sie regt den Atem an und hilft bei der Körperwahrnehmung.

ÜBUNG
STRECK DICH – DEHNE DICH – RÄKELE DICH
SEITE 153

BECKENBODENWAHRNEHMUNG

Diese Übung unterstützt die Wahrnehmung der Beckenbodenbewegung, der sich bei der Einatmung leicht nach unten bewegt und bei der Ausatmung nach oben. Als Neuling in dem Gebiet empfehlenswert, vor allem in der Rückbildung. Dies ist eine Übung zur Aktivierung der langsamen Muskelfasern.

ÜBUNG
DAS SEIDENTUCH
SEITE 155

BAUCHKAPSELAKTIVIERUNG IM SITZ (KRÄFTIGUNG DER SLOW TWITCH-FASERN)

Diese Übung aktiviert Deinen Beckenboden unter Ausnutzung der Zwerchfellbewegung. Bauchkapselübung mit Schwerpunkt der Aktivierung der langsamen Muskelfasern.

ÜBUNG
DER SCHWAMM
SEITE 157

BAUCHKAPSELAKTIVIERUNG IM VIERFÜSSLER (KRÄFTIGUNG DER SLOW TWITCH-FASERN)

Der Vierfüßlerstand ist eine gute Ausgangsstellung, um den Beckenboden zu entlasten. Die bewusste Zwerchfellatmung ist im Vierfüßlerstand häufig schwer, da viele Frauen in dieser Ausgangsstellung nicht locker lassen können. Lass die Bewegung zu, lass Deinen Bauch locker nach unten atmen, auch wenn es im ersten Moment nicht leicht fällt.

ÜBUNG
FÜHLENDE HAND
SEITE 159

KRÄFTIGUNG DER FAST-TWITCH FASERN IM UNTERARMSTÜTZ

Die nächste Übung optimiert die Reaktionsschnelligkeit der Fast-Twitch Fasern, die Muskelfasern, die wir bei einer plötzlichen Druckerhöhung brauchen. Sie dient außerdem zur Senkungsprophylaxe und verbessert die Lage der Beckenorgane. Durch das „Mithinzunehmen" von explosiven Konsonanten intensiviert sich das Spannungsgefühl im Bauch, im Rücken und im Beckenboden. Trau Dich auch mit Tönen zu üben!

**ÜBUNG
LICK-LACK-LOCK
SEITE 161**

DEHNUNG UND ENTSPANNUNG

**ÜBUNG
DREHDEHNUNG
UND ATMUG
SEITE 163**

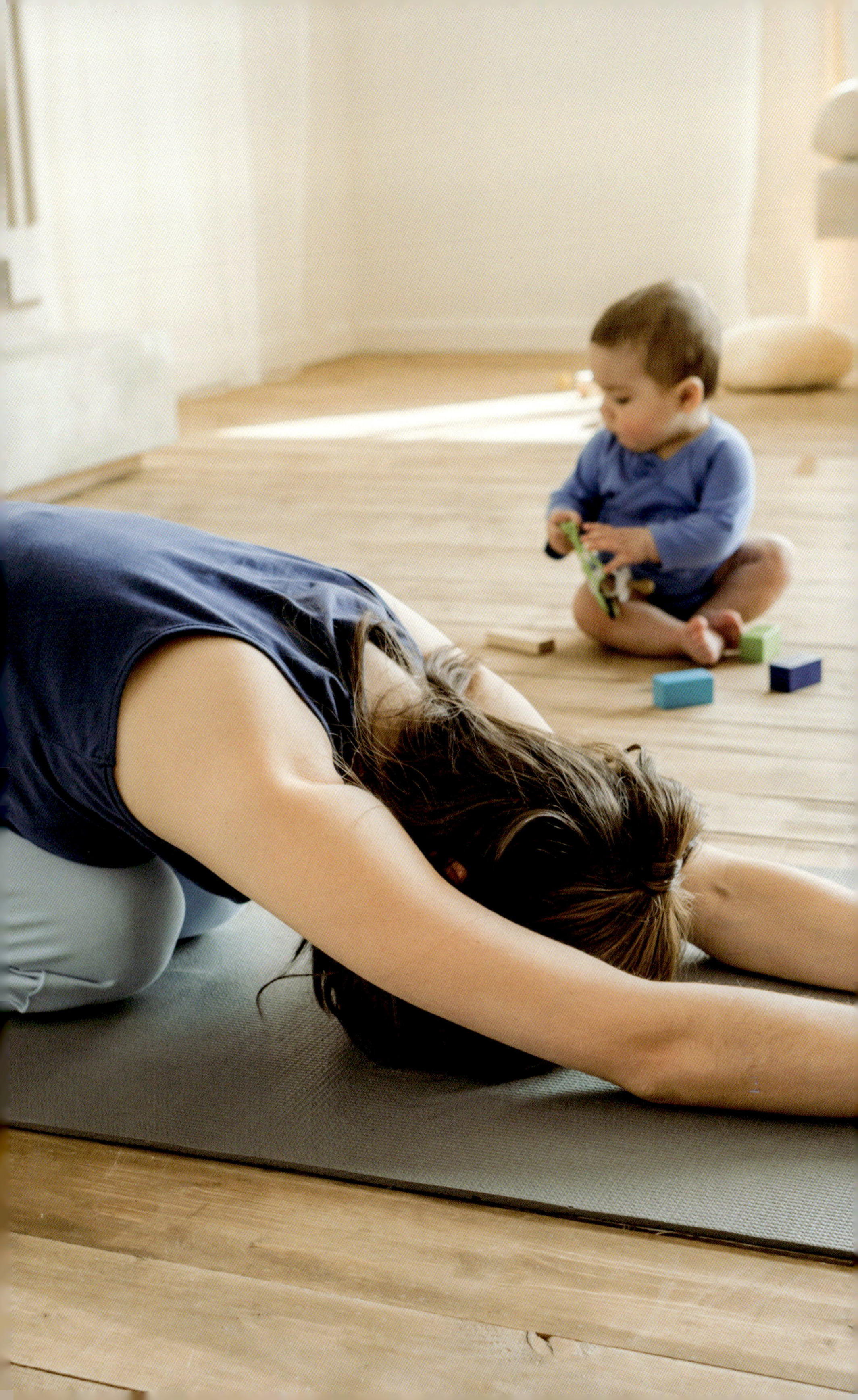

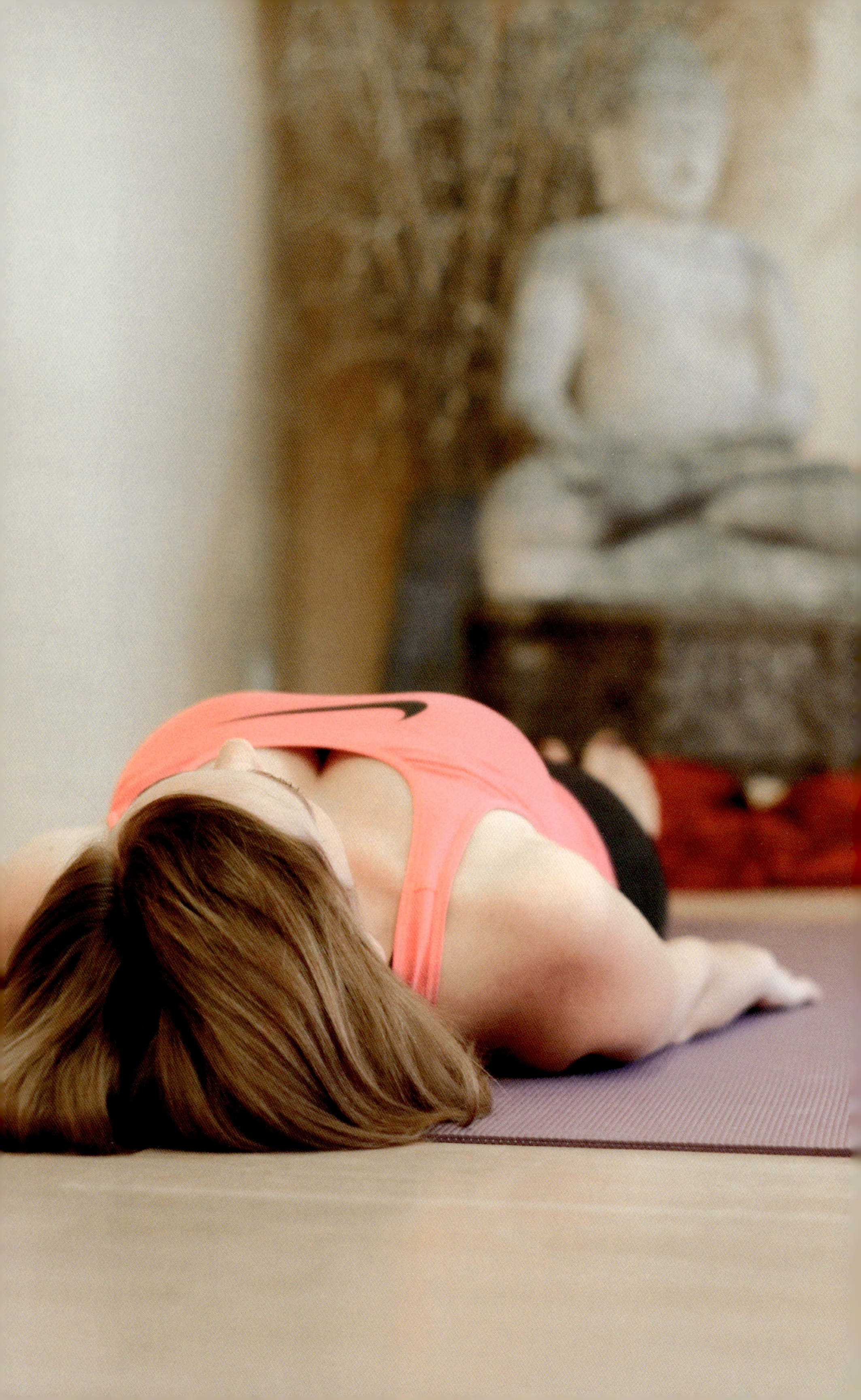

WOCHE ZWEI

übung
– STRECK DICH – DEHNE DICH – RÄKELE DICH –

EINSTIMMUNGSÜBUNG
AUSGANGSSTELLUNG
Rückenlage, Deine Beine sind ausgestreckt, Deine Augen sind idealerweise geschlossen.

DURCHFÜHRUNG
Nimm wahr, wie Du auf der Unterlage liegst, merke Dir die Auflagefläche und beginne dann, Dich zu strecken und dehnen, mach Dich breit, räkle Dich. Verlasse dabei Deine Matte nicht, wenn Du seufzen oder stöhnen willst, lass es zu. Führe das 30 Sekunden durch und spüre dann nach. Wie liegst Du nun auf? Was hat sich verändert? Spürst Du Deinen Körper besser?

Hier gehts zum Video!

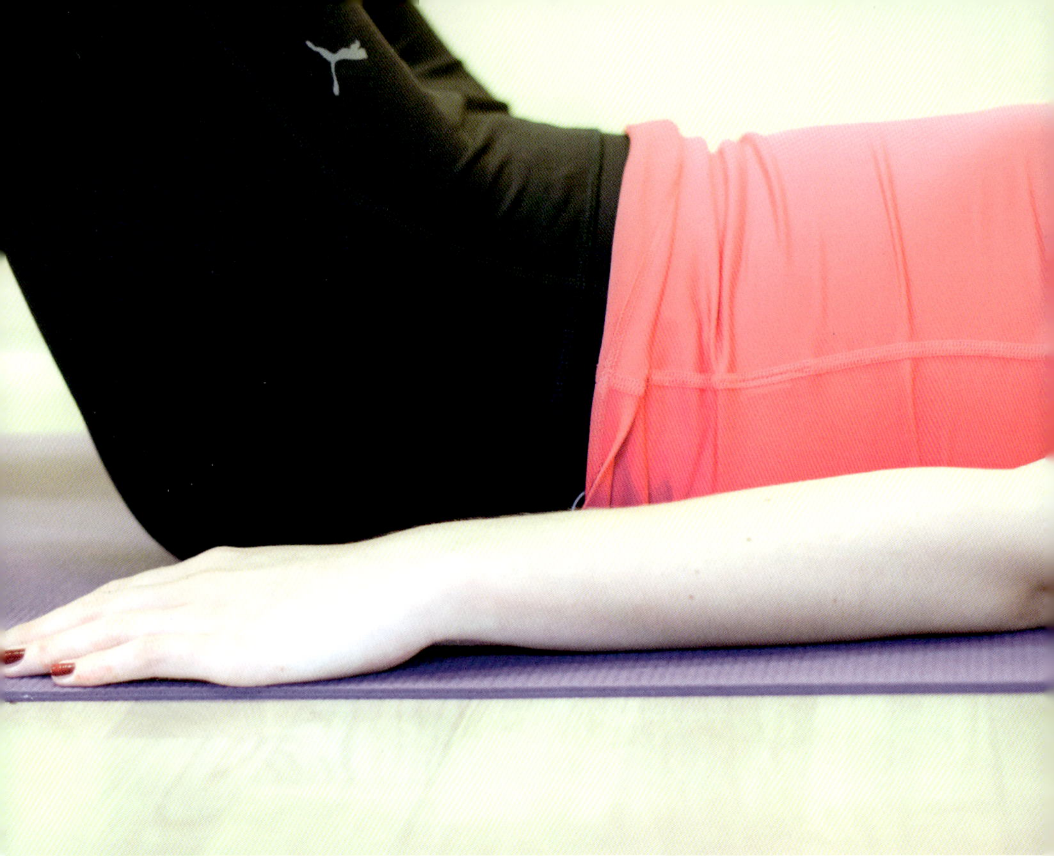

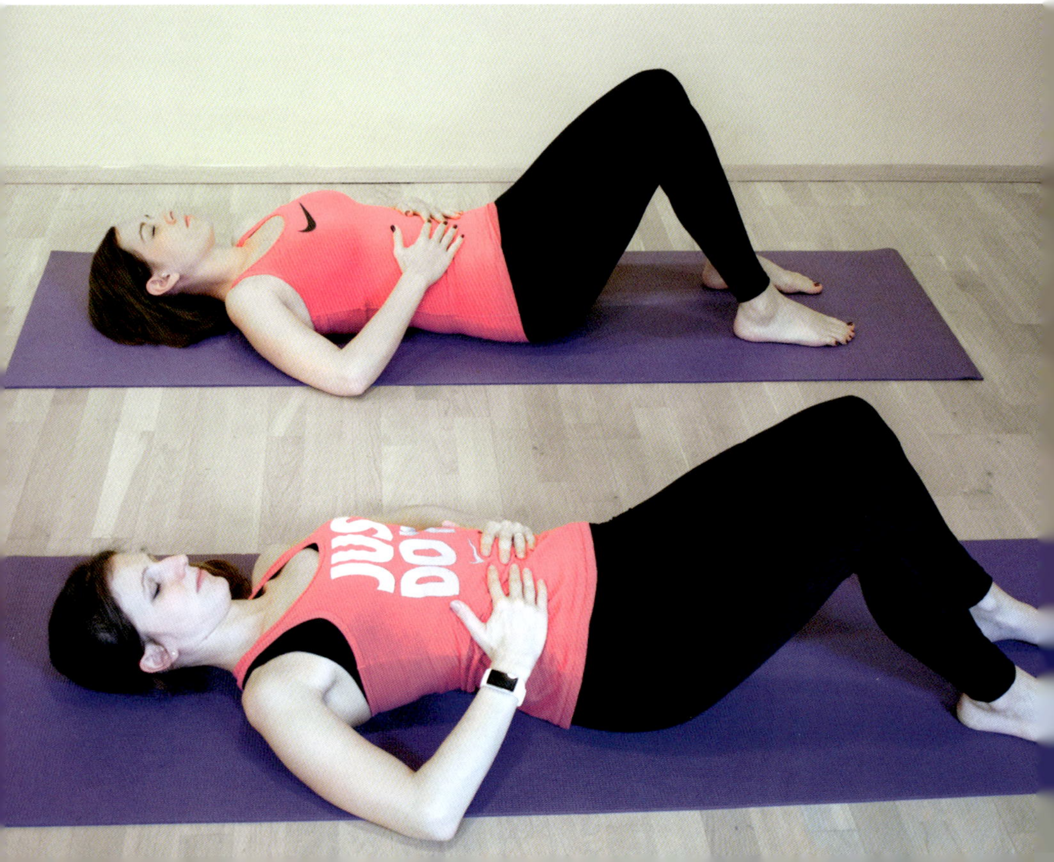

WOCHE ZWEI

übung
– DAS SEIDENTUCH –

BECKENBODENWAHRNEHMUNG
AUSGANGSSTELLUNG
Rückenlage, Deine Beine sind gebeugt und die Augen geschlossen. Stelle Dir vor, dass zwischen Deinen Beinen ein hauchdünnes Seidentuch liegt.

DURCHFÜHRUNG
Spüre nach, was das Tuch beim Atmen macht. Bewegt es sich? Oder ist es fest? Probiere Dir vorzustellen, dass es beim Einatmen nach unten und beim Ausatmen nach oben schwingt, sanft und komplett ohne Anstrengung.

STEIGERUNG 1
Konzentriere Dich nun auf die Muskulatur des Beckenbodens. Stelle Dir vor, wie der Beckenboden das Seidentuch sanft in sich hineinzieht, um es beim Einatmen wieder wegschwingen zu lassen – hin und her.

STEIGERUNG 2
Nun probiere diese Bewegung vorsichtig fünf Mal aktiv durchzuführen – hin und her – im Fluss der Atmung.

Hier gehts zum Video!

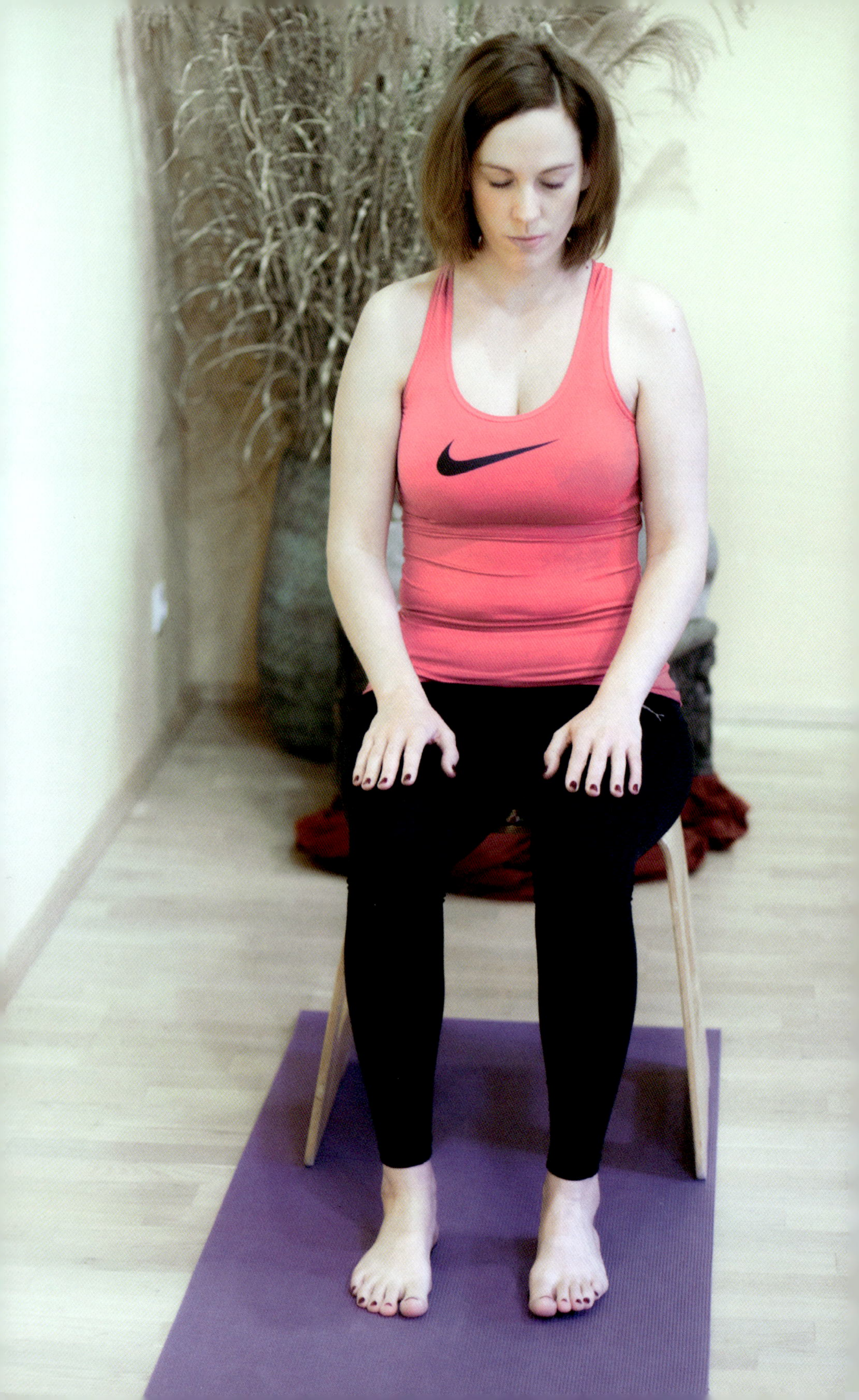

WOCHE ZWEI

übung
– DER SCHWAMM –

BAUCHKAPSELAKTIVIERUNG IM SITZ
AUSGANGSSTELLUNG
Sitz auf einem Hocker, bei Bedarf auf dem Reiskornsack. Dabei sind Deine Beine beckenbreit auseinander und Deine Füße fest am Boden.

DURCHFÜHRUNG
Stelle Dir vor, dass im Bereich des Beckenbodens ein sauberer Naturschwamm liegt. Beobachte Deine Atmung und stelle Dir vor, dass bei jeder Einatmung der Schwamm mit warmen Bauchwasser vollläuft und bei jeder Ausatmung das Wasser wieder heraus strömt, indem Du sanft, aber bestimmt, den Schwamm ausdrückst. Wie mit einer oder zwei gedachten Händen.

STEIGERUNG 1
Nun probiere das Gleiche mit dem Schnürmuskel der Harnröhre durchzuführen und den Schnürmuskel des Afters. Führe das pro Öffnung 6 Mal durch.

STEIGERUNG 2
Führe die Übung mit allen Öffnungen gleichzeitig durch und komplettiere sie, indem Du Deinen M. transversus mit hinzunimmst (den Bauch kurz und schmal machen).

Hier gehts zum Video!

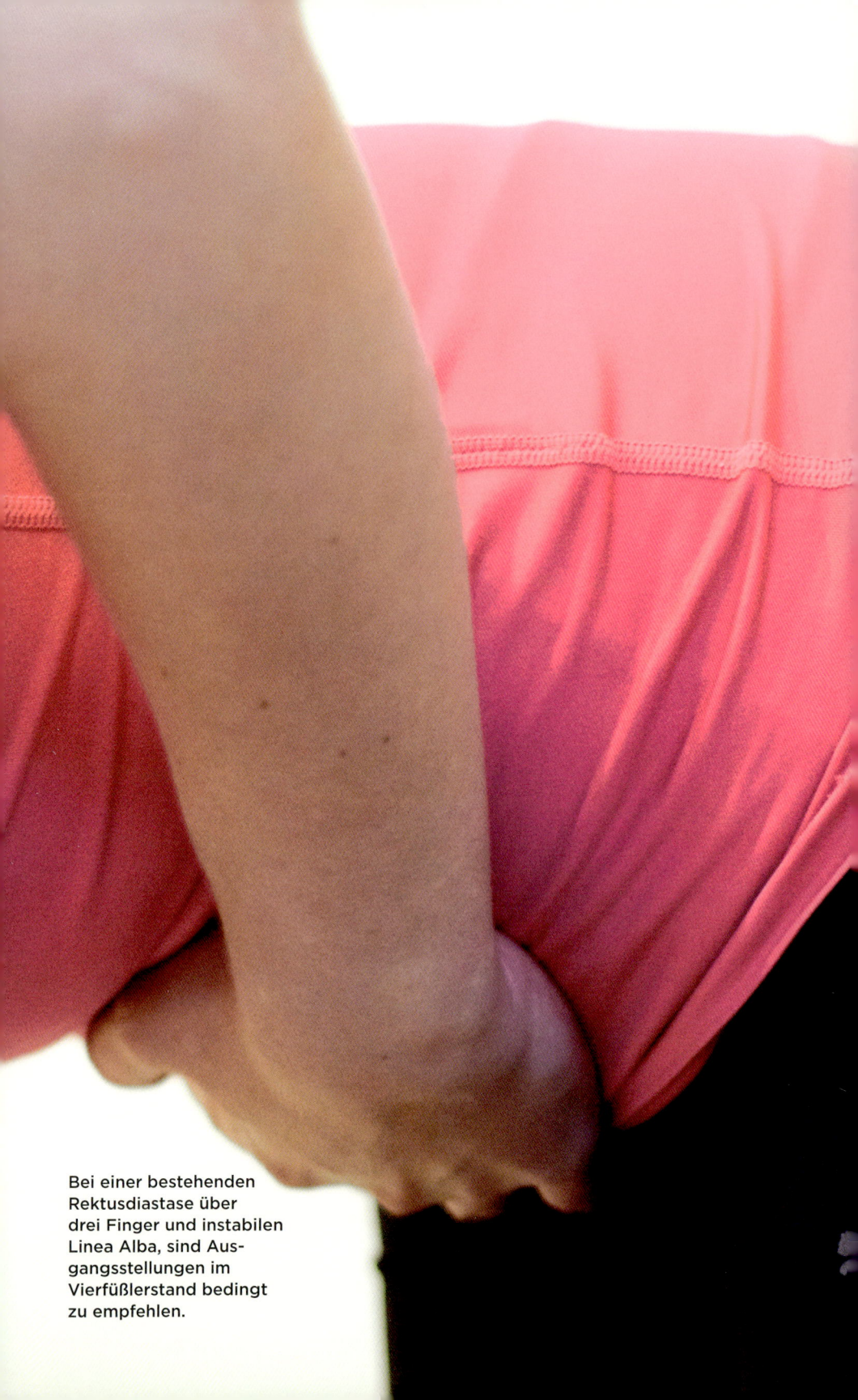

Bei einer bestehenden Rektusdiastase über drei Finger und instabilen Linea Alba, sind Ausgangsstellungen im Vierfüßlerstand bedingt zu empfehlen.

WOCHE ZWEI

übung
– FÜHLENDE HAND –

BAUCHKAPSELAKTIVIERUNG IM VIERFÜSSLER

AUSGANGSSTELLUNG

Vierfüßlerstand, die Hände sind unterhalb des Schultergelenks, die Knie unterhalb des Hüftgelenks. Die Finger zeigen nach vorne. Die Wirbelsäule ist lang, der Kopf ist in Verlängerung der Wirbelsäule.

DURCHFÜHRUNG

Lege eine Hand zwischen Deinen Unterbauch und Dein Schambein und atme tief durch die Nase ein. Achte darauf, dass sich Dein Bauch in Richtung Boden senkt. Nur Mut. Beim Ausatmen ziehe aktiv gegen die Schwerkraft Deinen Bauchnabel nach innen/ oben und aktiviere Deinen Dammbereich zur Körpermitte hin. Du ziehst also Deinen Unterbauch langsam weg von der Hand, ohne dass sich die Wirbelsäule dabei bewegt. Probiere das einige Male, bis Du sicher bist. Dann lege beide Hände auf den Boden ab und führe das Ganze noch weitere fünf Mal aus.

STEIGERUNG

Bleibe zwei bis fünf Atemzüge in dieser Spannung.

Hier gehts zum Video!

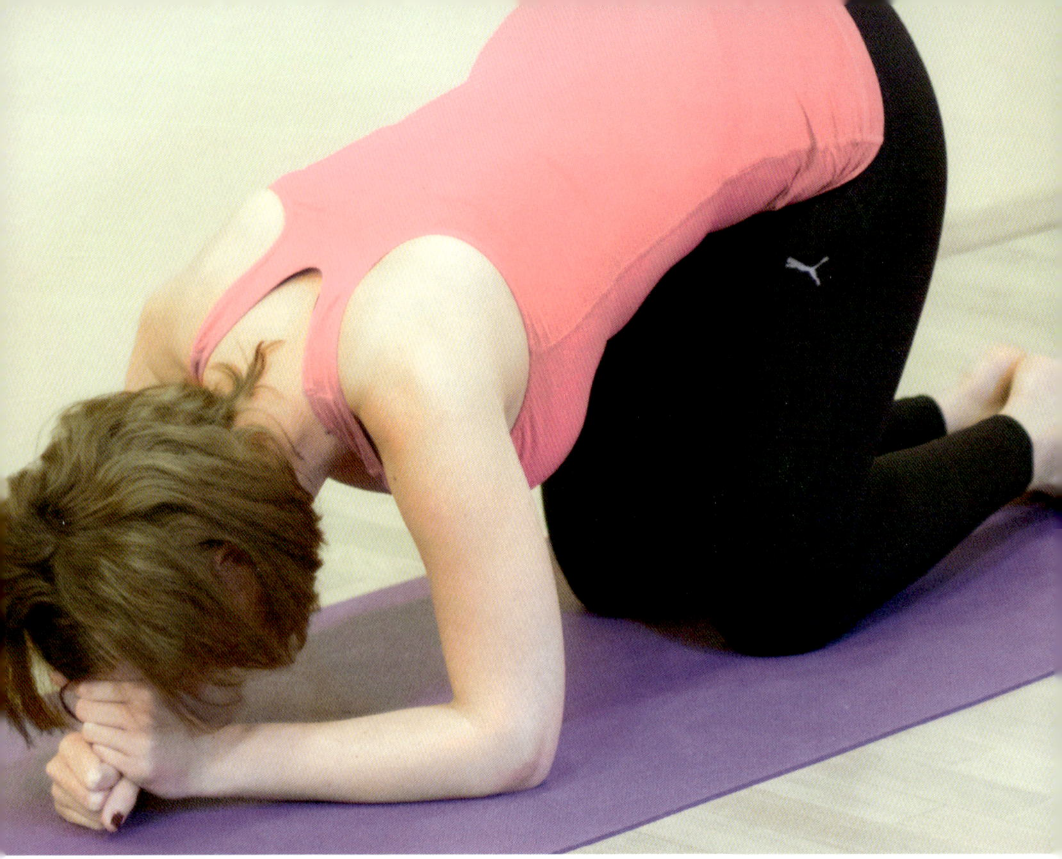

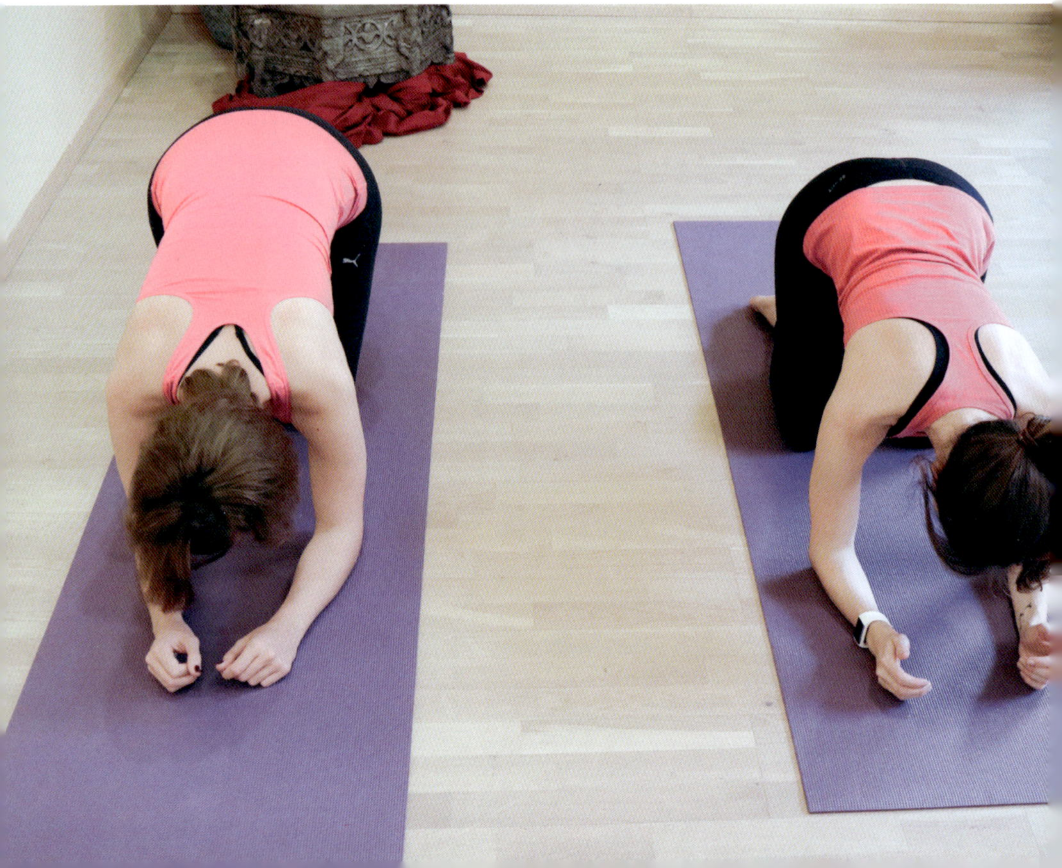

WOCHE ZWEI

übung
– LICK-LACK-LOCK –

KRÄFTIGUNG DER FAST-TWITCH FASERN IM UNTERARMSTÜTZ
AUSGANGSSTELLUNG
Knieunterarmstellung, die Oberschenkel sind senkrecht, die Knie beckenbreit aufgestellt, die Unterschenkel und Fußrücken liegen auf dem Boden ab, der Kopf ruht auf den Händen/Fäusten, der Atem fließt ruhig, das Becken und die Lendenwirbelsäule hängen durch, die Aufmerksamkeit liegt beim Beckenboden.

DURCHFÜHRUNG
VORÜBUNG
Die ersten Impulse das Diaphragma Pelvis (innerste Schicht) zu aktivieren, erreicht man mit einer Kombination aus einem Reibelaut und einem Explosivlaut (CccccchT). Stelle Dir das Diaphragma Pelvis als schwingende Weichtelbrücke zwischen Steißbein und Schambein vor. Atme nun mehrmals auf „Cccccccccch" aus und spüre den Spannungszuwachs. Dann füge ein schnelles „T" an. Sprich kurz und hart „CHT", dabei wölbt sich die Lendenwirbelsäule leicht nach oben.

HAUPTÜBUNG
Stelle Dir die Schnürmuskulatur um die Harnröhre vor, Atme auf „LIIII" aus und füge laut und explosiv ein „ICK" hinzu. Spüre im Anschluss nach. Stelle Dir die vaginale Schnürmuskulatur vor. Auf „LIIII" ausatmen und explosiv und laut mit einem „ACK" vollenden. Nachspüren Zum Schluß den analen Sphinkter visualisieren auf „LIIII" ausatmen und hart auf „OCK" enden. Nachspüren Nun führe die gleiche Übung drei Mal hintereinander pro Schnürer durch und lege Dich im Anschluss auf den Bauch.
BEACHTE: Man kann die einzelnen Muskeln nicht isoliert bewegen, aber man kann sie differenzieren. Wenn Du gar nichts spürst, ist das zunächst in Ordnung. Der Muskulatur reicht anfangs die Vorstellungskraft. Der Po bleibt aber bei der gesamten Übung locker.

Hier gehts zum Video!

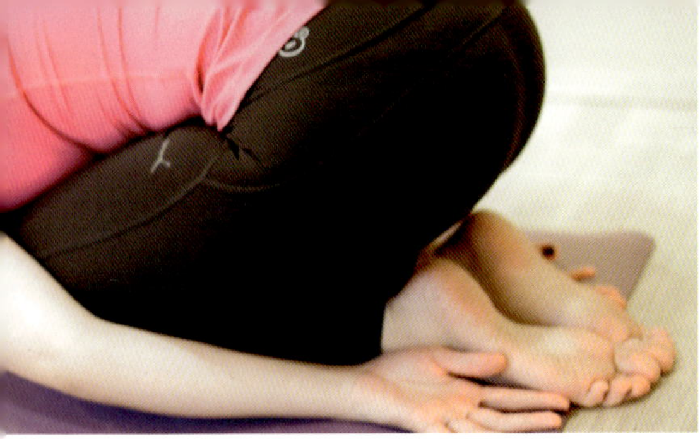

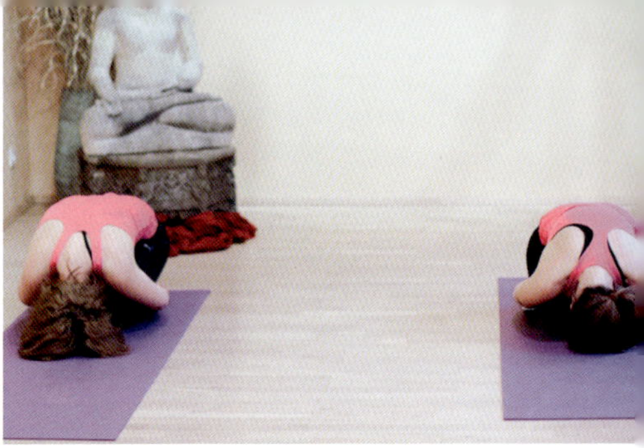

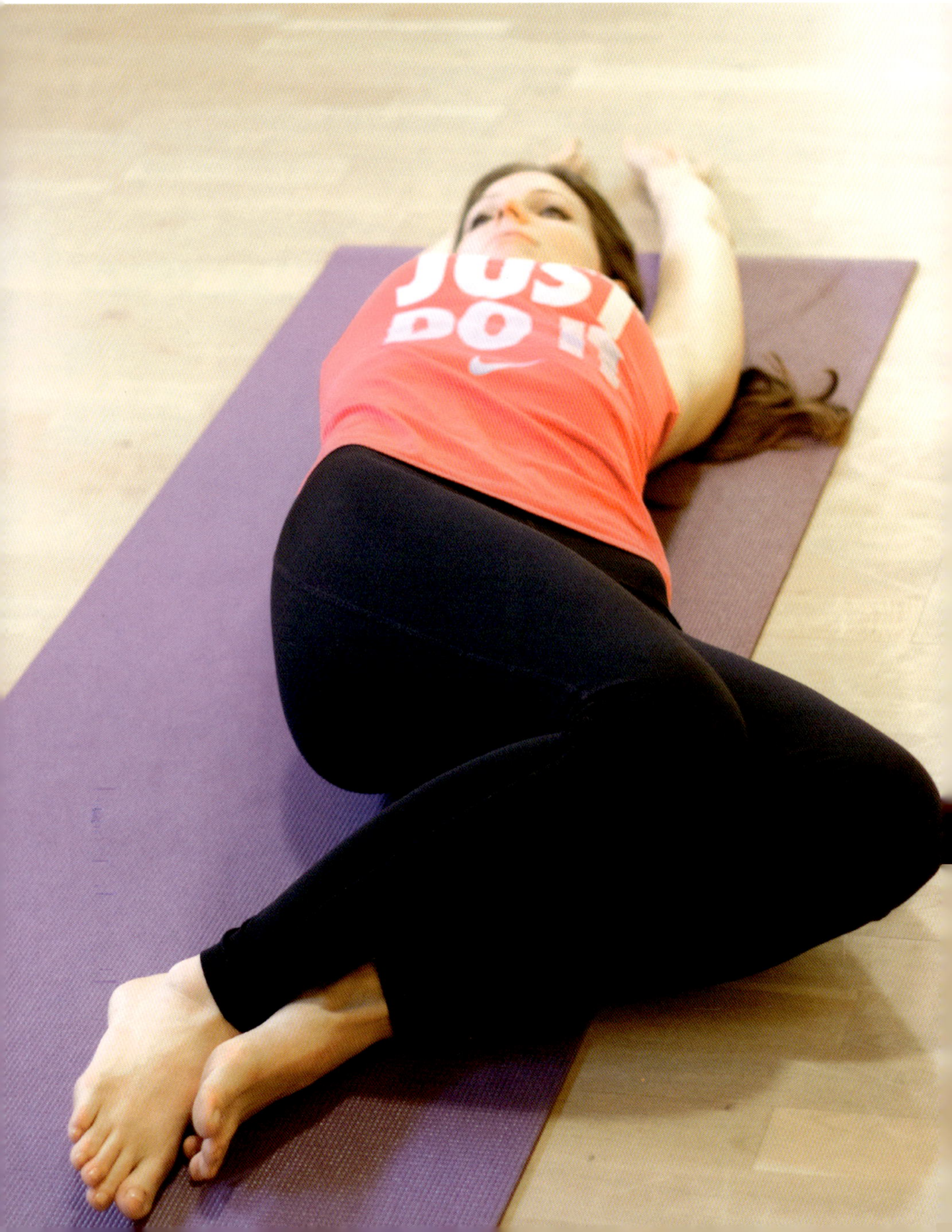
DO IT

WOCHE ZWEI

übung
– DREHDEHNUNG UND ATMUNG –

DEHNUNG UND ENTSPANNUNG
AUSGANGSSTELLUNG
Rückenlage.

DURCHFÜHRUNG
Lege Deine Arme in U- Halte neben den Körper. Stelle Deine Beine auf und lass sie beim nächsten Ausatmen nach links sinken. Atme zwei bis drei Atemzüge in die rechte Flanke und stelle Dir dabei vor, wie sich die Rippen durch die Atmung spreizen. Bei der Ausatmung dann wieder zurück. Jede Seite drei Mal.

VARIATION
Die Arme sind nach oben gestreckt.

KURZES PÄCKCHEN
AUSGANGSSTELLUNG
Vierfüßlerstand, die Hände sind unterhalb des Schultergelenks, die Knie unterhalb des Hüftgelenks positioniert.

DURCHFÜHRUNG
Gehe über den Vierfüßler in die Päckchenposition. Der Po setzt sich auf die Fersen und die Arme liegen neben den Unterschenkeln. Der Kopf legt sich auf den Boden. Bleibe solange darin, solange es für Dich angenehm ist.

Hier gehts zum Video!

3

woche 3

IN WOCHE 3 BIST DU FRÜHESTENS
11 WOCHEN NACH DER GEBURT.
DU BENÖTIGST EINE MATTE, EINEN
HOCKER UND DEIN REISKORNKISSEN.
NIMM DIR ETWA 15 MINUTEN ZEIT.
IN WOCHE DREI WIRD DIE BAUCHKAPSEL
MEHR GEFORDERT UND DEINE ÄUSSERE
HÜLLE GEFORMT, BEOBACHTE DEINEN
KÖRPER UND WIEDERHOLE BEI
ÜBERFORDERUNG DIE ÜBUNGEN
VON WOCHE 2 NOCHMAL.

EINSTIMMUNGSÜBUNG

Als Sinnesorgane vermitteln die Hände auf der Bauchdecke ein rhythmisches Bewegungserlebnis, das sich auf die Beckenbodenmuskulatur überträgt. Die Einstimmungsübung in Woche drei hilft Dir, die richtige Atmung zu finden (siehe Zwerchfellatmung) und führt zu einer ausgeglichenen Spannungsbalance innerhalb der Bauchkapsel.

ÜBUNG
DIE SEHENDEN HÄNDE
SEITE 171

WAHRNEHMUNG

Diese Übung hilft Dir den Beckenboden wahrzunehmen und seine Bewegung zu realisieren.

ÜBUNG
DIE SEEROSE
SEITE 173

MOBILISATION

Die nächste Übung aktiviert die innerste Beckenbodenschicht exzentrisch (nachgebend), sie mobilisiert die Hüftgelenke und fördert die Durchblutung des Beckenbodens.

ÜBUNG
DAS KNIERAD
SEITE 175

BAUCHKAPSELAKTIVIERUNG IN SEITLAGE MIT EINSATZ DER BAUCHMUSKULATUR

Bei der seitlichen Planke (Übung 2) ist es essentiell die Grundspannung zu verstehen. Fühlst Du Dich noch zu schwach und instabil, führe anstatt dessen Übung 1 durch.

ÜBUNG 1
BAUCHKAPSEL IN SEITLAGE
SEITE 177

ÜBUNG 2
SIDE-PLANK MIT EINSATZ DER GRUNDSPANNUNG
SEITE 179

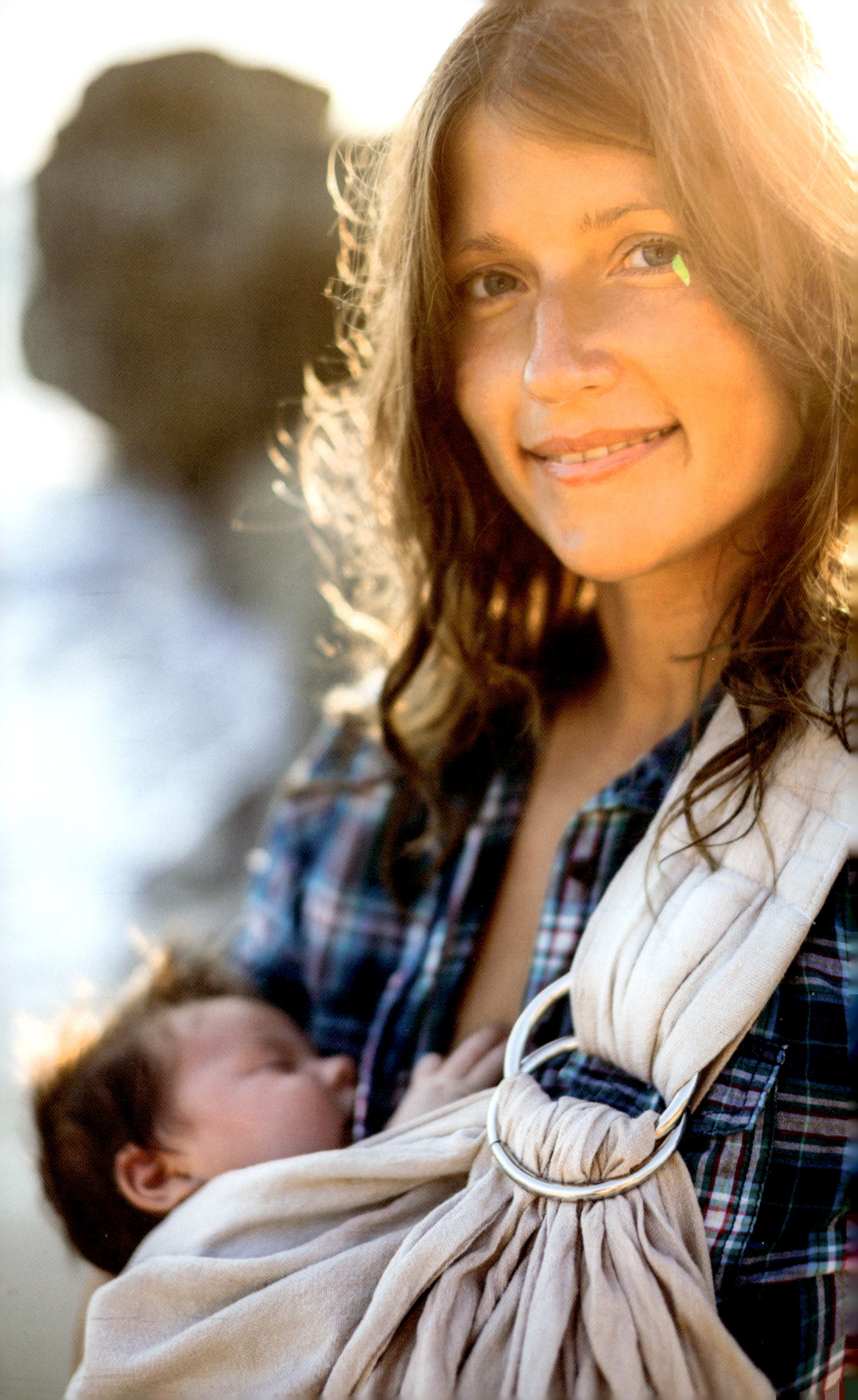

KRÄFTIGUNG DER SLOW TWITCH FASERN IN KOMBINATION MIT BAUCHKAPSELSYSTEM UND GESÄSSMUSKULATUR

Folgende Übung ist aus dem koordinativen Aspekt sehr anspruchsvoll. Sie schult die Körperwahrnehmung und aktiviert neben der gesamten Bauchkapsel auch die Glutealmuskulatur (Po). Führe die Übung behutsam und langsam durch.

**ÜBUNG
BECKENBODENBRÜCKE
SEITE 181**

KRÄFTIGUNG DER FAST TWITCH— FASERN

Hast Du schon mal beim Trampolinspringen Urin verloren? Beantwortest Du diese Frage mit „Ja", führe diese Übung konsequent durch, Du wirst im Laufe der Trainingswochen positive Änderungen wahrnehmen. Die nächste Übung ist nämlich wieder für die Muskelfasern, die Du z.B. beim Husten, Niesen und Lachen benötigst. Die Fast-Twitch Fasern.

**ÜBUNG
GRAS PFLÜCKEN
SEITE 183**

KRÄFTIGUNG DER OBERSCHENKELMUSKULATUR MIT EINSATZ DER BAUCHKAPSEL (WIE HEBE ICH RICHTIG?)

Wie verhalte ich mich bei einer sportlichen Aktivität? Die folgende Übungen hilft Dir das „Alignment" der Bauchkapsel, während einer sportlichen Betätigung, korrekt einzustellen.

**ÜBUNG
SQUAT
SEITE 185**

DEHNUNG UND ENTSPANNUNG

**ÜBUNGEN
SEITE 187**

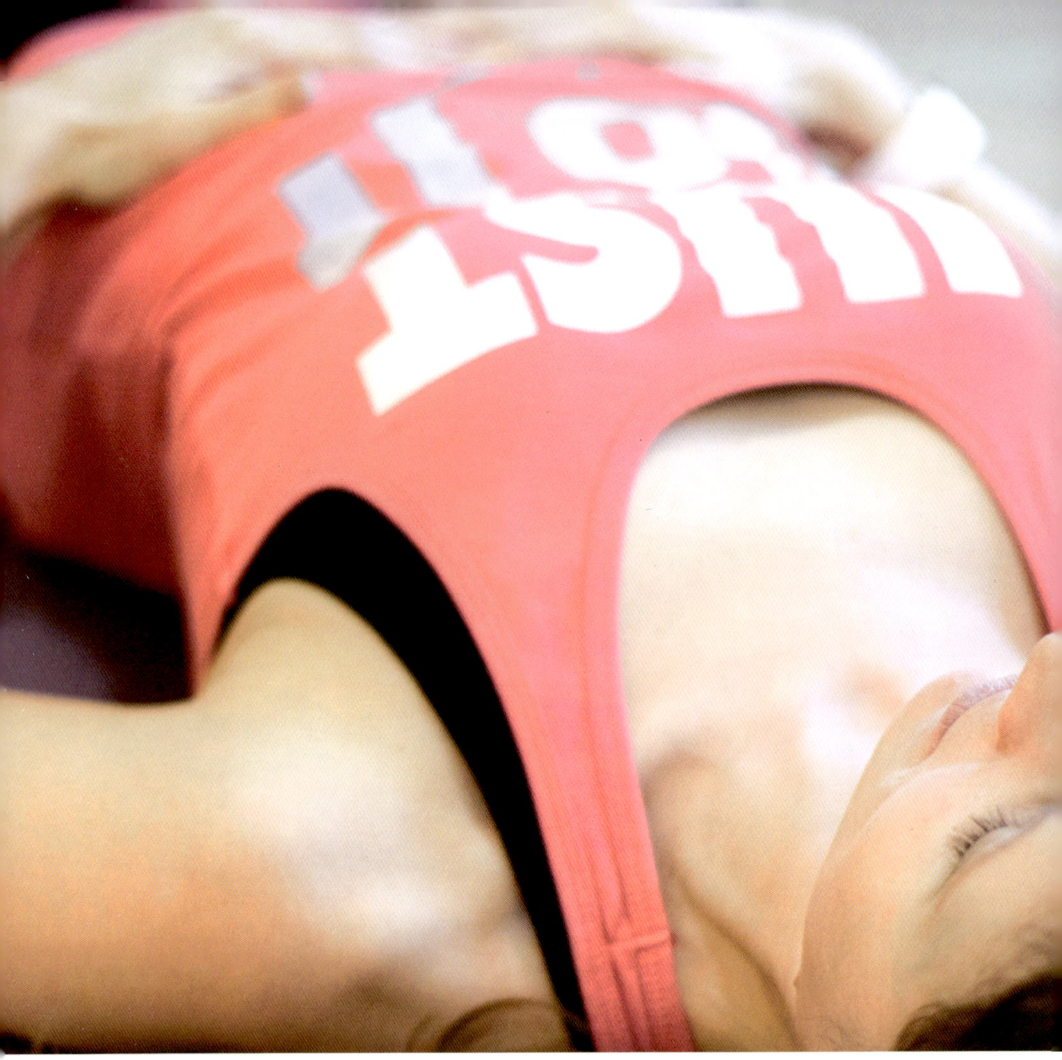

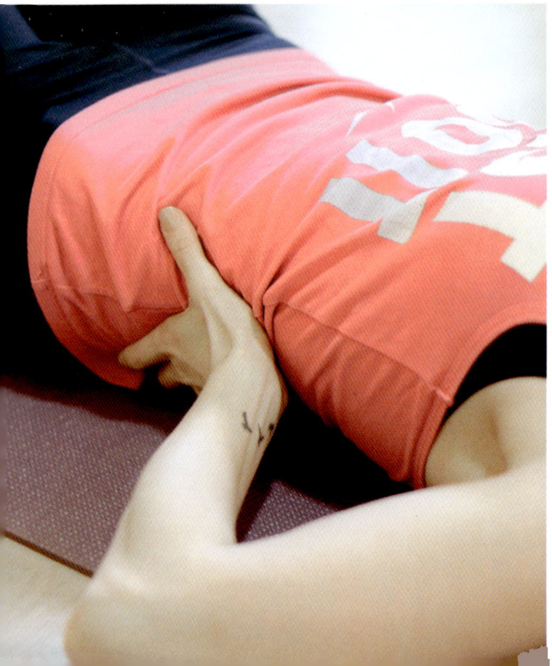

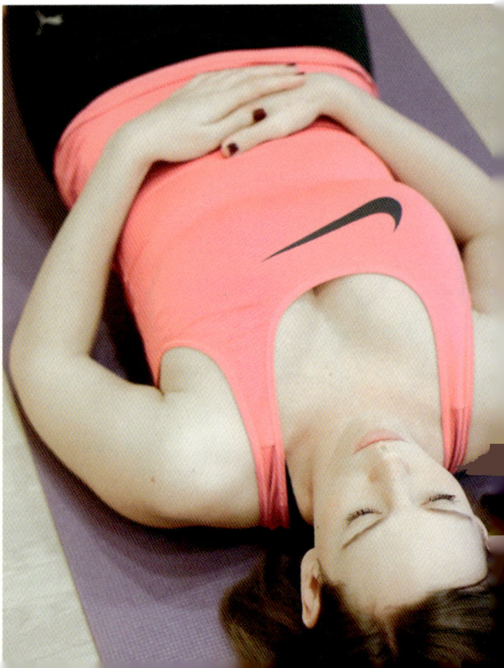

WOCHE DREI

übung
– DIE SEHENDEN HÄNDE –

EINSTIMMUNGSÜBUNG
AUSGANGSSTELLUNG
Rückenlage. Die Beine sind aufgestellt oder ausgestreckt. Dein Schultergürtel ist entspannt.

DURCHFÜHRUNG
Die Hände liegen auf der Bauchdecke. Die Aufmerksamkeit richtet sich auf die Kontaktstelle zwischen Händen und Bauchdecke. Beobachte den rhythmischen Bewegungswechsel zwischen Ein- und Ausatmung. Nimm das Heben und Senken der Bauchdecke wahr. Was fällt Dir auf? Wo ist die Bewegung? Woher kommt die Bewegung und wohin geht sie? Lege nun Deine Hände an Deine Flanke und atme tief in die Seite hinein, sodass Du Deinen Rücken auf dem Boden spürst. Kombiniere beide Richtungen miteinander und empfinde die Ein- und Ausatmung sowie die einsetzende Weitung der Bauchdecke zehn Atemzüge lang.

Hier gehts zum Video!

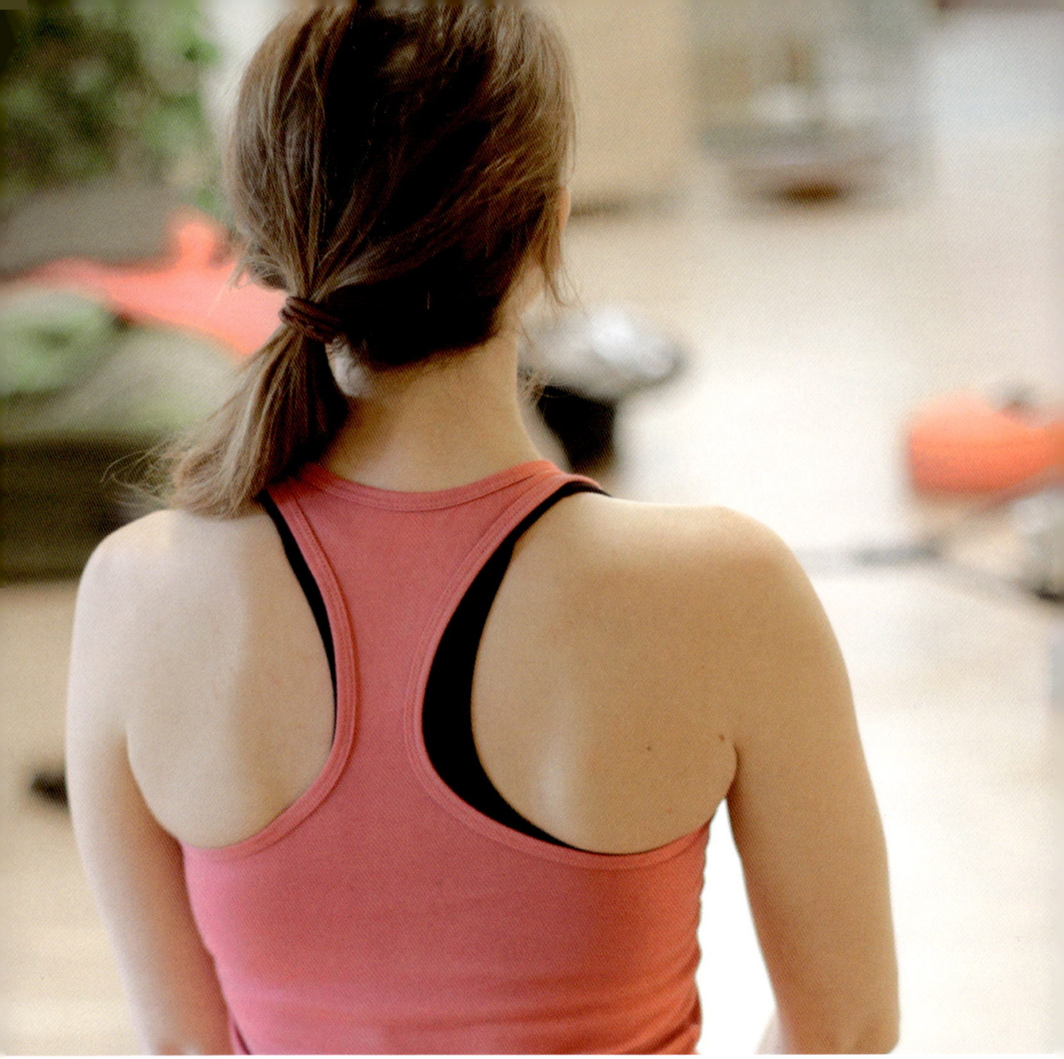

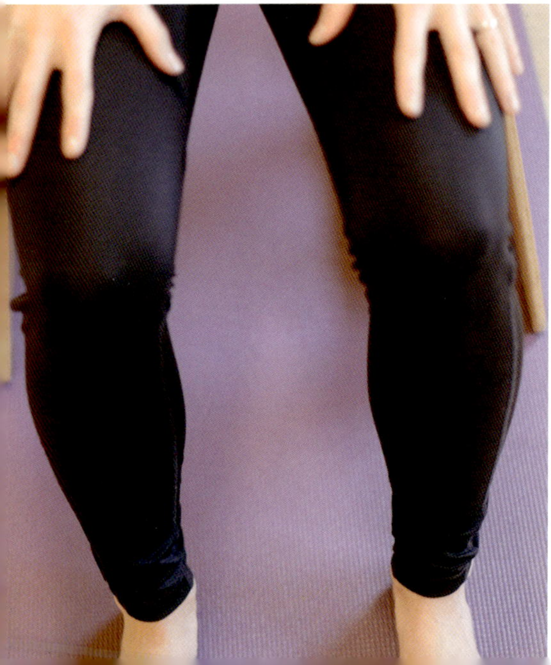

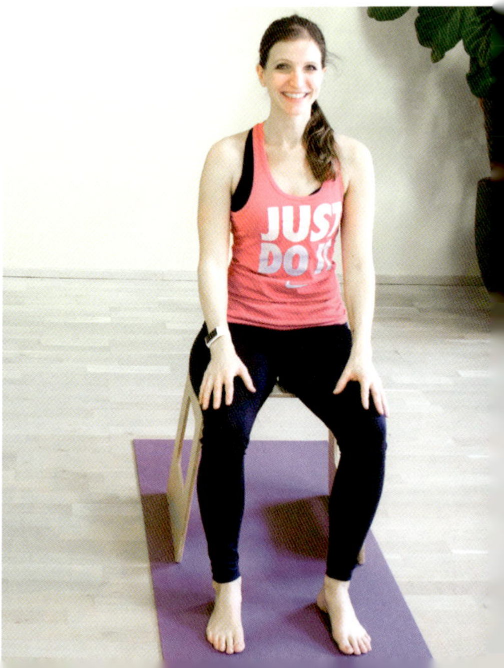

WOCHE DREI

übung
– DIE SEEROSE –

WAHRNEHMUNG
AUSGANGSSTELLUNG
Aufrechter Sitz auf einem Hocker, die Füße sind beckenbreit aufgestellt und Deine Füße sind fest auf dem Boden.

DURCHFÜHRUNG
Stelle Dir den Beckenboden als Seerose vor. Die einströmende Einatmung öffnet die Blüte der Rose, die Ausatmung schließt sie wieder. Nimm die Bewegung zunächst nur fünf Atemzüge lang wahr und ergänze dies dann nach einiger Zeit mit dem bewussten Aktivieren des Beckenbodens.

Im Anschluss nachspüren.

Hier gehts zum Video!

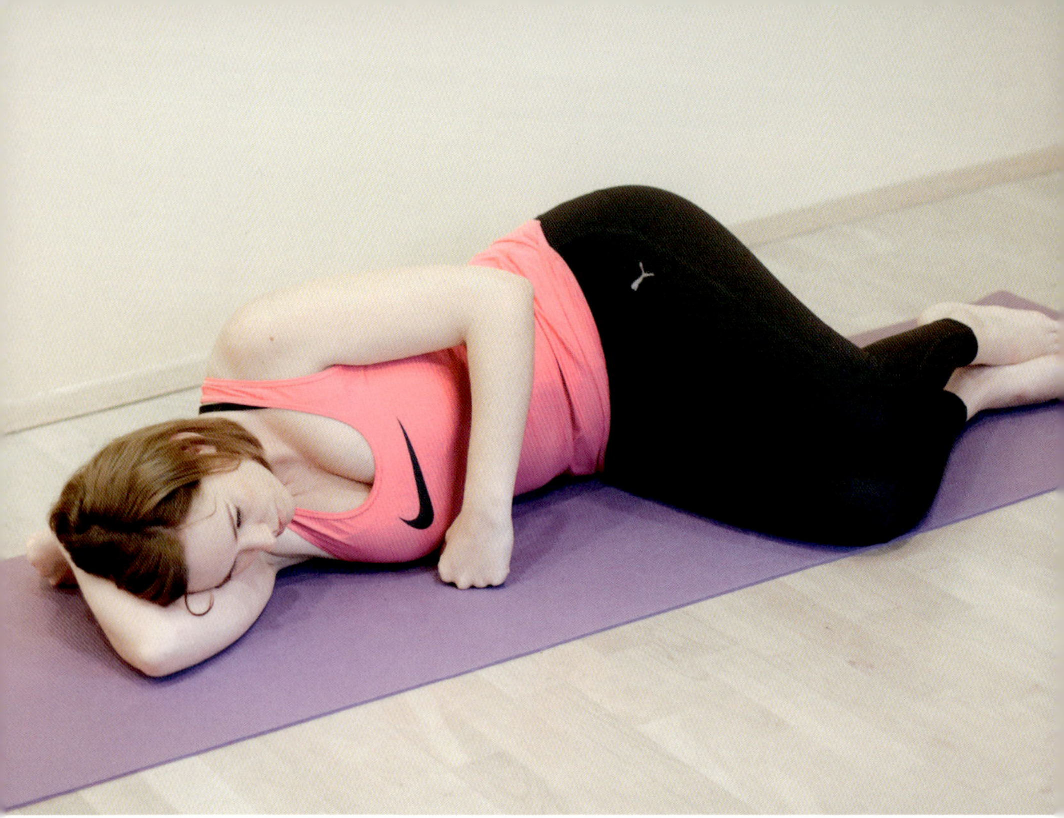
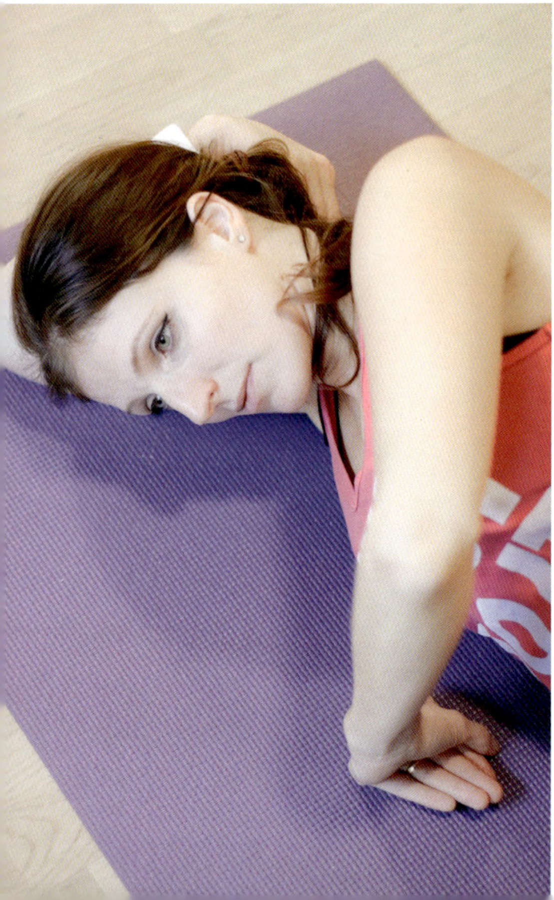
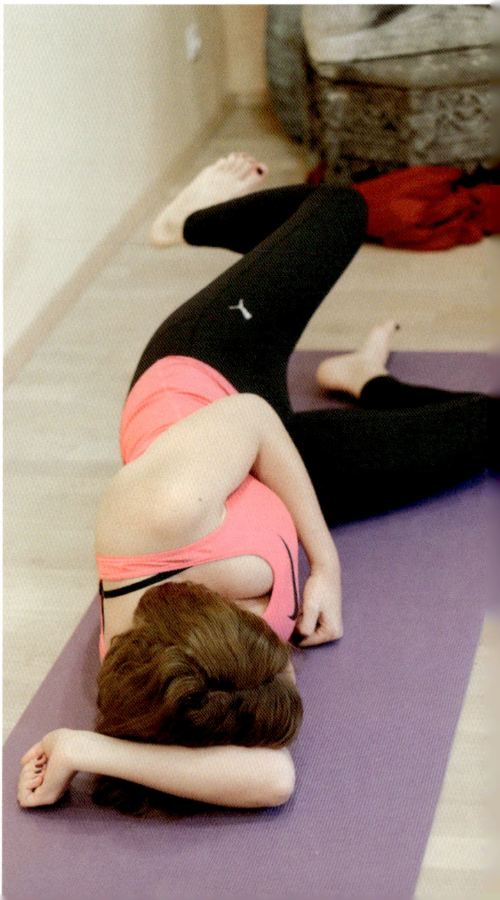

WOCHE DREI

übung
– DAS KNIERAD –

MOBILISATION
AUSGANGSSTELLUNG
Seitenlage, die Knie sind ca 90° gebeugt. Der obere Arm kann den Körper in Seitenlage stützen, indem die Faust in die Unterlage drückt.

DURCHFÜHRUNG
Nimm die Kontaktstellen Deines Körper auf dem Boden wahr. Beuge das obere Kniegelenk endgradig und ziehe Deine Zehen nach hinten. Nun zeichne drei Mal hintereinander ein großes Rad in die Luft. Die Bewegung läuft in die Hüftbeugung, dann Hüftabspreizung, Hüftdrehung und wieder zurück ab. Lege im Anschluss Dein Bein ab und spüre nach. Manchmal stellt sich ein Wärmegefühl ein, ab und an auch ein Frischegefühl. Führe dies zwei Mal durch und wechsele dann die Seite.
BEACHTE: Nur drei Kreise hintereinander zeichnen, da sonst das Aktivieren der seitlichen Pomuskeln (Glutealmuskulatur) die Rückmeldung beeinflusst.

Hier gehts zum Video!

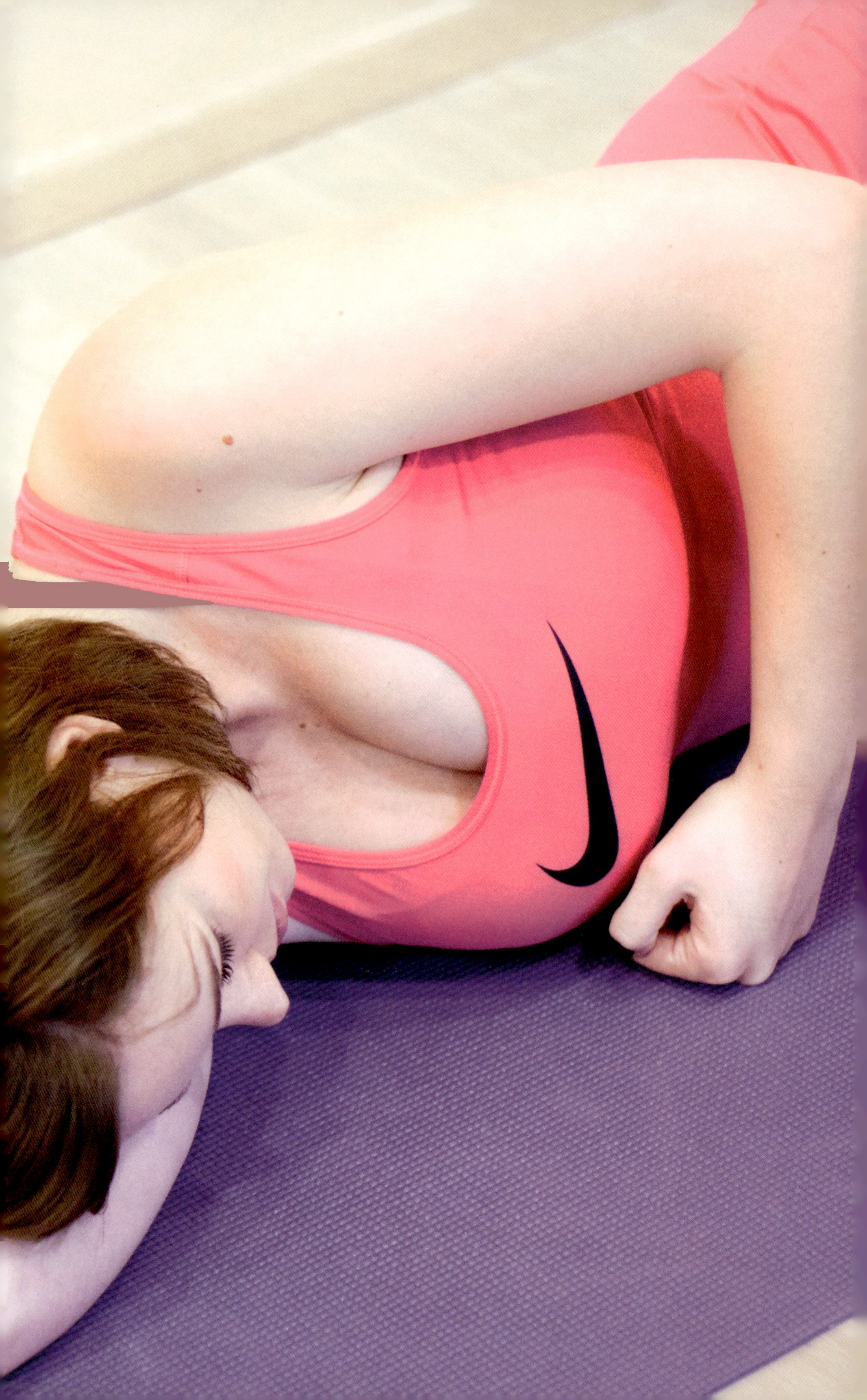

WOCHE DREI

übung
– BAUCHKAPSEL IN SEITLAGE –

**BAUCHKAPSELAKTIVIERUNG IN SEITLAGE
MIT EINSATZ DER BAUCHMUSKULATUR
AUSGANGSSTELLUNG**
Lege Dich auf die Seite, dabei sind Deine Beine gebeugt. Achte darauf, dass die Beckenspitzen übereinander sind. Schulter und Hüfte sind in einer Linie.

DURCHFÜHRUNG
Lege Deine obere Hand auf Deinen Bauch und atme tief in den Bauch hinein und spüre, wie sich die Bauchdecke nach vorne bewegt. Bei der Ausatmung auf einem stenosierten Laut, ziehe sanft den Bauchnabel nach innen/oben und aktiviere Deinen Beckenboden zur Körpermitte. Spüre nach, wie sich die Beckenbodenspannung wellenartig ausbreitet. Drücke dabei die Faust auf Bauchnabelhöhe in die Matte. Bei der Einatmung löse die Spannung wieder. Führe dies fünf Mal durch.

Hier gehts zum Video!

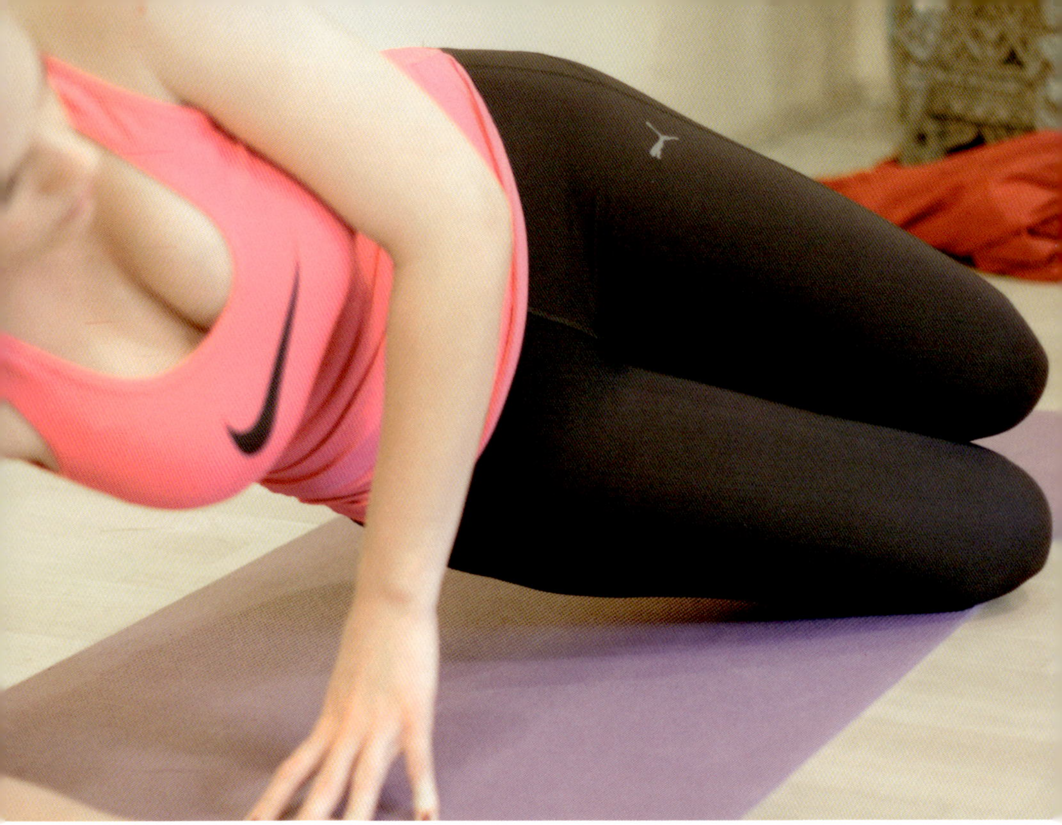

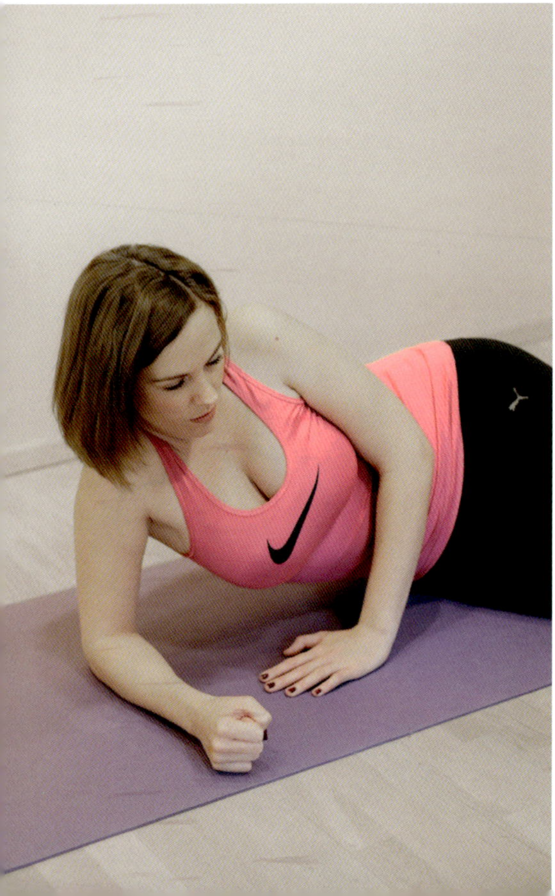

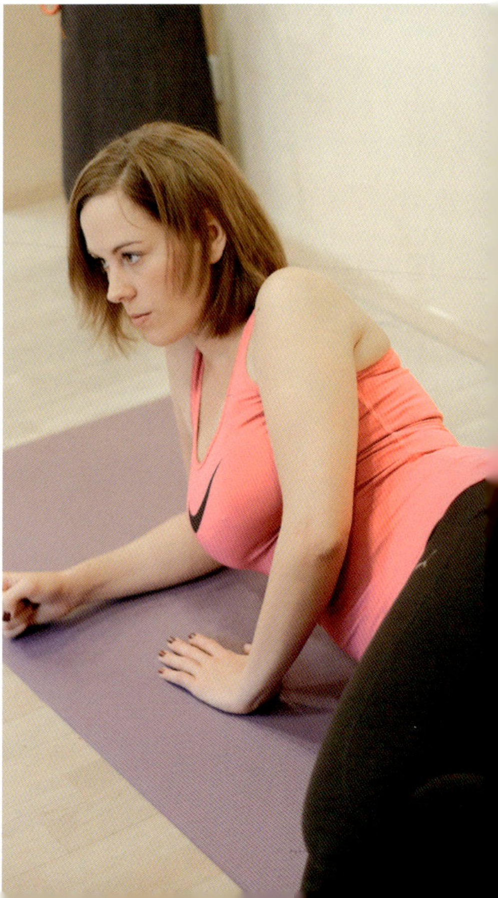

WOCHE DREI

übung
– SIDE-PLANK MIT EINSATZ DER GRUNDSPANNUNG –

**BAUCHKAPSELAKTIVIERUNG IN SEITLAGE
MIT EINSATZ DER BAUCHMUSKULATUR**

AUSGANGSSTELLUNG
Seitlicher Unterarmstütz. Der Ellbogen ist unterhalb des Schultergelenks, der Unterarm liegt auf, das Hüft- und Kniegelenk ist gebeugt.

DURCHFÜHRUNG
Bei der Ausatmung ziehe sanft Deinen Bauchnabel nach innen/oben, aktiviere Deinen Beckenboden nach innen und hebe Dein Becken von der Unterlage ab, sodass nur noch das Knie und der Unterarm aufliegen. Bei der Einatmung löse die Spannung und senke das Becken wieder ab. Wiederhole dies fünf Mal und führe das Gleiche auf der anderen Seite durch (Bei Bedarf kannst Du mehrere Wiederholungen hinzufügen).

Hier gehts zum Video!

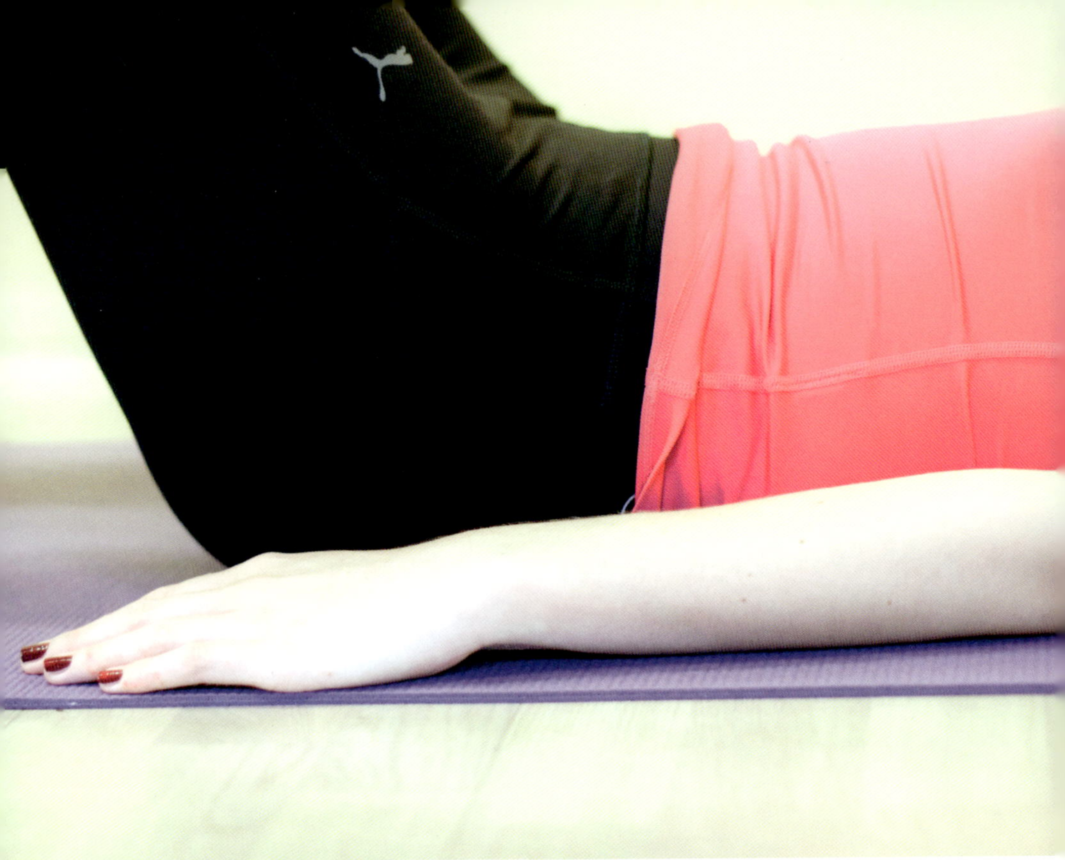
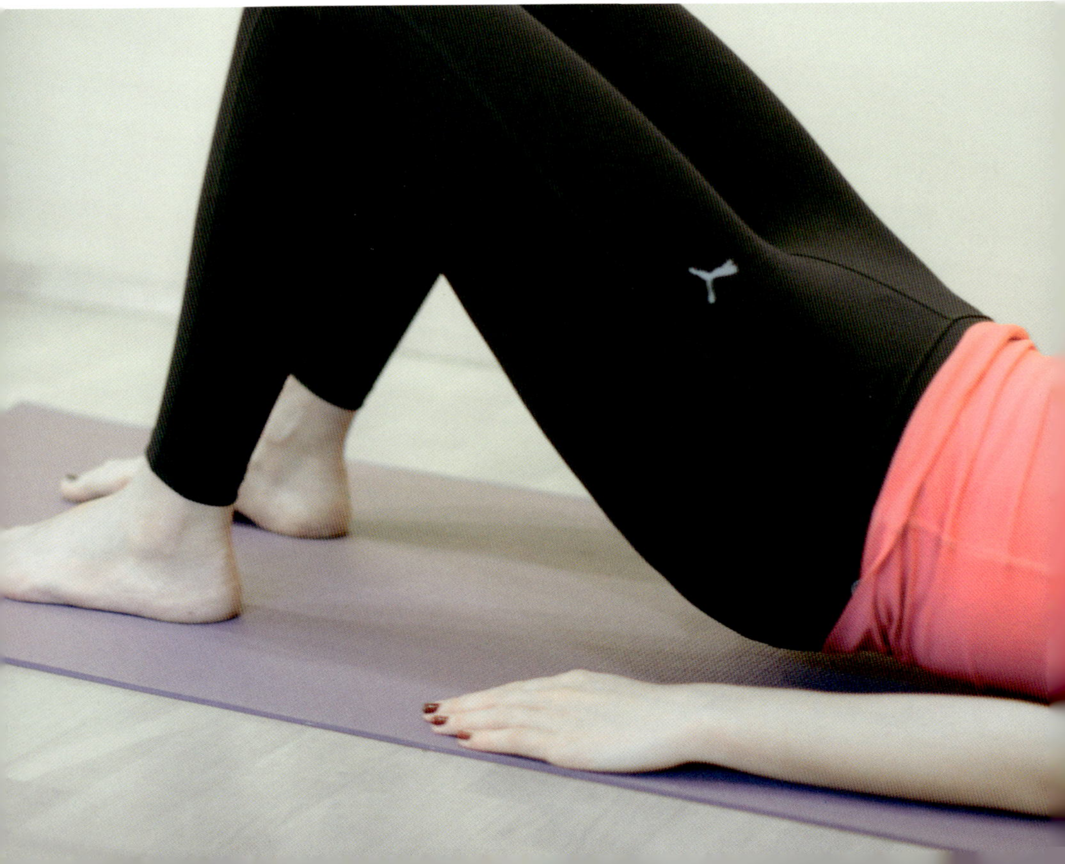

WOCHE DREI

übung
– BECKENBODENBRÜCKE –

KRÄFTIGUNG DER SLOW TWITCH FASERN IN KOMBINATION MIT BAUCHKAPSELSYSTEM UND GESÄSSMUSKULATUR

AUSGANGSSTELLUNG
Rückenlage, dabei sind die Füße beckenbreit auseinander aufgestellt, die Arme liegen locker neben dem Körper.

DURCHFÜHRUNG
Atme ruhig und gleichmäßig ein und aus. Bei der Ausatmung schnüre den Beckenboden und rolle den ersten Lendenwirbel nach oben, bleibe eineinhalb Atemzüge oben und rolle bei der übernächsten Ausatmung den Lendenwirbel wieder zurück, löse dabei langsam die Beckenbodenspannung. Hebe immer mehr Lendenwirbel ab. Wenn Du genug Zeit hast, kannst Du die Anzahl der Lendenwirbel wieder zurück führen.

TIPP
Stelle Dir vor, dass Du eine Perlenschnur behutsam Perle-für-Perle abhebst und im Anschluss wieder ablegst.

Hier gehts zum Video!

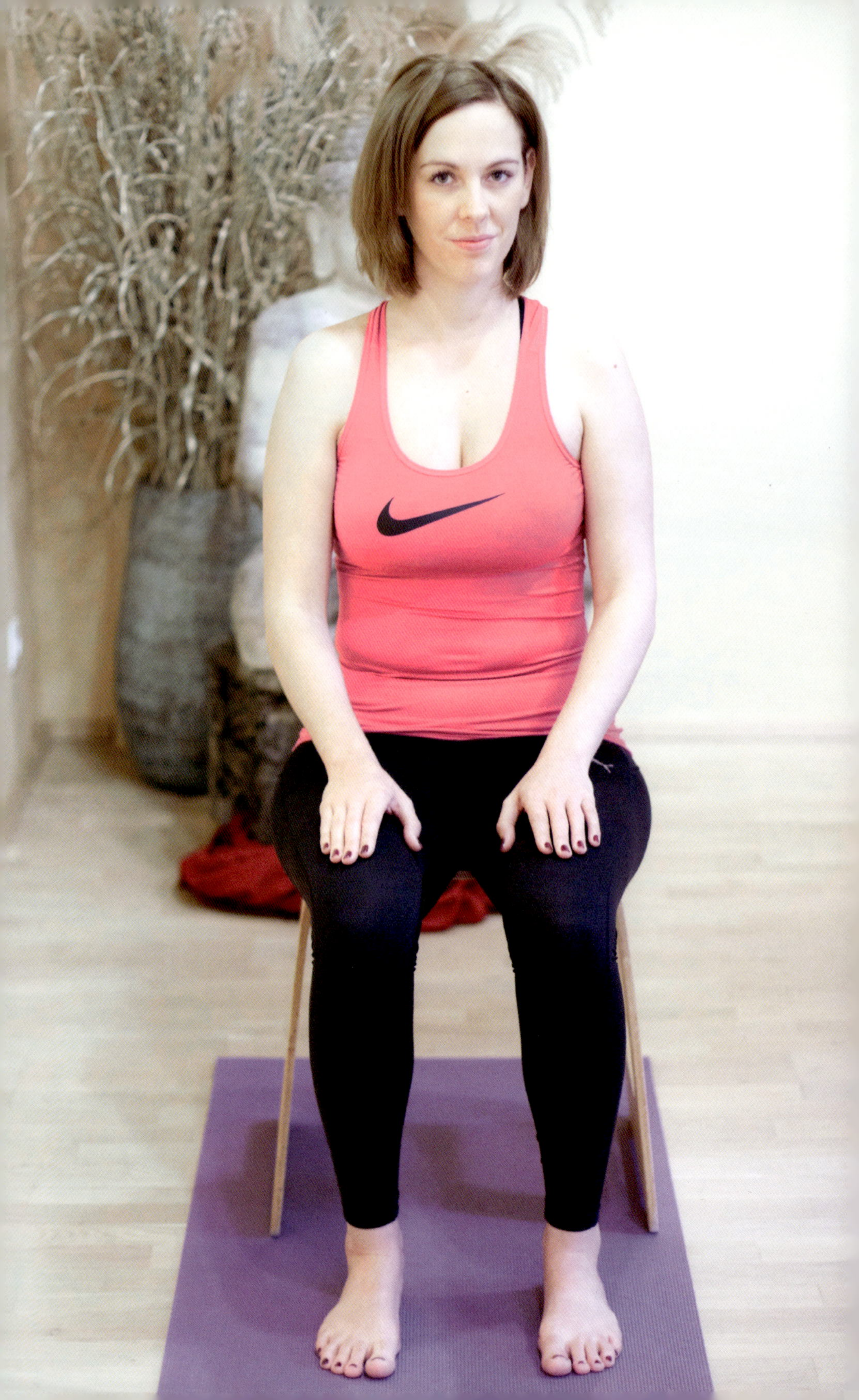

WOCHE DREI

übung
– GRAS PFLÜCKEN –

KRÄFTIGUNG DER FAST TWITCH– FASERN

AUSGANGSSTELLUNG
Aufrechter Sitz auf einem harten Hocker. Deine Beine sind beckenbreit auseinander und Deine Füße fest auf dem Boden.

DURCHFÜHRUNG
Stelle Dir eine wunderschöne Wiese vor, es ist Frühsommer und das Gras ist frisch und grün. Du setzt Dich gedanklich auf die Wiese und zupfst mit Deinem Beckenboden das Gras heraus. Stelle Dir zunächst die Harnröhre vor und versuche zweimal fünf Grashalme auszuzupfen. Sage jedesmal ein lautes LICK. Visualisiere als Nächstes die Öffnung der Scheide und zupfe wieder zweimal fünf Grashalme. Spreche jedesmal ein lautes LACK aus. Zuletzt stelle Dir den Schnürmuskel des Afters vor und zupfe erneut zweimal fünf Grashalme. Bestärke dies, indem Du ein lautes LOCK sagst.

VARIATIONEN
1. Die Grashalme sind locker in der Erde und Du brauchst nur wenig Kraft
2. Die Grashalme sind fest gewachsen und Du brauchst viel Kraft
3. Die Grashalme lösen sich am Anfang leicht heraus, aber am Schluss musst Du nochmal extra fest ziehen
4. Pflücke schnell, pflücke langsam

Hier gehts zum Video!

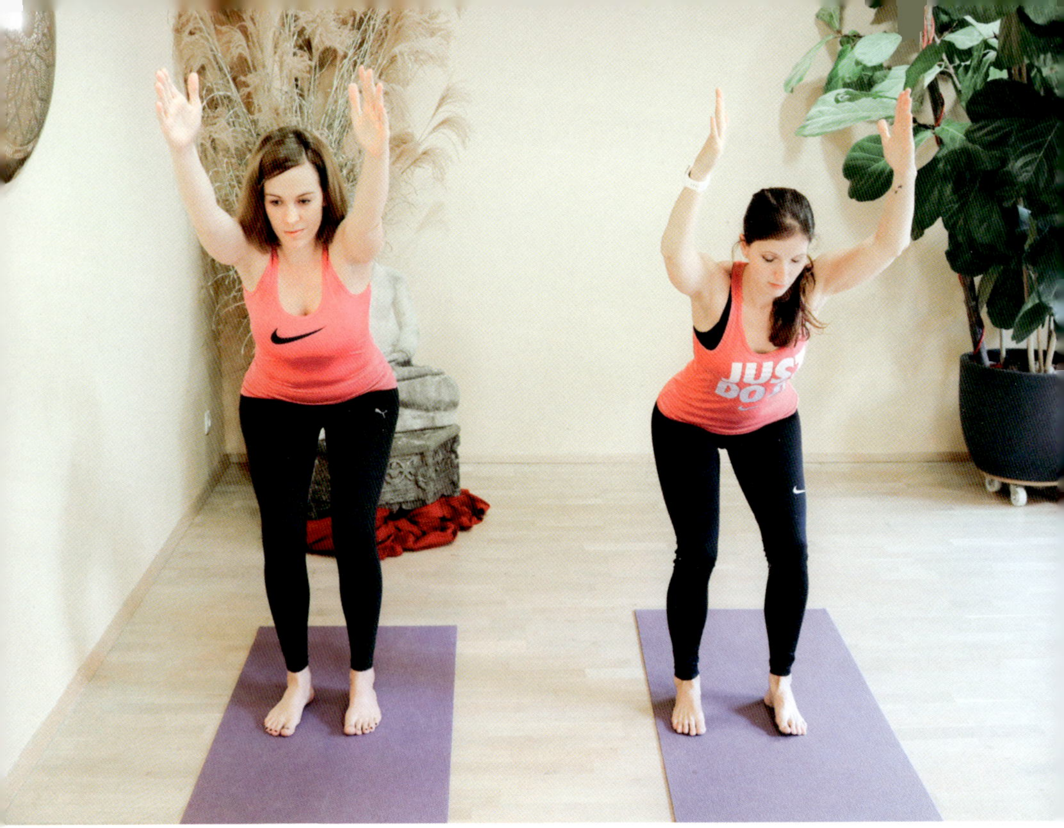

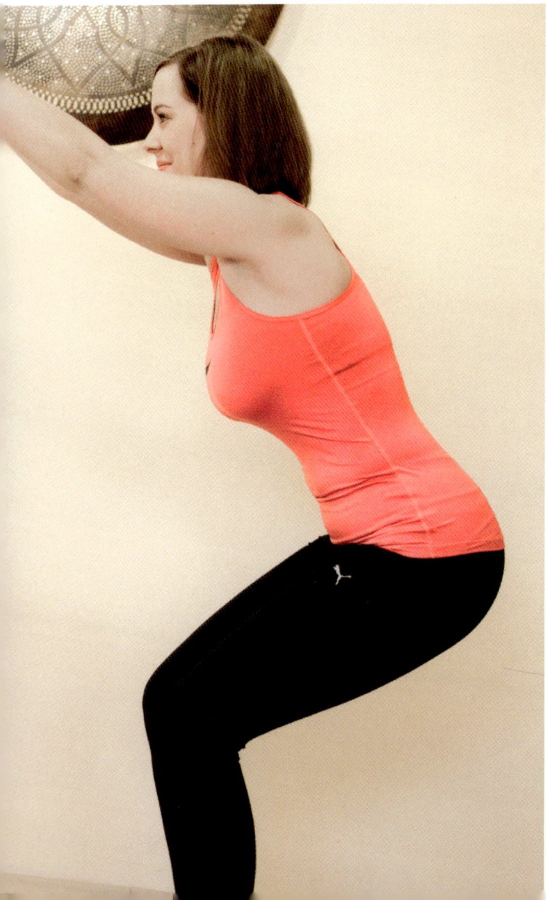

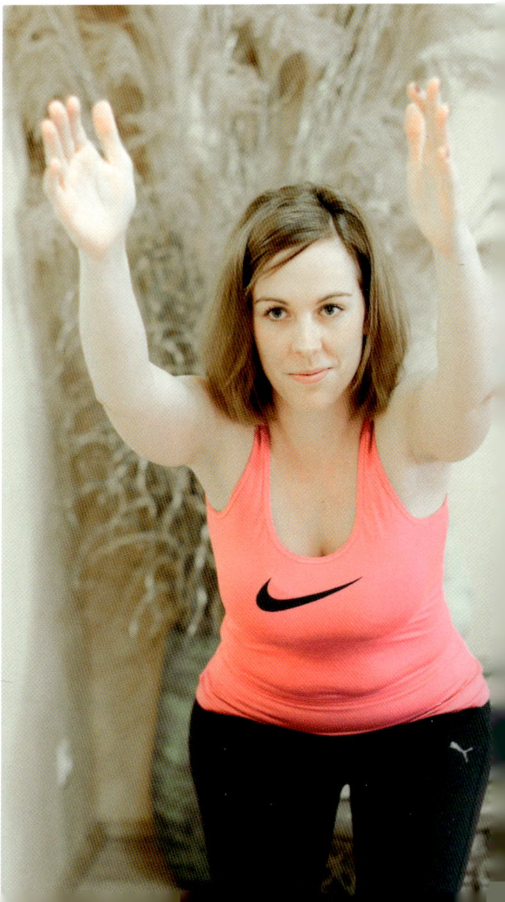

WOCHE DREI

übung
– SQUAT –

KRÄFTIGUNG DER OBERSCHENKELMUSKULATUR MIT EINSATZ DER BAUCHKAPSEL (WIE HEBE ICH RICHTIG?)

AUSGANGSSTELLUNG
Beckenbreiter Stand, Wirbelsäule in neutraler Position.

DURCHFÜHRUNG
Schiebe Dein Gesäß bei der Ausatmung weit nach hinten, („Po über fremdem Klo"), aktiviere Deine Körpermitte und gehe im Anschluss bei der Einatmung wieder in die Ausgangsstellung zurück, löse die Spannung und beginne 15 Mal von vorne. Führe die Übung unbedingt achsengerecht durch. Das heißt: Die Knie bleiben dabei über dem Sprunggelenk, der Po schiebt weit nach hinten, der Rücken ist gestreckt aber behält dabei seine normale Lumbalschwingung.

MERKE: Nach diesem Prinzip führe alle Fitnessübungen durch. Bei der Anstrengung aktivieren, bei der Entlastung entspannen.

Hier gehts zum Video!

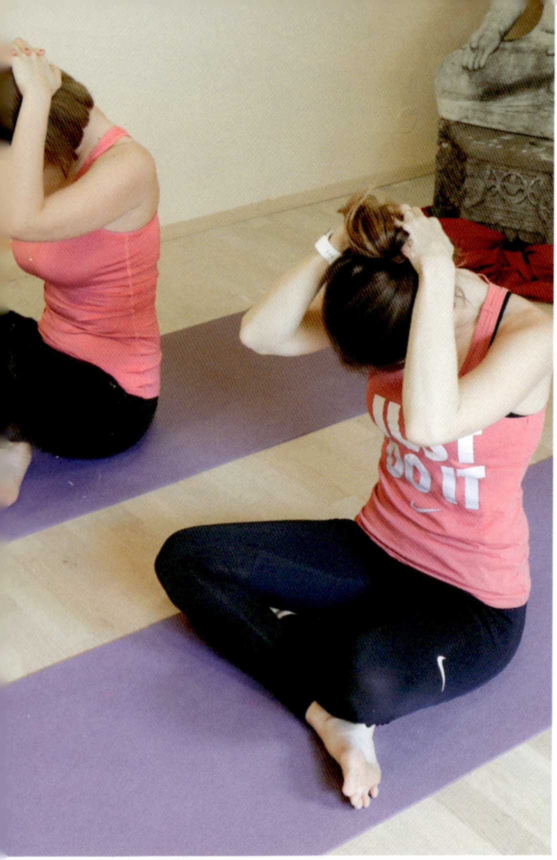
JUST
DO IT
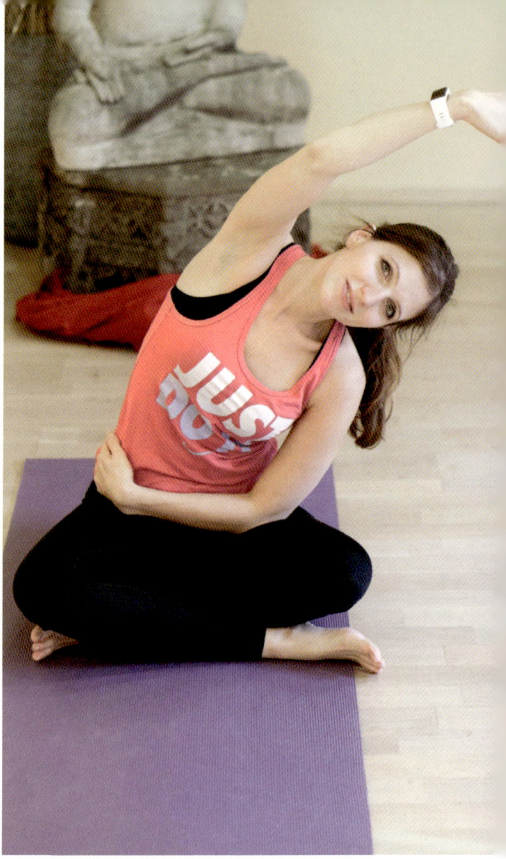
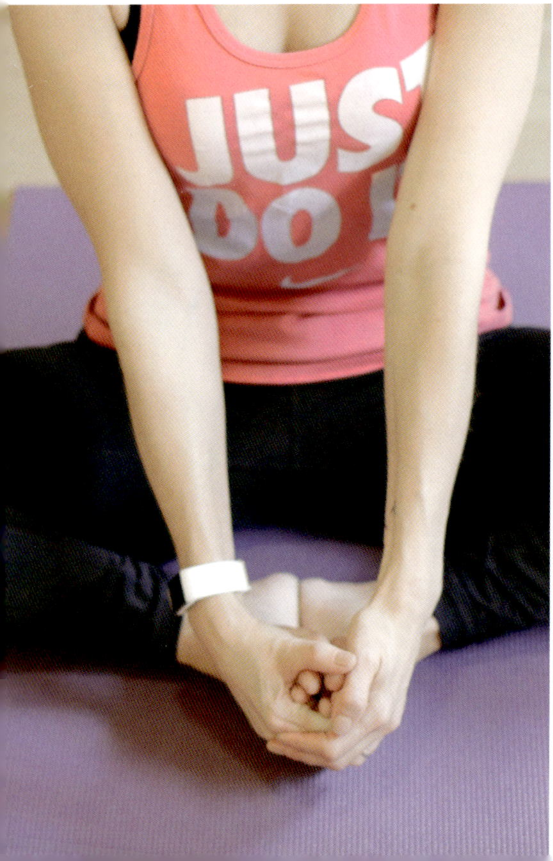
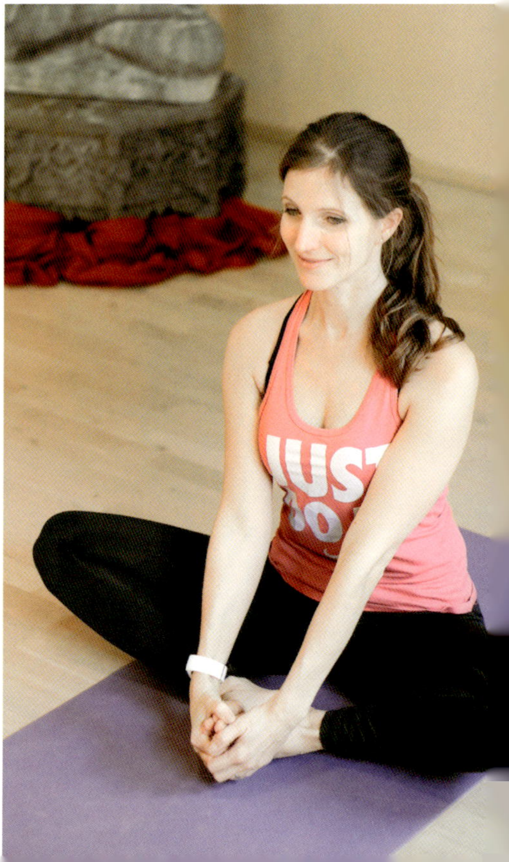

WOCHE DREI

übung
– DEHNUNG UND ENTSPANNUNG –

DEHNUNG HINTERSEITE NACKENMUSKULATUR
AUSGANGSSTELLUNG
Schneidersitz.

DURCHFÜHRUNG
Lege Deine Hände auf den Hinterkopf und führ aktiv Dein Kinn zum Brustbein. Nun schiebe sanft Dein Kinn weiter nach unten zum Brustbein und bleibe 15–20 Sekunden in der Dehnung

DEHNUNG FLANKE
AUSGANGSSTELLUNG
Schneidersitz.

DURCHFÜHRUNG
Strecke nun Deinen linken Arm über den Kopf und beuge ihn etwas im Ellenbogengelenk. Die Handinnenfläche zeigt nach unten. Nun beugst Du den Oberkörper zur rechten Seite, bis Du im oberen seitlichen Anteil des Rückens einen angenehmen Dehnungsreiz verspürst. Halte diese Position für 15–20 Sekunden. Danach gehe langsam in die Ausgangsstellung zurück und führe die Dehnung auf der anderen Seite aus.

DEHNUNG DER ADDUKTOREN
AUSGANGSSTELLUNG
Sitz, die beiden Fußsohlen haben Kontakt zueinander.

DURCHFÜHRUNG
Während Dein Rücken lang gemacht wird, drücke Deine Knie so weit es geht zur Matte nach unten und bleibe in dieser Position mindestens 15 Sekunden.

Hier gehts zum Video!

4

woche 4

IN DER LETZTEN WOCHE DES
RÜCKFINDUNGSPROGRAMMS BIST DU
MINDESTENS 12 WOCHEN NACH
DER GEBURT. DU BRAUCHST WIEDER
ETWA 15 MINUTEN ZEIT FÜR DICH,
EINE MATTE UND EINEN HOCKER.
IN DIESER WOCHE FORMST DU DEINE
ÄUSSERE HÜLLE MIT BEWUSSTEM EINSATZ
DER KÖRPERKERNSPANNUNG.
WIR BAHNEN DIE VERBINDUNG ZWISCHEN
DEINEM KOPF UND DER
BAUCHKAPSEL WIEDER AN.

Bevor Du mit der letzten Woche beginnst, stelle sicher, dass Dein Körper dazu bereit ist. Merkst Du, dass die Übungen zu schwierig für Dich sind, Du z.B. die Luft anhältst und in eine Pressatmung verfällst, dann wiederhole lieber eine Variation der Übungen der drei Vorwochen. Du solltest Deinen Körper noch mehr stabilisieren, bis Du die notwendige Sicherheit hast. Beobachte Deine Bauchdecke: Wie verhält sie sich bei den Übungen **„Esel-streck-dich"** und **„Wipp-Wipp-Wipp"**? Stülpt sie sich nach außen, ist diese Übung für Dich noch nicht ratsam. Dann ist Dein Körperkern noch nicht stabil genug.

EINSTIMMUNGSÜBUNG
Die letzte Einstimmungsübung erhöht die Fähigkeit, Deinen Körper mehr zu spüren und verbessert zudem die Beweglichkeit Deiner Gelenke.

**ÜBUNG
SICH EINROLLEN
UND AUSBREITEN
SEITE 195**

MOBILISATION
Ziel der kommenden Übung ist es die Wirbelsäule zu mobilisieren. Sie steigert die Wahrnehmung des Körpers und dehnt überstrapazierte Muskulatur.

**ÜBUNG
KATZENBUCKEL
SEITE 197**

BECKENBODENWAHRNEHMUNG IM SITZ
Folgende Übung soll Dir helfen, Deinen Beckenboden schneller zu finden und dadurch besser zu aktivieren. Es schult die Wahrnehmung und nutzt die Atmung als Taktgeber.

**ÜBUNG
GUMMI-TWIST
SEITE 199**

BECKENBODENKRÄFTIGUNG IM STAND MIT ZUG DER REKTUSBÄUCHE IN DIE MITTE

Du möchtest Deine Bauchmuskeln wieder in Einklang mit dem restlichen Körper bringen? Dann solltest Du die nächste Übung gewissenhaft durchführen. Sie stabilisiert den Körperkern und schiebt gleichzeitig die nach außen geschobenen Muskeln in die Mitte, um so wieder eine funktionelle Bauchdecke zu bekommen.

**ÜBUNG
HANDTUCH TWIST IM STAND
SEITE 201**

KRÄFTIGUNG DER FAST TWITCH FASERN IM STAND

Diese Übung aktiviert die schnellen Muskelfasern Deines Beckenbodens. Führe sie kontrolliert durch. Wenn Du die Übung korrekt durchführst hast Du das Gefühl Dein Beckenboden schnalzt wie ein Gummiband nach oben. Hast Du das Gefühl, Dein Beckenboden drückt bei der Übungen nach unten, baust Du zu viel Bauch-Innendruck auf. Dies sollte vermieden werden.

**ÜBUNG
FLIPPERAUTOMAT
SEITE 203**

BAUCHKAPSELKRÄFTIGUNG IM SITZ MIT EINSATZ DER BAUCHMUSKULATUR

Ziel der nächsten Übung ist es, die Spannung Deiner Bauchmuskulatur zu erhöhen, sie zusammen mit dem Beckenboden zu kräftigen sowie die Rückenstabilisatoren stärken. Rektus-

bäuche, die auseinander gewichen sind (Rektusdiastase), werden bei dieser Übung wieder durch das funktionelle Training nach innen geschoben.
Die normale Spannung wird zurückgewonnen. Beobachte, was Deine Bauchdecke bei der Übung macht. Ist sie stabil? Du kannst dann die Übung bedenkenlos weiterführen. Ploppt die Rektusdiastase raus, ist Dein Körperkern noch nicht stabil genug.

ÜBUNG
ESEL-STRECK-DICH
SEITE 205

BAUCHKAPSELKRÄFTIGUNG IM UNTERARMSTÜTZ
Diese Übung setzt voraus, dass die vordere Spannung (Kernmuskulatur) die Wirbelgelenke jederzeit in neutraler Wirbelsäulenstellung stabilisiert halten kann. Merkst Du, dass sich der Bauch bei der Übung nach vorne wölbt, ist Deine Bauchdecke noch nicht bereit.

ÜBUNG
WIPP-WIPP-WIPP
SEITE 207

DEHNUNGEN

ÜBUNGEN
SEITE 209

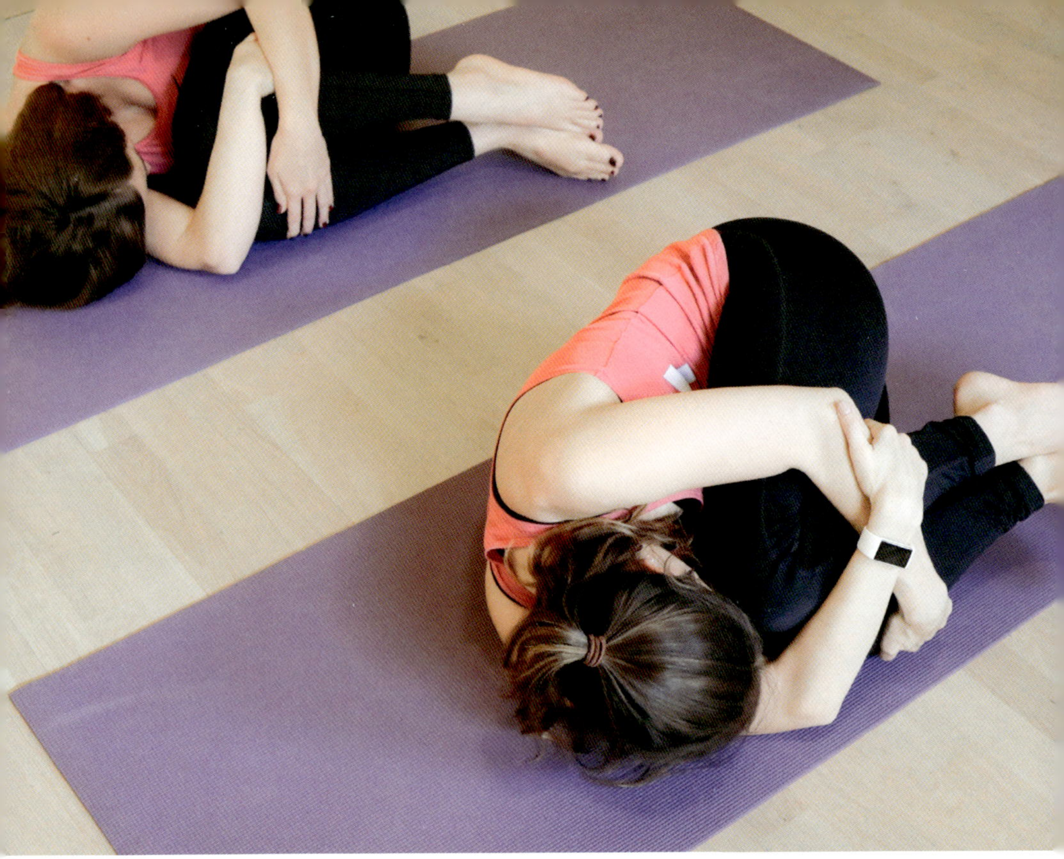
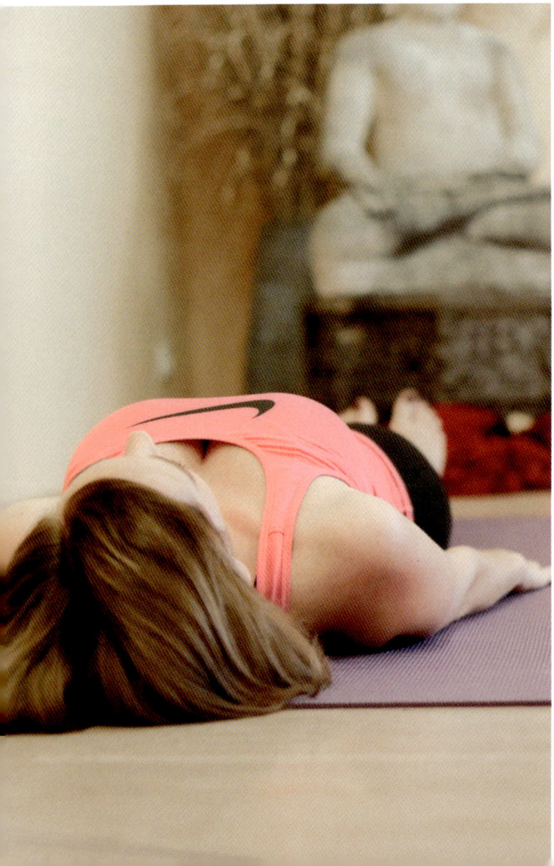
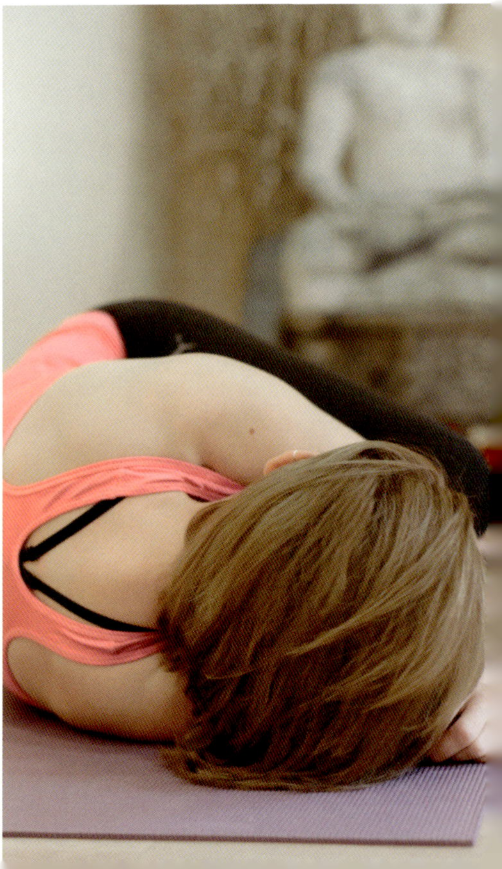

WOCHE VIER

übung
– SICH EINROLLEN UND AUSBREITEN –

EINSTIMMUNGSÜBUNG
AUSGANGSSTELLUNG
Rückenlage.

DURCHFÜHRUNG
Wie geht es Dir im Liegen? Rolle Dich zur Seite und mach Dich rund – gib Deiner Wirbelsäule nach und mach Dich so klein Du kannst. Spüre die Atembewegung – wo ist sie spürbar? Folge nach ein paar tiefen Atemzügen dem Impuls Dich wieder auszubreiten und lege Dich auf den Rücken zurück. Wie liegst Du jetzt? Wiederhole die Übung auf der anderen Seite.

Hier gehts zum Video!

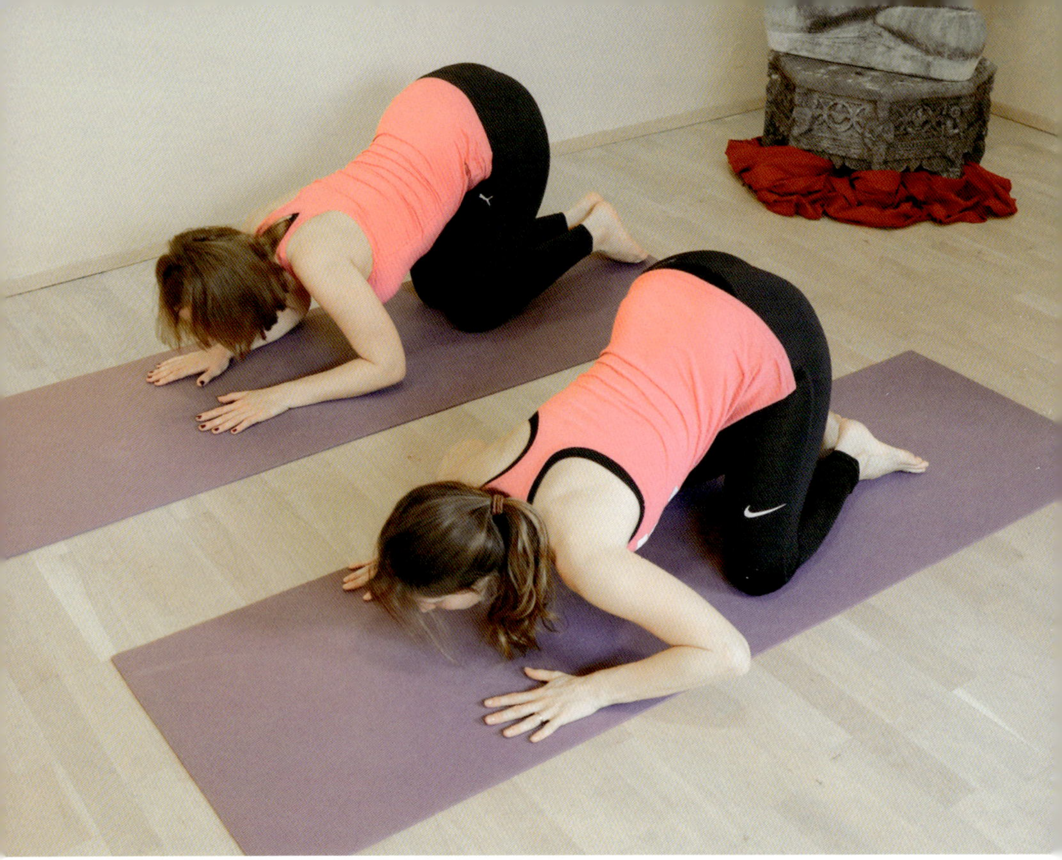

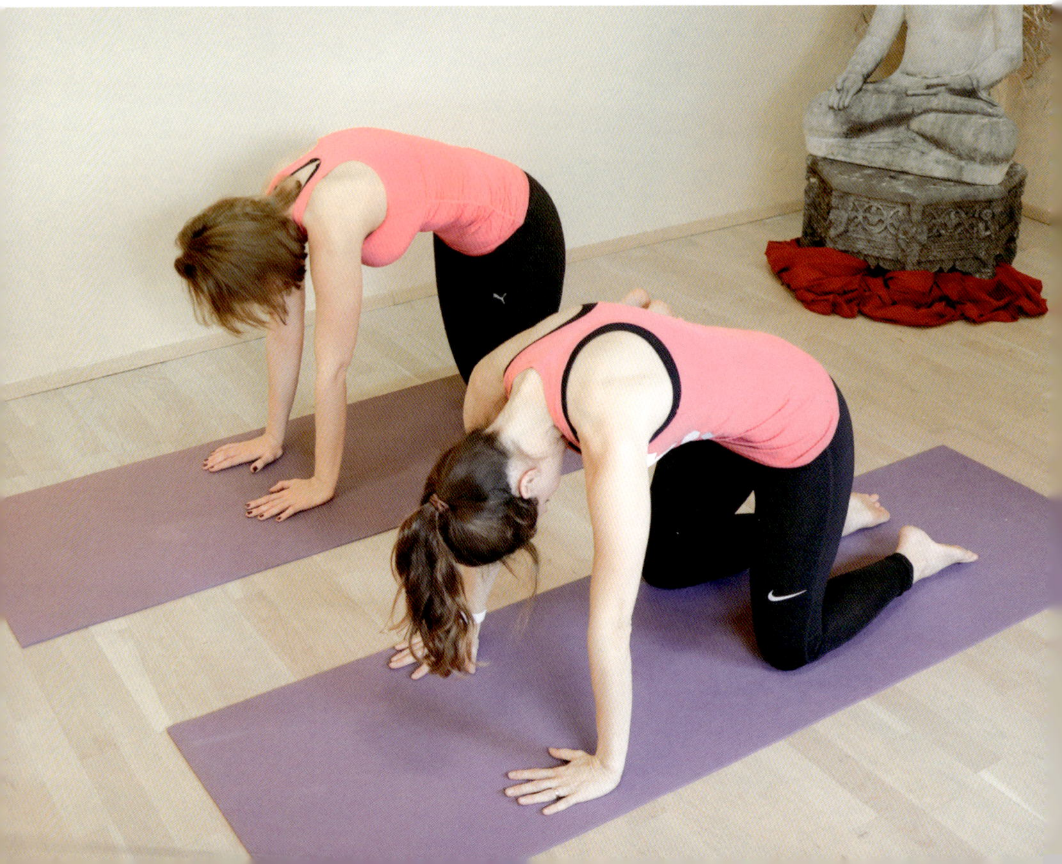

WOCHE VIER

übung
– KATZENBUCKEL –

MOBILISATION
AUSGANGSSTELLUNG
Vierfüßler, die Hände sind unterhalb des Schultergelenks, die Knie unterhalb des Hüftgelenks positioniert.

DURCHFÜHRUNG
Schiebe Deinen Po weit nach hinten, sodass er die Fersen berührt, führe Deinen Brustkorb nah am Boden nach vorne, bis er bei den Händen angelangt ist, mache nun einen Katzenbuckel. Schiebe Deinen Rücken weit nach oben, während Du Dein Gesäß wieder nach hinten schiebst. Wiederhole dies 5-10 Mal.

Hier gehts zum Video!

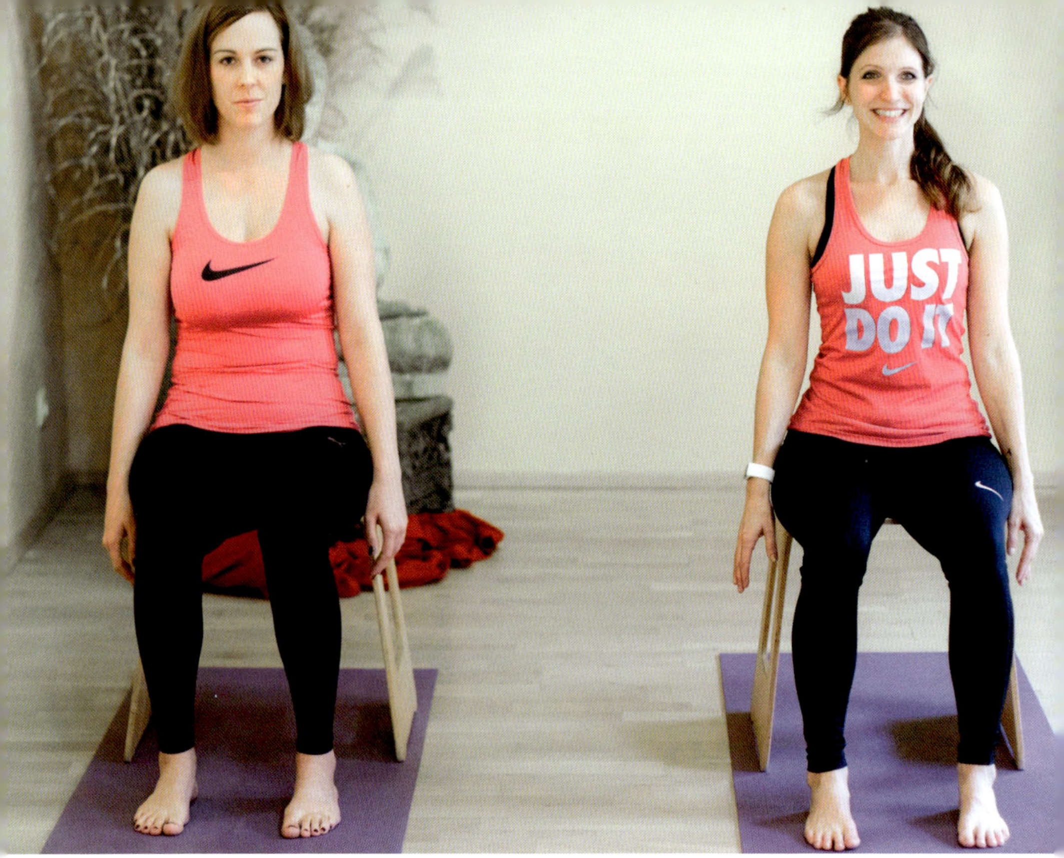
JUST
DO IT

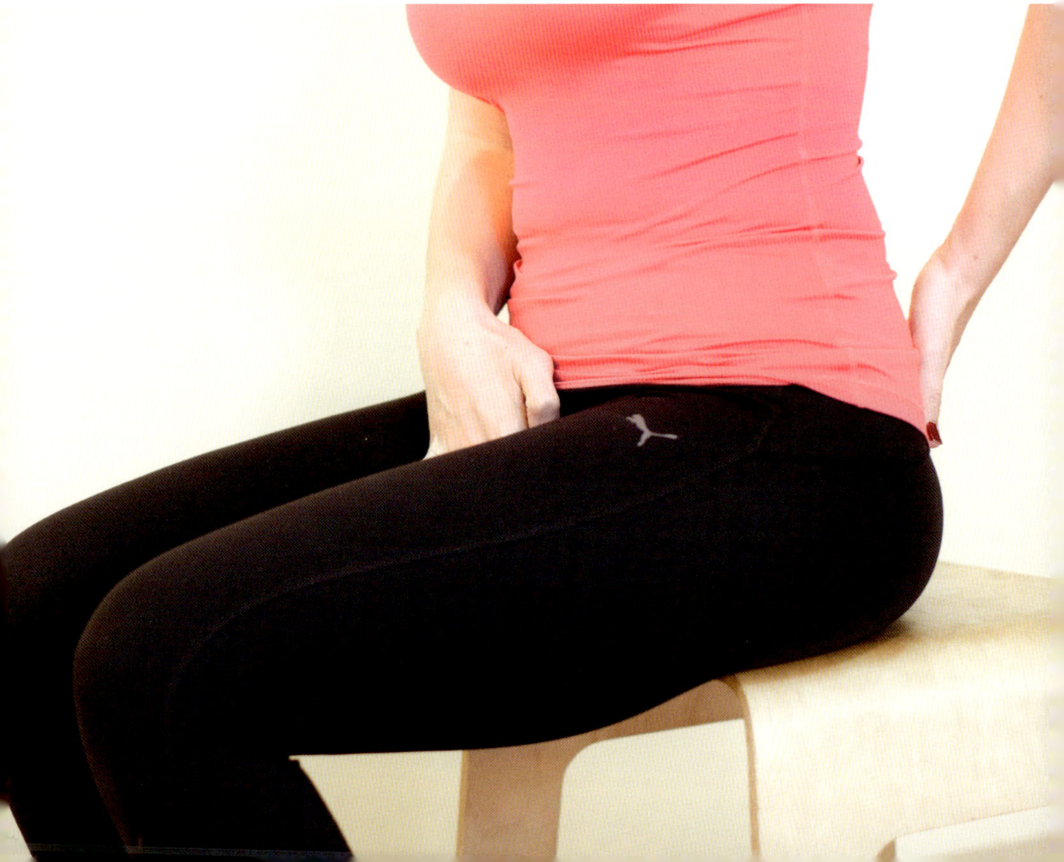

WOCHE VIER

übung
– GUMMI-TWIST –

BECKENBODENWAHRNEHMUNG IM SITZ
AUSGANGSSTELLUNG
Sitz auf einem Hocker.

DURCHFÜHRUNG
Reibe kurz Deine Schambeinunterkante und Deine Steißbeinspitze mit den Händen und stelle ebenso eine Empfindung unter den Sitzbeinhöckern her. Nun verbinde gedanklich die Schambeinunterkante mit der Steißbeinspitze mit einem Gummiband sowie die beiden Sitzbeinhöcker miteinander. Bei den nächsten fünf Ausatemphasen stelle Dir vor, wie sich die beiden Gummibänder zusammenziehen. Hast Du Dir das Bild verinnerlicht, dann aktiviere Deinen Beckenboden nach dem gleichen Muster.

STEIGERUNG
Bleibe drei Atemzüge in der Spannung und wiederhole dies fünf Mal.

Hier gehts zum Video!

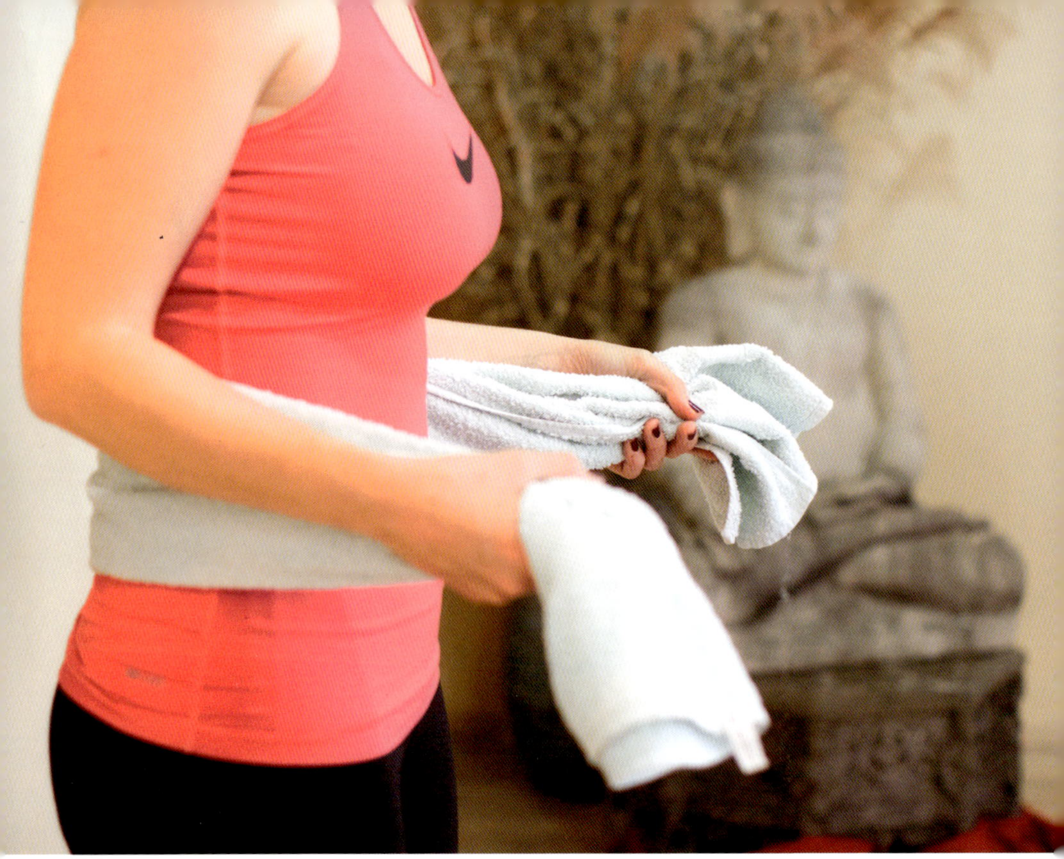

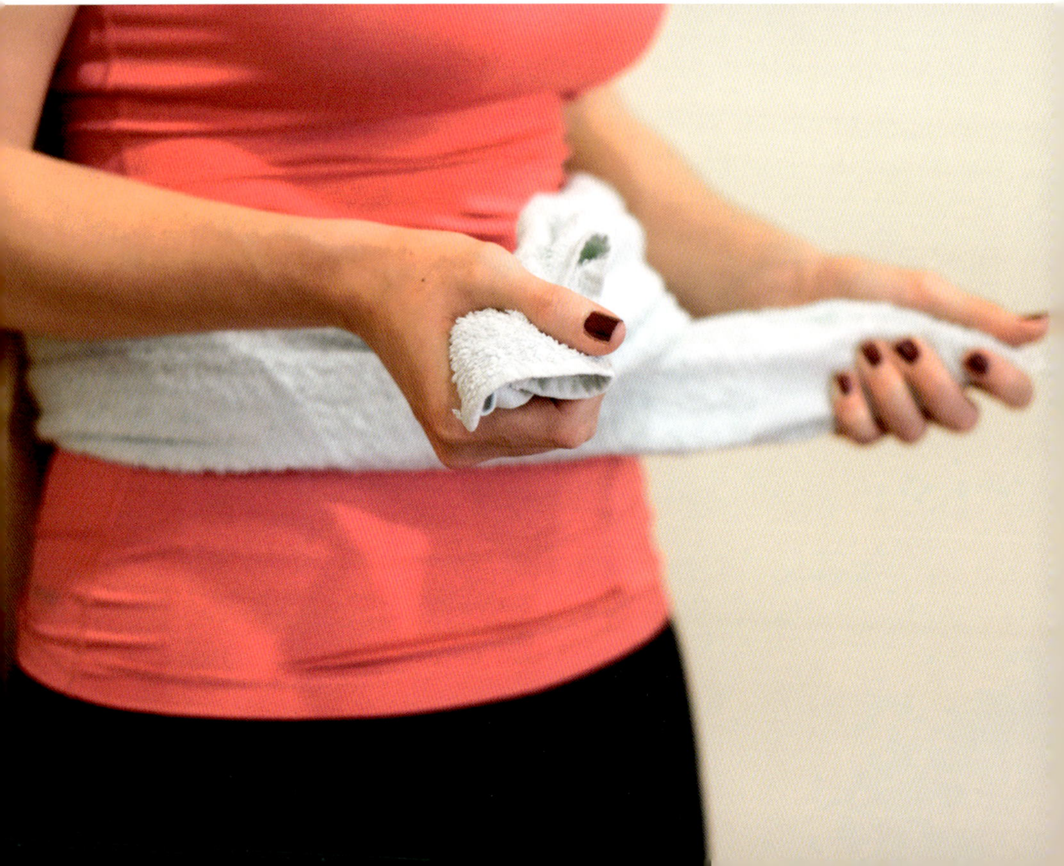

WOCHE VIER

übung
– HANDTUCH TWIST IM STAND –

**BECKENBODENKRÄFTIGUNG IM STAND MIT
ZUG DER REKTUSBÄUCHE IN DIE MITTE**

AUSGANGSSTELLUNG
Beckenbreiter Stand an der Wand, die Wirbelsäule in neutraler Position, ein Handtuch wird hinter dem Rücken auf Lendenhöhe gelegt und vor dem Bauch überkreuzt.

DURCHFÜHRUNG
Atme tief in Deinen Bauch ein, beim Ausatmen auf „Pffff" ziehe Deinen Bauch sanft nach innen/ oben, ziehe gleichzeitig diagonal an den Enden Deines Handtuches und schiebe damit die Rektusbäuche vorsichtig zusammen. Bei der Einatmung löse die Spannung wieder sanft. Wiederhole dies fünf Mal.

Hier gehts zum Video!

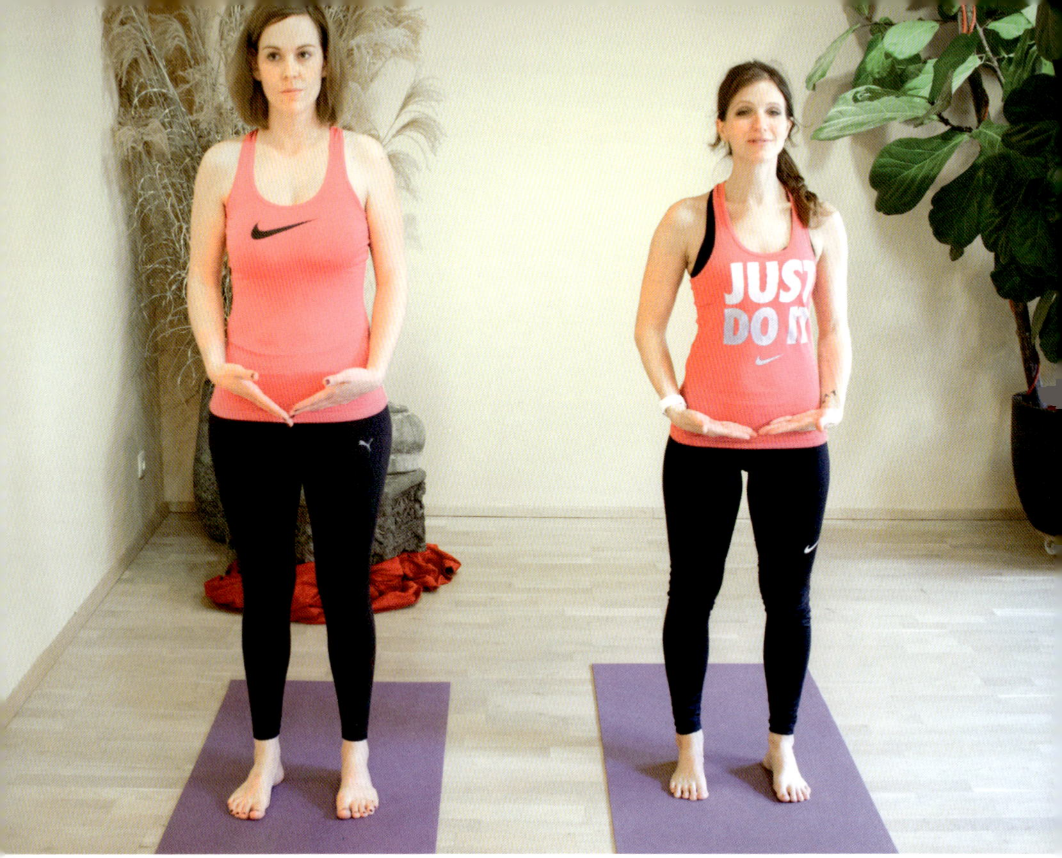
JUST
DO IT

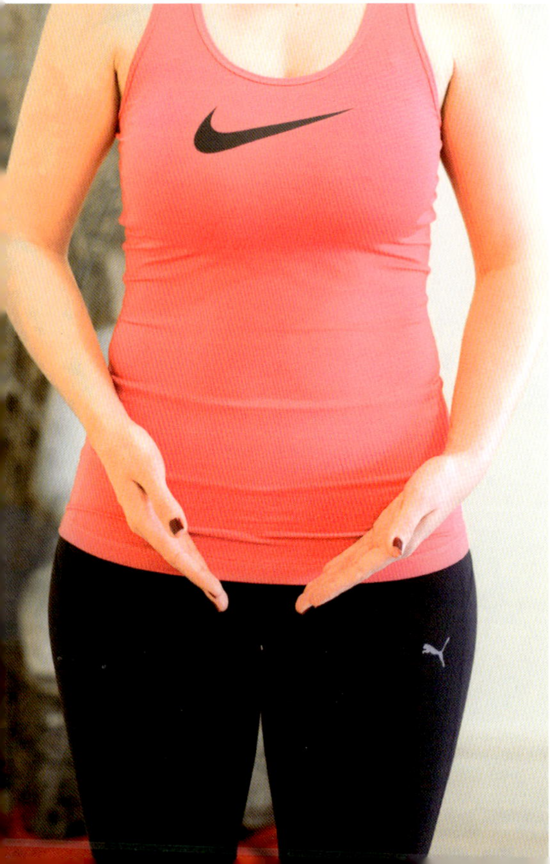

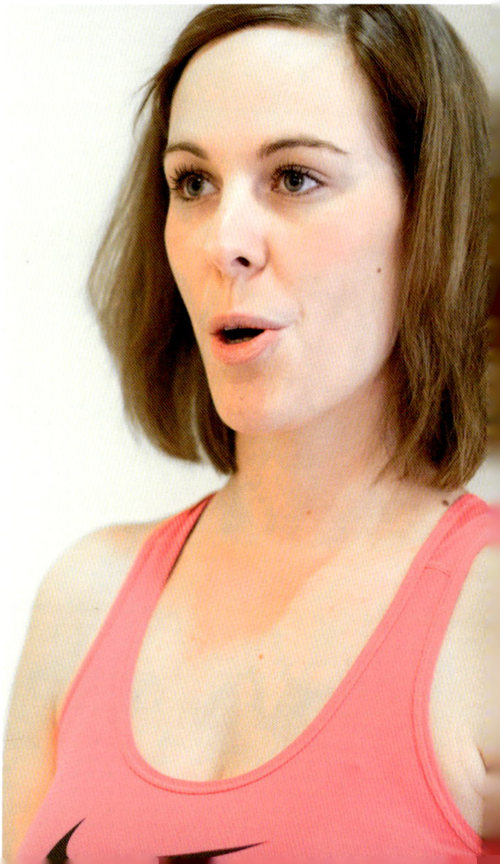

WOCHE VIER

übung
– FLIPPERAUTOMAT –

KRÄFTIGUNG DER FAST TWITCH FASERN IM STAND
AUSGANGSSTELLUNG

Beckenbreiter Stand, Innenknöchel sind über die Außenknöchel gezogen, die Knie nicht überstrecken, der Oberkörper ist aufgerichtet und die Arme hängen nach unten.

DURCHFÜHRUNG

Stelle Dir vor, dass Dein Bauch ein Flipperautomat ist. Der Beckenboden stellt die beiden Flipperfinger dar. „Der Ball" fällt in Deiner Vorstellung nach unten und mit den Flipperfingern (dem Beckenboden) befördere schnell und kräftig den Ball wieder nach oben und sage dabei laut HOPP. Wiederhole das fünf bis zehn Mal und versuche dabei jedes Mal, den Kraftaufwand beizubehalten. Das ist schwer und bedarf viel Übung.

Hier gehts zum Video!

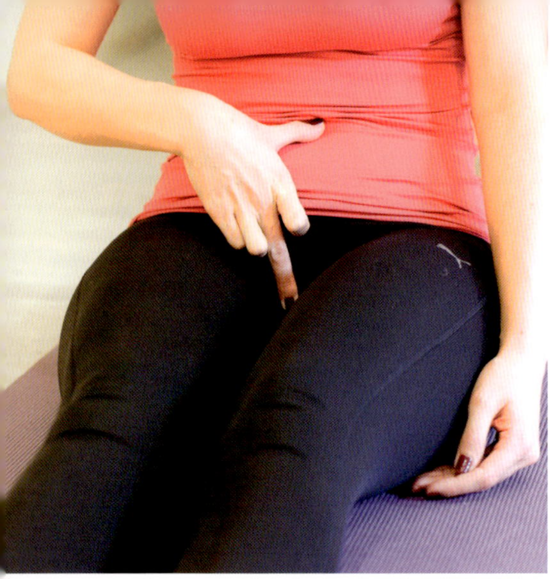
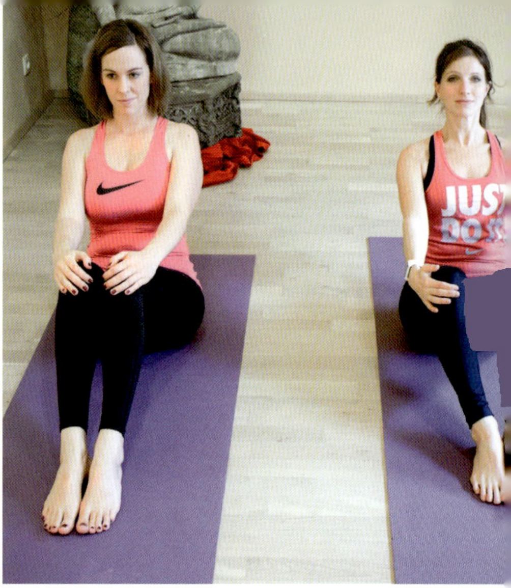
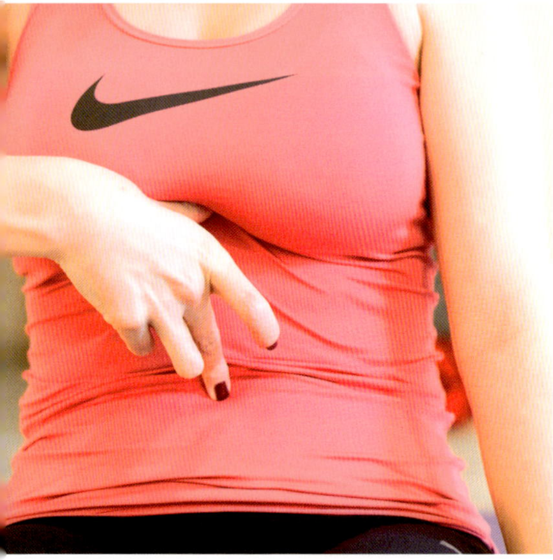
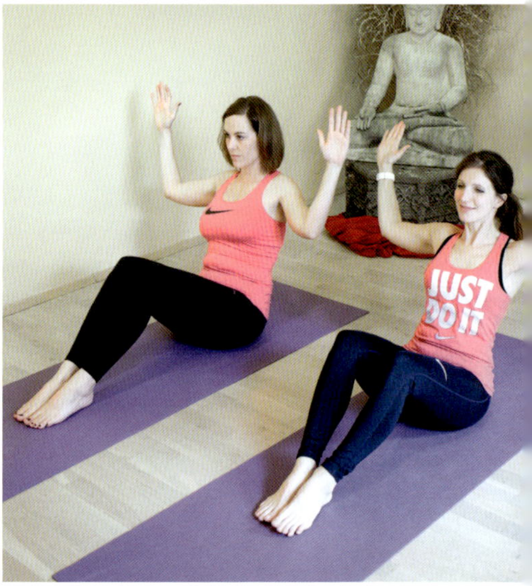
JUST DO IT
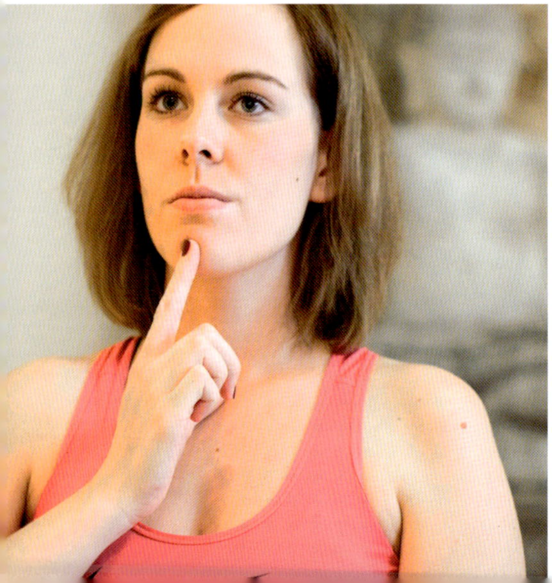
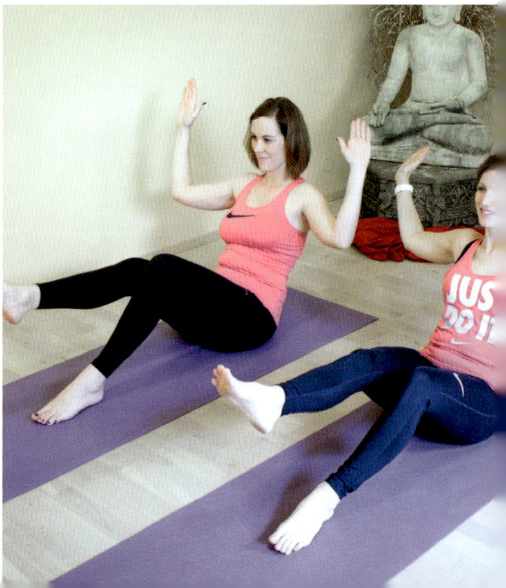

WOCHE VIER

übung
– ESEL-STRECK-DICH –

**BAUCHKAPSELKRÄFTIGUNG IM SITZ
MIT EINSATZ DER BAUCHMUSKULATUR
AUSGANGSSTELLUNG**
Sitz auf dem Boden, die Knie sind gebeugt, die Füße auf dem Boden.

DURCHFÜHRUNG
Ertaste zuerst die Abstände zwischen Deinem Bauchnabel und der Schambeinoberkante, sowie den Abstand zwischen dem Bauchnabel und Deinem Rippenbogen, ebenfalls zwischen Kinnspitze und dem Grübchen der Schlüsselbeine. Umfasse mit beiden Armen Deine Unterschenkel und gehe mit Einbehalten der Abstände – bei der Ausatmung – in eine Rückneigung der Wirbelsäule. Aktiviere Deinen Körperkern und löse nun Deine Hände spontan, achte darauf dass die Füße Kontakt mit dem Boden halten. Atme ein und gehe wieder in die Ausgangsstellung zurück. Wiederhole dies fünf bis zehn Mal.

VARIANTE
Hebe im Wechsel ein Bein nacheinander ab, bleibe dabei in der Rückneigung, atme ruhig weiter und gehe im Anschuss wieder in die Ausgangsstellung. Wiederhole dies fünf bis zehn Mal.

Hier gehts zum Video!

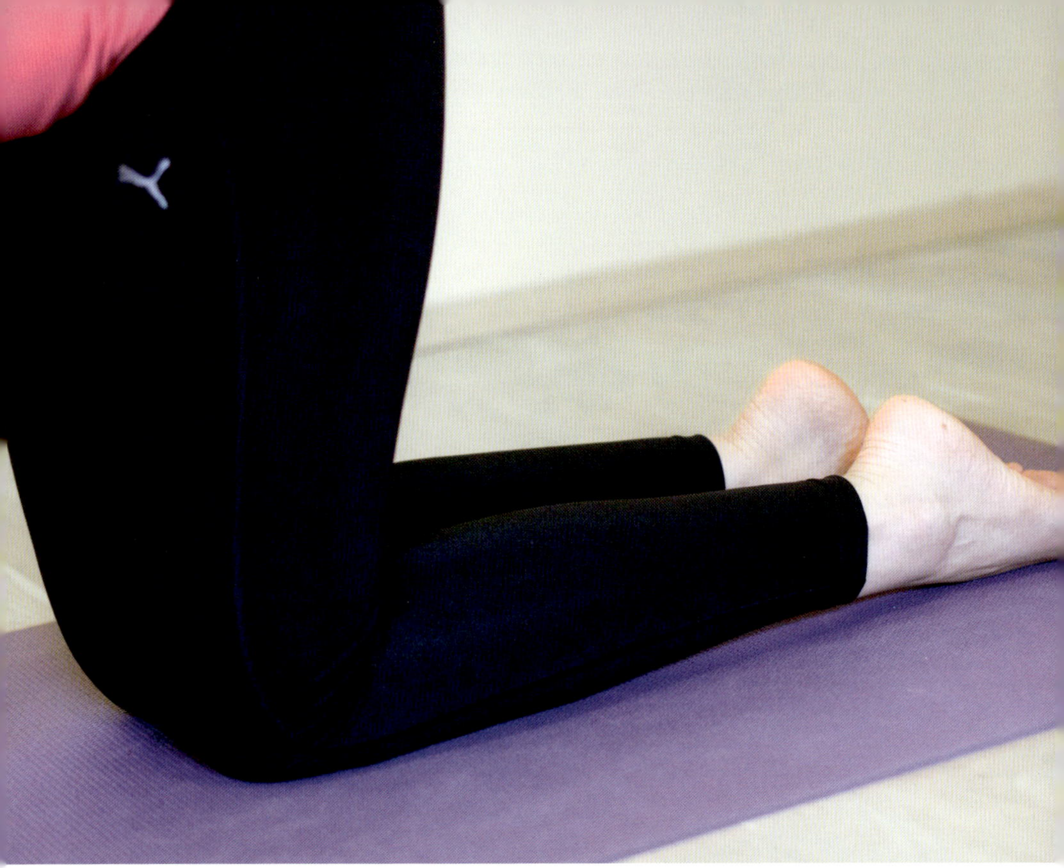

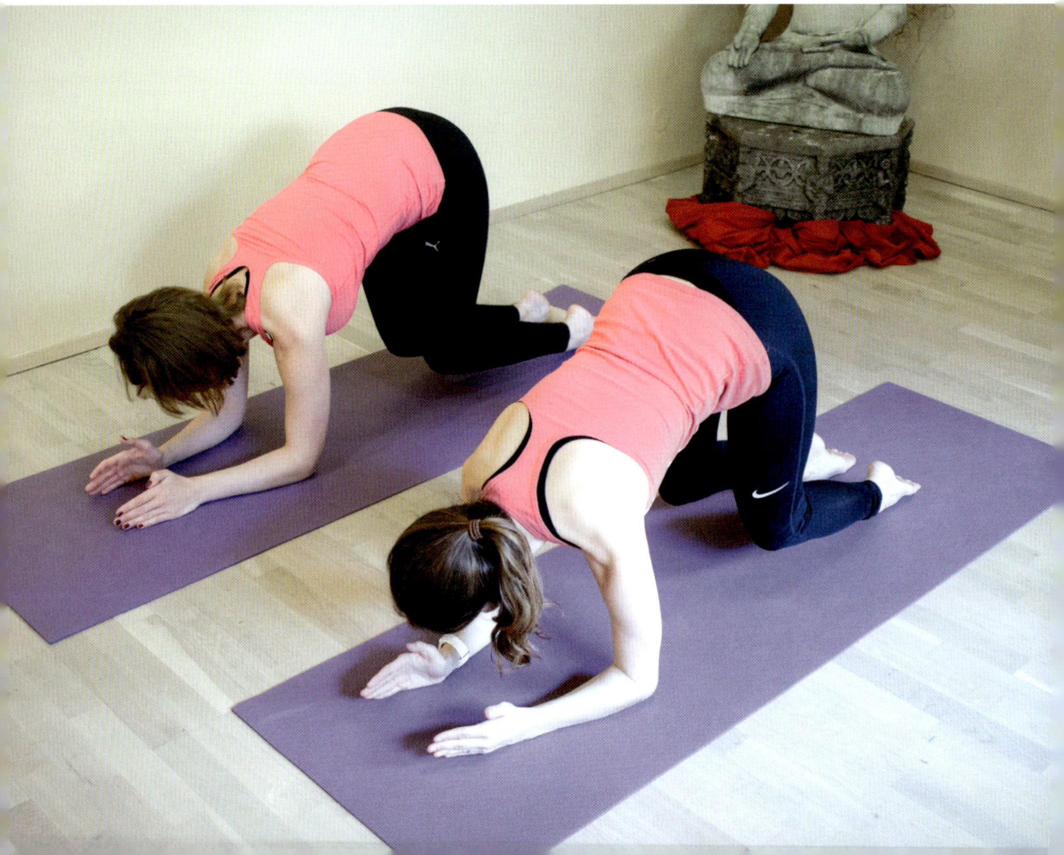

WOCHE VIER

übung
– WIPP-WIPP-WIPP –

BAUCHKAPSELKRÄFTIGUNG IM UNTERARMSTÜTZ

AUSGANGSSTELLUNG
Unterarmstütz, die Hände sind unterhalb des Schultergelenks, die Knie unterhalb des Hüftgelenks. Die Wirbelsäule ist lang, der Kopf ist in Verlängerung der Wirbelsäule, die Fußrücken liegen auf.

DURCHFÜHRUNG
Beim Ausatmen ziehe aktiv gegen die Schwerkraft Deinen Bauchnabel nach innen/ oben und aktiviere Deinen Damm zur Körpermitte. Nun hebe Deine Knie einige Zentimeter nach oben und wippe zehn Sekunden auf und ab. Achte darauf, dass Du ruhig und regelmäßig weiter atmest. Halte dies 10 Sekunden und wiederhole es zwei Mal.

TIPP: Um eine Pressatmung zu vermeiden, begleite das „Wippen" mit einem ausgesprochenem **„wipp-wipp-wipp"** etc..

Hier gehts zum Video!

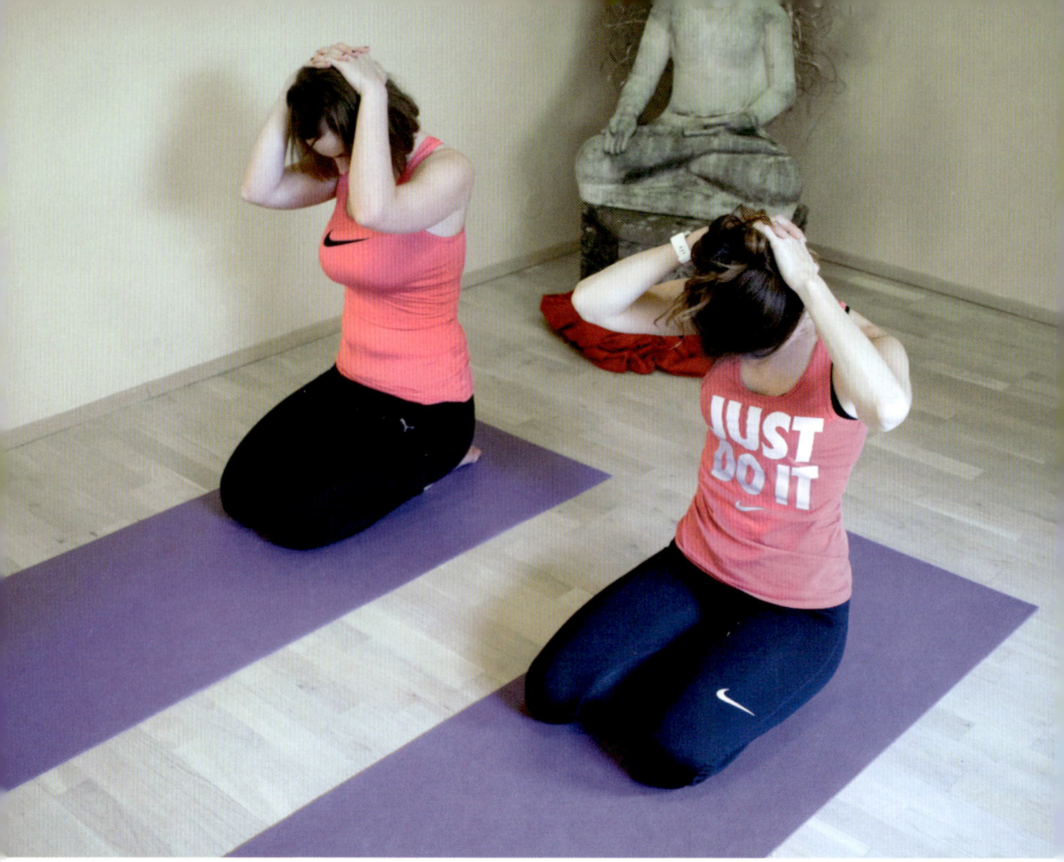
JUST
DO IT
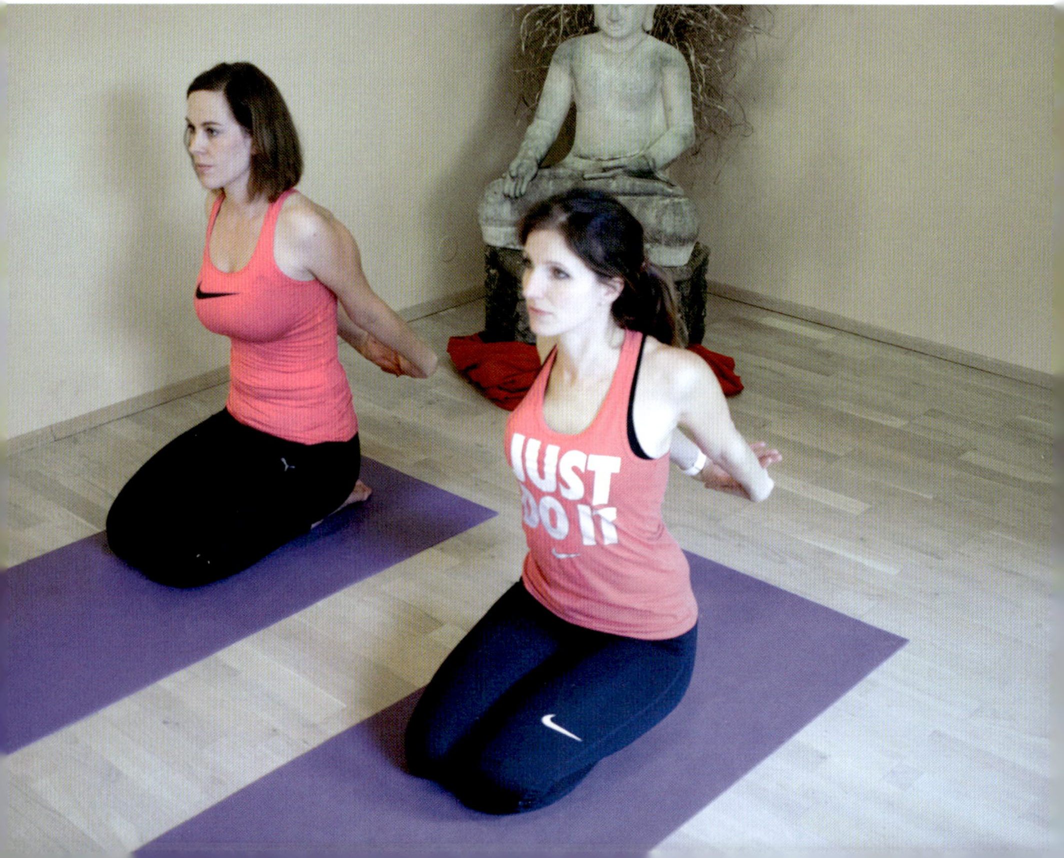
JUST
DO IT

WOCHE VIER

übung
– DEHNUNGEN –

DEHNUNG DER NACKENMUSKULATUR
AUSGANGSSTELLUNG
Kniehocke, dabei liegen Deine Schienbeine auf dem Boden und Dein Gesäß ist auf Deinem Unterschenkel abgelegt. Der Oberkörper ist aufrecht.

DURCHFÜHRUNG
Führe Dein Kinn zum Brustbein und lege Deine Hände auf den Hinterkopf (auf Zopfhöhe), drücke nun sanft den Hinterkopf, sodass das Kinn näher an das Brustbein geführt wird. Bleibe 20 Sekunden in der Dehnung.

DEHNUNG DER BRUSTMUSKULATUR
AUSGANGSSTELLUNG
Kniehocke, dabei liegen Deine Schienbeine auf dem Boden und Dein Gesäß ist auf Deinen Unterschenkeln abgelegt. Der Oberkörper ist aufrecht.

DURCHFÜHRUNG
In aufrechter Haltung greifen die Hände hinter dem Körper ineinander. Ziehe langsam die Hände nach oben. Der Körper wird dabei nicht nach vorn gebeugt, der Blick bleibt geradeaus gerichtet. Achte darauf, dass Du kein Hohlkreuz bildest. Bauch und Po sind angespannt.

Hier gehts zum Video!

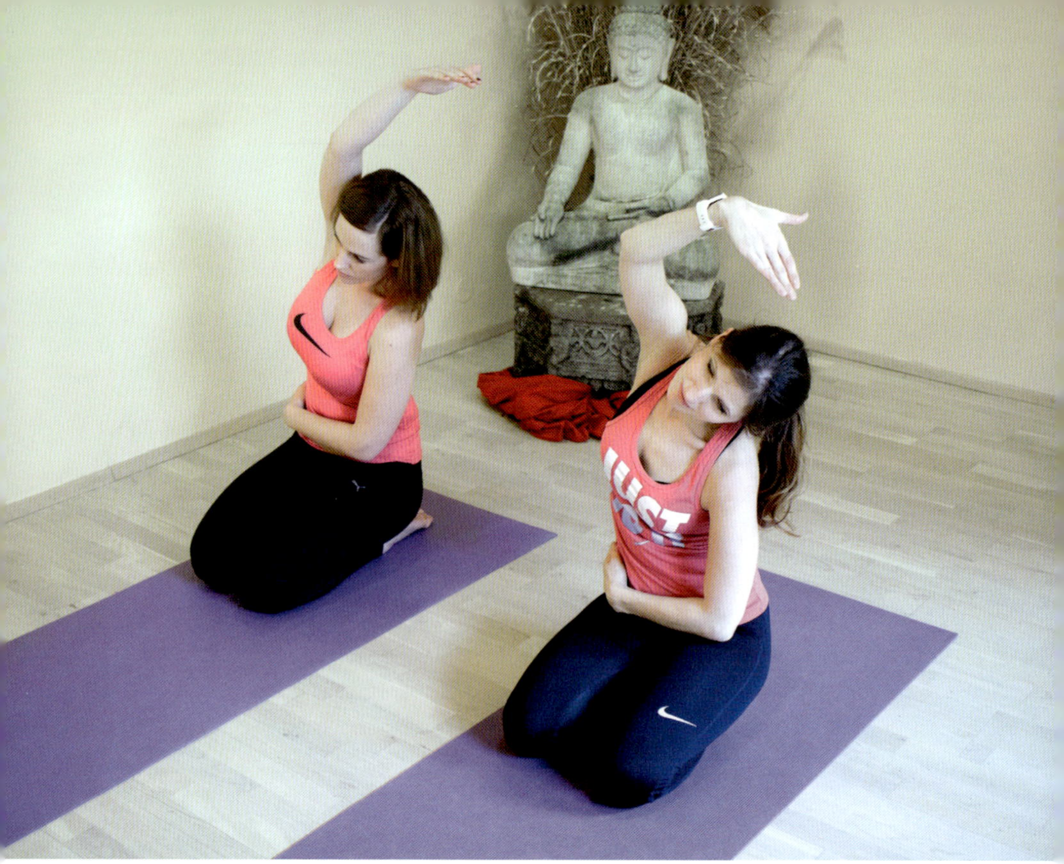

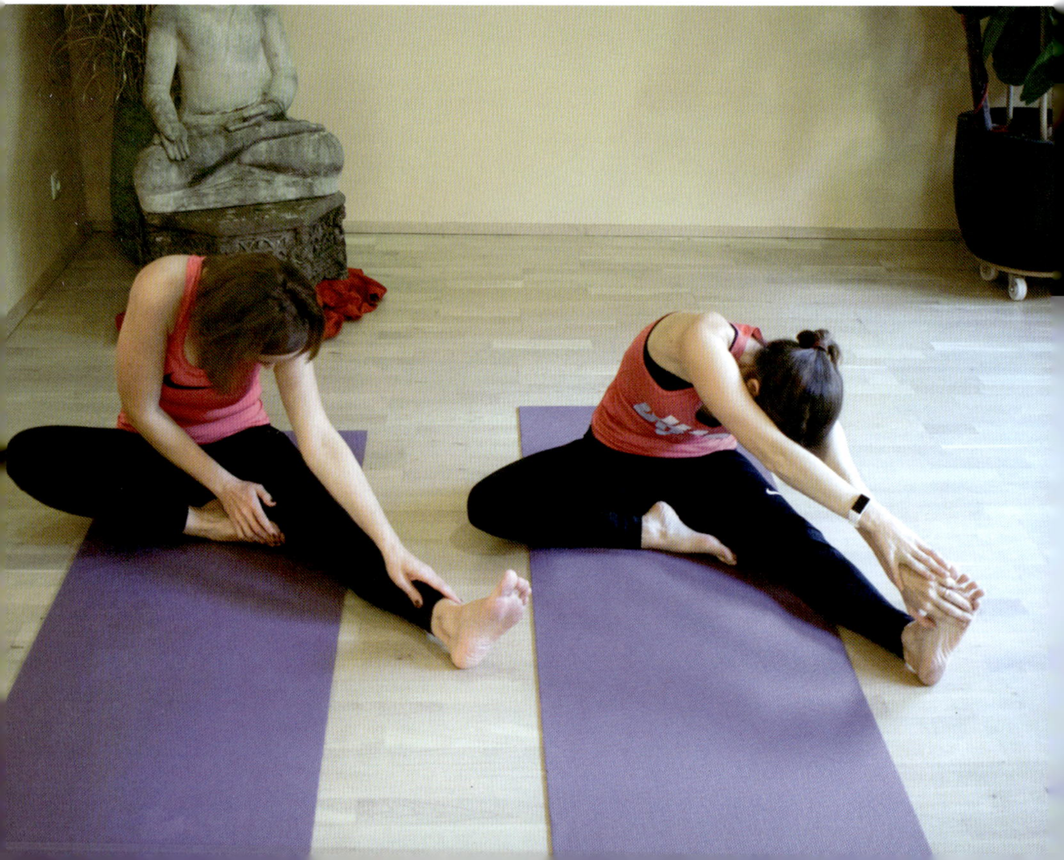

WOCHE VIER

übung
– DEHNUNGEN –

DEHNUNG FLANKE
AUSGANGSSTELLUNG
Kniehocke, dabei liegen Deine Schienbeine auf dem Boden und Dein Gesäß ist auf Deinen Unterschenkeln abgelegt. Der Oberkörper ist aufrecht.

DURCHFÜHRUNG
Strecke nun Deinen linken Arm über dem Kopf und beuge ihn etwas im Ellenbogengelenk. Die Handinnenfläche zeigt nach unten. Nun beugst Du den Oberkörper zur rechten Seite, bis Du im oberen seitlichen Teil des Rückens einen angenehmen Dehnungsreiz verspürst. Halte diese Position für 15–20 Sekunden. Danach gehe langsam in die Ausgangsstellung zurück und führe die Dehnung auf der anderen Seite aus.

DEHNUNG RÜCKSEITE RÜCKEN/OBERSCHENKEL
AUSGANGSSTELLUNG
Sitz, ein Bein ist ausgestreckt, das andere Bein gebeugt.

DURCHFÜHRUNG
Nun senke den Kopf nach vorne und strecke die Hände nach den Zehen aus, die senkrecht stehen. Halte diese Position für 20 Sekunden und führe die Dehnung auf der anderen Seite aus.

Hier gehts zum Video!

Du hast nun etwa vier bis sechs Wochen das Rückfindungsprogramm durchgeführt. Vermutlich hast Du bereits erste Veränderungen gespürt. Du wirst Deinen Körper besser wahrnehmen können. Du kennst Deinen Beckenboden und weißt, wie er aktiviert wird. Du verstehst den Zusammenhang zwischen Atmung-, Bauch-, Rücken- und Beckenbodenmuskualtur – kurz: **Du hast Deinen Körperkern kennengelernt.** Damit hast Du schon ein großes Wissen angeeignet. Versuche Dein neues Wissen in den Alltag zu integrieren. Wähle Dir für die Zukunft Deine Lieblingsübungen aus und führe sie in regelmäßigen Abständen durch. Du wirst sehen, wie schnell sich Dein Körper stabilisiert und Du wieder selbstsicher auftreten kannst.

<u>Ich werde häufig gefragt, wie lang man denn nun den Beckenboden kräftigen muss. Meine Antwort ist stets: „Ein Leben lang!"</u>

> DU HAST DEINEN KÖRPERKERN NUN FIXIERT? DIE SYSTEME ARBEITEN WIEDER IN IHRER SYNERGIE MITEINANDER? DU WILLST DEINE ÄUSSERE HÜLLE FORMEN? VIELLEICHT SIND MEINE „MAMA GERECHTEN" TRAININGSPLÄNE ETWAS FÜR DICH?
> WWW.GEMEINSAM-FIT.AT/TRAININGSPLAN
>
> *info*

QUELLEN UND LITERATUR EMPFEHLUNGEN

TANZBERGER, RENATE // ANETTE KUHN // GREGOR MÖBS:
Der Beckenboden – Funktion, Anpassung und Therapie:
Das Tanzberger-Konzept. München: Urban & Fischer 2009.

SOEDER, SONJA // PROF. DOREY, GRACE:
Ganz Frau! Ihr Beckenboden-Buch für erfüllte Sexualität und Kontinenz

Diverse Studien und Online-Schulungen von **DIANE LEE** – Beckenbodentherapeutin und Physiotherapeutin.

Coreexercisesolutions.com

HELLER, ANGELA // CARRIERE, BEATE:
Nach der Geburt- Wochenbett und Rückbildung

DANKE

DIESE FIBEL HAT SEHR VIEL ZEIT IN ANSPRUCH GENOMMEN UND WENN NICHT SO VIELE MENSCHEN IN MEINER UMGEBUNG TATKRÄFTIG GEHOLFEN HÄTTEN, WÜRDET IHR DIESES BUCH NICHT IN DEN HÄNDEN HALTEN.

Zuallererst möchte ich meinem lieben Mann danken, der jede noch so absurde Idee von mir mit einer Hingabe unterstützt und jedes Mal, selbst neben seiner Vollzeitarbeit und unserer Kindern, tatkräftig mit Hand anlegt und es damit möglich macht, dass ich all meine Fantasien ins Leben rufen kann. Ich möchte meiner Familie danken, die uns immer unterstützt und zuverlässig hilft, wenn es brennt und mit Schwarmintelligenz stets einen perfekten Weg für meine Arbeit findet. Eine großes Dankeschön gebührt insbesondere meinem Vater, der die Videos in der Fibel gedreht und geschnitten hat (und das trotz Rente ☺). Danke an Corinna B. und Kerstin W., die die Gesichter der Fibel sind und mir ihren Körper geliehen haben. Ihr seid einfach wunderbar! Bedanken will ich mich auch bei Didi S., der mir mit dem Ausborgen seiner Kameras einen großen Gefallen getan hat und dem Buch damit eine ganz warme, besondere Note verleiht. Ich möchte ebenso Thomas L. danken, der mir alle Illustrationen gemalt hat und sie so zu meinen Eigenen macht. Dorit S., Christiane K.v.H., Kyra N. und Papa. Danke für euer unermüdliches Verbessern meiner Fehler. Nobody is perfect, schon gar nicht ich! Andrea J.! Danke für das wunderbare, absolut passende Layout. Wow! So habe ich es mir in meinen Träumen vorgestellt. Zu guter Letzt: Danke an meine Kinder, die es überhaupt möglich gemacht haben, dieses Buch zu schreiben!

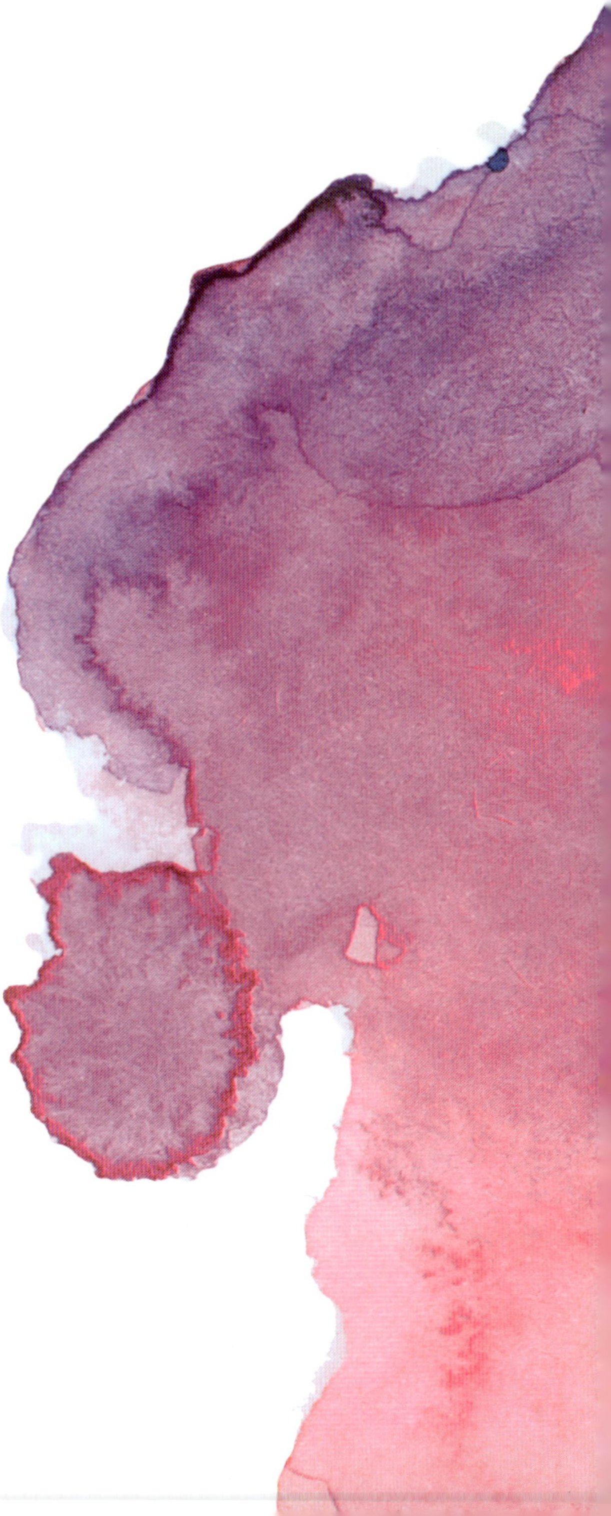